ENTRE O INTERESSE PÚBLICO E OS DIREITOS FUNDAMENTAIS

AS DECISÕES ADMINISTRATIVAS NO BRASIL

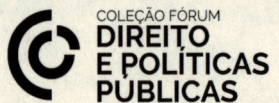

COLEÇÃO FÓRUM
DIREITO
E POLÍTICAS
PÚBLICAS

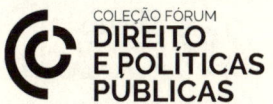

FELIPE AUGUSTO GATO DUTRA

José Reinaldo de Lima Lopes
Prefácio

ENTRE O INTERESSE PÚBLICO E OS DIREITOS FUNDAMENTAIS

AS DECISÕES ADMINISTRATIVAS NO BRASIL

17

Belo Horizonte
FORUM
CONHECIMENTO JURÍDICO
2024

© 2024 Editora Fórum Ltda.

É proibida a reprodução total ou parcial desta obra, por qualquer meio eletrônico, inclusive por processos xerográficos, sem autorização expressa do Editor.

Conselho Editorial

Adilson Abreu Dallari
Alécia Paolucci Nogueira Bicalho
Alexandre Coutinho Pagliarini
André Ramos Tavares
Carlos Ayres Britto
Carlos Mário da Silva Velloso
Cármen Lúcia Antunes Rocha
Cesar Augusto Guimarães Pereira
Clovis Beznos
Cristiana Fortini
Dinorá Adelaide Musetti Grotti
Diogo de Figueiredo Moreira Neto (*in memoriam*)
Egon Bockmann Moreira
Emerson Gabardo
Fabrício Motta
Fernando Rossi
Flávio Henrique Unes Pereira

Floriano de Azevedo Marques Neto
Gustavo Justino de Oliveira
Inês Virgínia Prado Soares
Jorge Ulisses Jacoby Fernandes
Juarez Freitas
Luciano Ferraz
Lúcio Delfino
Marcia Carla Pereira Ribeiro
Márcio Cammarosano
Marcos Ehrhardt Jr.
Maria Sylvia Zanella Di Pietro
Ney José de Freitas
Oswaldo Othon de Pontes Saraiva Filho
Paulo Modesto
Romeu Felipe Bacellar Filho
Sérgio Guerra
Walber de Moura Agra

FÓRUM
CONHECIMENTO JURÍDICO

Luís Cláudio Rodrigues Ferreira
Presidente e Editor

Coordenação editorial: Leonardo Eustáquio Siqueira Araújo
Revisão: Aline Almeida
Capa e projeto gráfico: Walter Santos
Diagramação: Derval Braga

Rua Paulo Ribeiro Bastos, 211 – Jardim Atlântico – CEP 31710-430
Belo Horizonte – Minas Gerais – Tel.: (31) 99412.0131
www.editoraforum.com.br – editoraforum@editoraforum.com.br

Técnica. Empenho. Zelo. Esses foram alguns dos cuidados aplicados na edição desta obra. No entanto, podem ocorrer erros de impressão, digitação ou mesmo restar alguma dúvida conceitual. Caso se constate algo assim, solicitamos a gentileza de nos comunicar através do *e-mail* editorial@editoraforum.com.br para que possamos esclarecer, no que couber. A sua contribuição é muito importante para mantermos a excelência editorial. A Editora Fórum agradece a sua contribuição.

Dados Internacionais de Catalogação na Publicação (CIP) de acordo com ISBD

G261e

Gato Dutra, Felipe Augusto

Entre o interesse público e os direitos fundamentais: as decisões administrativas no Brasil / Felipe Augusto Gato Dutra. Belo Horizonte: Fórum, 2024.

203p. 14,5x21,5cm

(Coleção Fórum Direito e Políticas Públicas, v. 17)

ISBN da Coleção 978-65-5518-447-1
ISBN impresso: 978-65-5518-868-4
ISBN digital: 978-65-5518-870-7

1. Direito administrativo. 2. Interesse público. 3. Direitos fundamentais. 4. Decisão administrativa. I. Título.

CDD: 342
CDU: 342

Ficha catalográfica elaborada por Lissandra Ruas Lima – CRB/6 – 2851

Informação bibliográfica deste livro, conforme a NBR 6023:2018 da Associação Brasileira de Normas Técnicas (ABNT):

GATO DUTRA, Felipe Augusto. *Entre o interesse público e os direitos fundamentais*: as decisões administrativas no Brasil. Belo Horizonte: Fórum, 2024. 203p. ISBN 978-65-5518-868-4. (Coleção Fórum Direito e Políticas Públicas, v. 17).

AGRADECIMENTOS

Este trabalho foi fruto de dissertação de mestrado, defendida junto à Faculdade de Direito da Universidade de São Paulo.

Em primeiro lugar, gostaria de agradecer à Universidade de São Paulo, pela oportunidade de desenvolver esta pesquisa. Além disso, sou grato à população do Estado de São Paulo, que financiou este projeto e meus estudos através do pagamento de seus impostos.

Faltam-me palavras para expressar a gratidão que tenho pelo orientador, professor José Reinaldo de Lima Lopes, e por tudo que fez por mim. Foram diversas conversas, discussões, sugestões e críticas que me trouxeram até aqui. Além da orientação sem a qual esta pesquisa não teria saído, também tive o privilégio de ter acesso a incontáveis ensinamentos sobre o direito e sobre as práticas de ensino que seguramente levarei para o resto de minha vida, sem contar o apoio que me foi disponibilizado nesse período. É certamente um exemplo de professor, acadêmico e intelectual que me inspira, a cada dia, a seguir aprimorando-me dentro e fora do mundo do direito.

Agradeço também à professora Maria Paula Dallari Bucci e ao professor José Guilherme Giacomuzzi, pela participação em minha banca de qualificação. A leitura atenta e os comentários valiosos foram fundamentais para que eu pudesse refletir sobre os rumos deste trabalho. Além da banca de qualificação, ambos participaram da minha banca de defesa de mestrado, juntamente com o professor Thiago Marrara. Os comentários e críticas recebidas na banca deram a tônica das alterações realizadas após o depósito, as quais resultaram nesta última versão, razão pela qual sou muito grato aos três professores. Reforço, ainda, o agradecimento à professora Maria Paula, pelo apoio e incentivo a esta publicação, que foi certamente essencial. Aproveito para agradecer também ao professor Fernando Dias Menezes de Almeida, por me introduzir ao direito administrativo e por ter me dado a oportunidade de participar de algumas de suas disciplinas de graduação enquanto monitor.

Devo agradecer aos meus colegas de orientação e de monitoria da disciplina de Filosofia do Direito pela interlocução ao longo desses anos de mestrado. Os diversos debates e discussões certamente contribuíram para meu aprimoramento enquanto pesquisador. Dentre todos, gostaria de agradecer especialmente aos meus queridos amigos Luiz Felipe Roque e João Felippe de Oliveira Pereira, por todo apoio e auxílio que me forneceram nos últimos anos. Quero ainda prestar meus sinceros agradecimentos ao Martin Petiz e ao Matheus Della Mônica, pela leitura e revisão deste trabalho.

Algumas outras pessoas também contribuíram ativamente para o resultado desta pesquisa. Primeiramente, agradeço a Marco Antônio Moraes Alberto, pelas inúmeras conversas que tivemos sobre o direito público e sobre a filosofia do direito, bem como pelas sugestões de leitura. Também agradeço a Mariana Morais Zambom, pelo apoio e leituras ao longo do tempo de pesquisa.

Aos meus colegas com quem trabalhei na Assessoria Jurídica da Secretaria Municipal de Habitação nestes anos (Adriano Nonato, Tiago Loureiro, Bianka Boner, Camilo Fonseca, Débora Sotto, José Apparecido, Liriane Andrade, Marta Cury e Regina Mota), agradeço pela compreensão e apoio no período de realização desta dissertação de mestrado, bem como pela interlocução acerca dos problemas enfrentados na Administração Pública e do papel do direito na resposta a essas situações. De todos, gostaria de destacar o apoio de Louise Hublard, que mantenho grande amizade até hoje, e de Bianca Britto Ferreira, que sempre esteve disposta a me ajudar, sobretudo na reta final da pesquisa.

Entre todos que contribuíram direta ou indiretamente para este trabalho, não poderia deixar de mencionar meu amigo Bernardo Assef Pacola. Além das incontáveis discussões ao longo de toda essa trajetória de pesquisa, que certamente já contribuíram para o desenvolvimento do projeto, sou imensamente grato pela leitura cuidadosa e pelas críticas e comentários realizados, os quais foram fundamentais para que eu chegasse à versão final deste texto.

Também gostaria de destacar e agradecer a Yuly de Souza Oliveira, por todo apoio e incentivo que me ofereceu para que eu publicasse este livro.

Por fim, agradeço aos meus pais, Cleide Gato Dutra e Sergio Amauri Dutra, por toda minha criação e formação. Tenho certeza de que sem a atenção e auxílio deles, não teria sido possível chegar até aqui. Também aproveito para mencionar aqui a minha irmã Cristina Dutra. E, acima de tudo, agradeço especialmente a minha mãe, pelo apoio nesses anos de mestrado, que foi ainda mais essencial após o falecimento de meu pai e durante a situação gerada em razão da pandemia de Covid-19.

"If law is considered as 'the enterprise of subjecting human conduct to the governance of rules', then this enterprise is being conducted, not on two or three fronts, but on thousands. Engaged in this enterprise are those who draft and administer rules governing the internal affairs of clubs, churches, schools, labor unions, trade associations, agricultural fairs, and a hundred and one other forms of human association".

Lon Fuller, The Morality of Law

"(…) we conclude that law is necessarily geared to some conception of justice, taking account of distributive, retributive, and corrective aspects of justice, to all of which respect for the rule of law is, in the context of the state's capability for coercion, essential. It is 'necessarily geared' to it in the sense that anyone engaged in its administration, whether in a legislative, executive, or judicial capacity, can only be justified in implementing, amending, or interpreting provisions of the system given a certain condition. This is that they can give grounds for holding that some reasonable conception of justice is satisfied by the provision in question, or that it pursues some element of a reasonably assessed common good in a way that is reasonably coherent with the relevant conception of justice".

Neil MacCormick, Institutions of Law

SUMÁRIO

APRESENTAÇÃO DA COLEÇÃO
Maria Paula Dallari Bucci 11

PREFÁCIO
O DIREITO ADMINISTRATIVO EM BUSCA DA FILOSOFIA POLÍTICA
José Reinaldo de Lima Lopes 13

INTRODUÇÃO 17

CAPÍTULO 1
O DEBATE CONTEMPORÂNEO DO DIREITO PÚBLICO BRASILEIRO: MUDANÇAS E DIVERGÊNCIAS TEÓRICAS 27

1.1 O contexto político-administrativo do debate jurídico brasileiro Pós-Constituição de 1988 28
1.2 As mudanças teórico-conceituais no direito administrativo 34
1.3 O papel do Estado e a tomada de decisões coletivas para o direito público 41

CAPÍTULO 2
O PARADIGMA DOS DIREITOS FUNDAMENTAIS E A PARTICIPAÇÃO DA ADMINISTRAÇÃO DO ESTADO NO DEBATE DO DIREITO PÚBLICO BRASILEIRO 51

2.1 Pressupostos teóricos: a suposta mudança de paradigma do direito administrativo contemporâneo 53
2.2 Boa administração, consensualismo e discricionariedade no modelo democrático de direito público 66
2.3 Administrando por ponderação 76
2.4 O particularismo e a tomada de decisões públicas 86
2.5 Considerações finais do capítulo 104

CAPÍTULO 3
O INTERESSE PÚBLICO COMO TEORIA DO DIREITO ADMINISTRATIVO DA DIREÇÃO DO ESTADO............................... 107
3.1   O interesse público como fundamento das ações estatais 109
3.2   Administração democrática e os limites da participação social......... 123
3.3   O direito administrativo e os sentidos da ação pública 132
3.4   A legalidade para além do legalismo administrativo 161

CAPÍTULO 4
CAMINHOS DO DIREITO PÚBLICO NA ADMINISTRAÇÃO DO ESTADO... 173
4.1   As moralidades inerentes à Administração Pública........................... 174
4.2   Os horizontes teóricos do direito público 184
4.3   Considerações finais 187

REFERÊNCIAS... 191

APRESENTAÇÃO DA COLEÇÃO

A *Coleção Fórum Direito e Políticas Públicas* tem o objetivo de apresentar ao leitor trabalhos acadêmicos inovadores que aprofundem a compreensão das políticas públicas sob a perspectiva jurídica, com triplo propósito.

Em primeiro lugar, visa satisfazer o crescente interesse pelo tema, para entender os avanços produzidos sob a democracia no Brasil depois da Constituição de 1988. É inegável que as políticas públicas de educação, saúde, assistência social, habitação, mobilidade urbana, entre outras estudadas nos trabalhos que compõem a coleção, construídas ao longo de várias gestões governamentais, mudaram o patamar da cidadania no país. Certamente, elas carecem de muitos aperfeiçoamentos, como alcançar a população excluída, melhorar a qualidade dos serviços e a eficiência do gasto público, assegurar a estabilidade do financiamento e, no que diz respeito à área do Direito, produzir arranjos jurídico--institucionais mais consistentes e menos suscetíveis à judicialização desenfreada. O desmantelamento produzido pela escalada autoritária iniciada em meados dos anos 2010, no entanto, explica-se não pelas deficiências dessas políticas e sim pelos seus méritos – não tolerados pelo movimento reacionário. Compreender a estrutura e a dinâmica jurídica das políticas públicas, bem como a legitimação social que vem da participação na sua construção e dos resultados, constitui trabalho importante para a credibilidade da reconstrução democrática.

O segundo objetivo da coleção é contribuir para o desenvolvimento teórico sobre as relações entre Direito e Políticas Públicas. Publicando trabalhos oriundos de teses e dissertações de pós-graduação, constitui-se um acervo de análises objetivas de programas de ação governamental, suas características recorrentes e seus processos e institucionalidade jurídicos. Neles estão documentados os impasses inerentes aos problemas públicos de escala ampla, e estudadas algumas soluções ao mesmo tempo jurídicas e políticas, presentes em práticas de coordenação e articulação, seja na alternância de governo, nas relações federativas, ou na atuação intersetorial. Assim, sem perder a multidisciplinaridade característica dessa abordagem, valendo-se da bibliografia jurídica em cotejo com a literatura especializada, publica-se material de pesquisa empírica (não quantitativa) da qual se extraem os conceitos e relações que numa organização sistemática dão base para a teorização jurídica da abordagem Direito e Políticas Públicas. Com essa preocupação, a coleção também publicará trabalhos de alguns dos raros autores estrangeiros com obras específicas na área.

Finalmente, o terceiro objetivo da coleção é contribuir para a renovação teórica do direito público brasileiro, fomentando o desenvolvimento de uma tecnologia da ação governamental democrática, engenharia jurídico-institucional para o avanço da cidadania do Brasil. Isso permitirá ampliar a escala de experiências bem-sucedidas, inspirar melhores desenhos institucionais pela comparação com experiências similares, além de avançar na cultura da avaliação, agora positivada na Constituição Federal.

São Paulo, 22 de agosto de 2022.

Maria Paula Dallari Bucci
Professora da Faculdade de Direito
da Universidade de São Paulo.
Coordenadora da Coleção Fórum Direito
e Políticas Públicas.

PREFÁCIO

O DIREITO ADMINISTRATIVO EM BUSCA DA FILOSOFIA POLÍTICA

O direito administrativo torna-se um campo do direito muito lento e recente, se o compararmos com o direito civil ou o direito comercial. Curiosamente, sua história confunde-se com a do próprio Estado moderno. No começo ele mal se distingue da ciência da administração, ou seja, da arte de governar o novo Estado. Chamo de novo Estado aquele que tem funcionários, não oficiais – em que a remuneração dos serviços e dos funcionários não se faz a título de rendas ou prebendas, mas como pagamentos fixados e determinados –, aquele que tem a força pública e a polícia organizadas de maneira impessoal e permanente, finalmente aquele cuja administração é transformada em gerenciamento e manipulação de pessoas, de coisas, de serviços, para obter certos resultados. O Estado moderno, mas também o Estado capitalista que, desde seu nascimento, é, como disse Marx com toda precisão, o comitê administrativo dos negócios da burguesia, mesmo uma burguesia subalterna e periférica como a brasileira. No Brasil, a disciplina impõe-se no ensino do direito apenas em 1854, para em seguida ver a publicação dos primeiros compêndios (o de Ribas, em São Paulo, o de Pereira do Rego, no Recife), mas também a merecidamente célebre obra do Visconde do Uruguai, cujo título ainda traz "ciência da administração".

Toda essa introdução para dizer em resumo o seguinte: o direito administrativo surge para disciplinar um novo Estado e, para tanto, precisa de uma teoria do Estado e uma teoria ou filosofia da política que, em última instância, dá unidade e sentido a seus muitos dispositivos. No século XIX, um dos temas mais importantes dizia respeito à separação das esferas do poder governamental (executivo no sentido estrito) e do judiciário (executivo no sentido amplo de aplicação da lei aos casos controversos). Para isso, longos capítulos discutiam a diferença entre interesses (campo do governo) e direitos (campo do judiciário), entre contencioso administrativo (reclamações de cidadãos ou disputas entre autoridades) e contencioso ordinário (disputas em nome de direitos existentes), entre disputas meramente de conveniência, e disputas de poderes constitucionais que deveriam ser arbitradas por um tribunal de conflitos, e muitas outras coisas que já não soam mais familiares para nós. Isso porque a forma do próprio Estado mudou, e de certo modo se consolidou. E tudo isso, ínsito, porque a filosofia política que justificava aquela forma de Estado requeria uma adequação da dimensão jurídica em que ele se constituía.

Tudo isso mudou muito. Acredito que Marx continua tendo razão. Com tudo o que mudou nas últimas décadas, o Estado ainda se confunde em boa parte com um gestor do capitalismo. Considerando, contudo, que o capitalismo mudou muito e exponenciou algumas de suas virtualidades tradicionais (a financeirização, a internacionalização ou a globalização, sua capacidade de reverter as políticas sociais que caracterizaram os "gloriosos trinta anos" do pós-guerra e assim por diante), a filosofia de base do direito administrativo precisava mudar.

No livro de Felipe Augusto Gato Dutra, temos uma análise clara, estruturada e estendida de um aspecto dessas mudanças e das respectivas filosofias ou teorias de base. Ele se concentra no embate entre a defesa do interesse público e os direitos fundamentais individuais. Esse embate é em primeiro lugar teórico, filosófico, e só depois doutrinário-jurídico. Exatamente esta, a meu ver, a originalidade e a linha de força mais importante do trabalho: mostrar como a certas posições que defendem um conceito ou outro da finalidade ou tarefa da Administração correspondem teorias diversas a respeito do fundamento primeiro da deliberação dos governos. Sua função deve ser garantir e promover o interesse público, ou deve ser garantir e promover direitos individuais fundamentais? Muita coisa importante está em jogo nessa disputa.

O trabalho tem o mérito de não apenas deixar claro que este é um dos pontos nodais da nova teoria do direito administrativo, mas também de expor detidamente as distintas correntes e escolas que se combatem. Ele o faz por meio de um longo, paciente e exaustivo trabalho de recuperação dos autores, classificando-os e mostrando em que medida divergem, além de como e por que podem ser classificados em uma ou outra escola. Quem ler o trabalho, terá uma cartografia proficiente e segura para entender não apenas quem é quem, mas o que está em jogo. E tem o grande mérito de fazer isso a partir da discussão dos autores brasileiros, sem o servilismo fácil e colonizado disfarçado entre nós de internacionalização.

Acrescentarei um último elemento de importância no texto: o fato de recuperar o próprio conceito de interesse público e sua relação com outros conceitos essenciais para uma boa teoria do direito: o de bem comum, que na tradição jurídica é lindeiro com o de bem indivisível, e na microeconomia aparece a seu modo no conceito de bem público (*collective goods*) ou bem comum propriamente (*commons*). Embora hoje estejam a ganhar visibilidade por conta do dialeto econômico que se ouve em toda parte, mesmo nas faculdades de direito, essa teoria dos bens tem lá sua longa história na ciência do direito. Felipe não a ignora: ao contrário, recupera-a para uma boa e fértil discussão.

Um prefácio não deve cansar o leitor, nem dizer o que se encontra melhor, mais extensa e mais elegantemente dito no livro. Escrevo, pois, apenas para encerrar, que a leitura da pesquisa de Felipe Augusto é tanto prazerosa como esclarecedora, e que poderia bem servir de introdução a qualquer curso ou conversa sobre o direito administrativo contemporâneo.

Boa leitura.

José Reinaldo de Lima Lopes
Faculdade de Direito da USP.

INTRODUÇÃO

A partir da Constituição de 1988, e, sobretudo, ao longo da década de 1990, houve uma transformação no Estado brasileiro, com reflexos significativos na concepção de Administração Pública (e de direito administrativo, por consequência). Se, por um lado, aumentaram as atribuições do Estado, por outro, alteraram-se as formas de prestação dos serviços públicos e da relação entre a Administração e a sociedade civil. Com o Estado convivendo com novos fatores de interferência (externa e interna) em seu monopólio normativo e decisório – agências internacionais, regras e padrões econômico-financeiros externos, bem como maior participação da sociedade civil –, colocam-se em xeque os pressupostos clássicos do direito administrativo, que fundamentam a ação da Administração Pública: a unilateralidade, a autoexecutoriedade e a prevalência da Administração para definir o interesse público.[1]

Ao lado das mudanças funcionais e organizacionais do Estado brasileiro e da Administração Pública, há uma mudança também na doutrina do direito administrativo, que agora busca certa independência em relação às teorias estrangeiras. Trata-se de um momento de consolidação teórica do direito administrativo brasileiro, na medida em que está se desenvolvendo em torno de sua própria fundamentação, passando a interpretar as bases normativas da Constituição de 1988.[2] Assim, criam-se propostas para justificar e dirigir o direito

---

[1] MEDAUAR, Odete. *O direito administrativo em evolução*. 3. ed. São Paulo: Revista dos Tribunais, 2018. p. 369-384. A autora defende que essas ideias, em especial a de supremacia do interesse público, deveriam ser tratadas como um "obsoletismo" da doutrina administrativista.

[2] MENEZES DE ALMEIDA, Fernando Dias. *Formação da teoria do direito administrativo no Brasil*. São Paulo: Quartier Latin, 2019. O autor defende que se trata de uma fase de amadurecimento da própria teoria do direito administrativo, que agora busca elaborar seus próprios pressupostos.

administrativo brasileiro a partir de certos ideais finalístico-valorativos. É possível dividir as propostas de justificação teórica do direito público nacional em duas principais correntes. De um lado, há uma posição clássica da doutrina brasileira, que teria uma vertente tendencialmente *estatizante-publicista*, com um caráter "moralista", em que o principal fundamento do direito administrativo estaria na ideia de supremacia do interesse público. Do outro lado, há uma posição teórica crítica à tradicional, tendencialmente *liberal-subjetivista*, com um caráter "realista", que enxerga as bases do direito administrativo na garantia dos direitos fundamentais por parte dos cidadãos.[3] Nesse sentido, formam-se as chamadas Escola do Interesse Público e Escola dos Direitos Fundamentais.[4]

Essa segunda corrente coloca-se não apenas como crítica à doutrina publicista clássica, mas defende a instauração de uma verdadeira mudança de paradigma no direito administrativo. Tal alteração decorreria do fato de que o direito administrativo não mais valer-se-ia de pressupostos de atuação unilateral e verticalizada por parte do Estado, mas sim de valores democráticos e respaldados na consagração da dignidade dos cidadãos. Assim, o direito administrativo contemporâneo, para dar conta dos valores constitucionais, deveria valer-se da supremacia dos direitos fundamentais e da priorização de métodos participativos ou compartilhados de tomada de decisões de interesses coletivos.

Ao lado dessa preocupação, de cunho finalístico-valorativo, uma das principais preocupações existentes é com a qualidade dos serviços prestados pela Administração Pública, ou melhor, pelo resultado do exercício das atividades públicas realizadas pela Administração Pública em favor da sociedade. As burocracias seriam muito ineficientes, com baixa qualidade de serviços, além de sofrerem com um déficit de

---

[3] A divisão entre uma vertente *estatizante-publicista* e *liberal-subjetivista* é identificada por em MENEZES DE ALMEIDA, Fernando Dias. *Formação da teoria do direito administrativo no Brasil*. São Paulo: Quartier Latin, 2019. p. 361-367 e p. 429-439. Em sentido semelhante, José Guilherme Giacomuzzi, "Uma genealogia do interesse público", tratando a doutrina clássica como moralista e a crítica como realista. "Moralista" deve ser entendido como de fundamentação moral, enquanto realista deve ser entendido como de base sociológica. GIACOMUZZI, José Guilherme. Uma genealogia do interesse público. In: WALD, Arnold; JUSTEN FILHO, Marçal; PEREIRA, César Guimarães (Org.). *O Direito Administrativo na Atualidade*: Estudos em Homenagem ao Centenário de Hely Lopes Meirelles. São Paulo: Malheiros, 2017. Essa discussão voltará no capítulo 2.1. Como exemplo da doutrina crítica, ver SARMENTO, Daniel (Org.). *Interesses Públicos "Versus" Interesses Privados*: desconstruindo o princípio da supremacia do interesse público. Rio de Janeiro: Lumen Juris, 2005. Já da doutrina clássica, DI PIETRO, Maria Sylvia Zanella; RIBEIRO, Carlos Vinícius Alves (Orgs.). *Supremacia do Interesse Público e outros temas relevantes do direito administrativo*. São Paulo: Atlas, 2010.

[4] MENEZES DE ALMEIDA, Fernando Dias. *Op. cit.*, p. 429-439.

participação e transparência. O modelo de direito administrativo clássico fomentaria tal contexto antes de servir de base para o aprimoramento.[5] Nesse sentido, cria-se certo ceticismo acerca da capacidade do direito público em auxiliar a resolver os problemas da gestão pública contemporânea. As respostas passariam, portanto, a buscar mecanismos do direito privado, principalmente voltados à fuga do Estado. Além disso, quando se tratar de questões estatais, estas devem ser resolvidas com aportes de outras áreas do saber, em especial da economia e das ciências da administração.[6] Nesse novo modelo, o direito estaria menos preocupado com questões formais, de validade jurídica, e mais preocupado em resolver as dificuldades concretas que se colocam ao Estado brasileiro. Tais características envolveriam uma nova postura dos juristas, que deveriam, além de desenvolver novas habilidades, ter outros propósitos.

Em outras palavras, há uma preocupação por parte dos juristas acerca de como o direito público pode contribuir com as atividades desempenhadas pela Administração Pública, ou seja, com a administração do Estado. Esta preocupação não é algo propriamente novo, pois é comum que se comece a explicar o direito administrativo pela definição de Administração Pública, suas atividades e como estas se relacionam com o direito.[7] O que se está defendendo é que, para pensar o direito público em geral e o direito administrativo em particular, é importante que os juristas possuam uma ideia do que entendem por *administrar* o Estado para o direito. E como se pretende retratar ao longo deste trabalho, as divergências teóricas sobre o direito administrativo, representadas nas duas correntes doutrinárias, estão intimamente ligadas a propostas normativas de administração do Estado brasileiro.

Existe uma disputa teórica em torno do conceito de *administrar* um Estado, no caso, o Estado brasileiro. Se, por um lado, há uma corrente que defende um modelo administrativo pautado por decisões individualizadas que iriam conciliar os interesses em jogo, maximizando

---

[5] MOREIRA NETO, Diogo Figueiredo. *Quatro Paradigmas do Direito Administrativo Pós-Moderno*: Legitimidade – Finalidade – Eficiência – Resultados. Belo Horizonte: Fórum, 2008.

[6] Sobre um exemplo desse ceticismo, ver MENDONÇA, José Vicente Santos de. A verdadeira mudança de paradigmas do direito administrativo brasileiro: do estilo tradicional ao novo estilo. *Revista de Direito Administrativo*, Rio de Janeiro, v. 265, p. 178-198, jan. 2014.

[7] Dentre todos, ver DI PIETRO, Maria Sylvia Zanella. *Direito administrativo*. São Paulo: Atlas, 2018. p. 87-118, em especial, p. 114. MEDAUAR, Odete. *O direito administrativo em evolução*. 3. ed. São Paulo: Revista dos Tribunais, 2018. p. 29-52, em especial p. 29. Sentido semelhante é encontrado no capítulo 15, de MOREIRA NETO, Diogo Figueiredo. *Curso de direito administrativo*. 16. ed. rev. e atual. Rio de Janeiro: Forense, 2014.

esses interesses em busca de produzir as melhores decisões nos casos concretos, existe também aqueles que defendem o valor da generalidade e da universalização das decisões do Estado como sendo a essência do Estado Democrático de Direito e seu pressuposto de legitimidade. É nesse contexto que este trabalho se insere, propondo-se a discutir o conceito de administrar o Estado para o direito público a partir do papel do direito na tomada de decisões pela Administração Pública e suas autoridades.

Para os fins desta dissertação, será adotada uma perspectiva institucional do direito. Mais especificamente, trata-se o direito como uma "ordem normativa institucional".[8] A normatividade do fenômeno jurídico decorre de o direito possuir uma pretensão de regular as relações sociais aos seus critérios de correção. Em uma sociedade regida pelo direito, há uma pretensão de que as ações dos indivíduos se conformem, ao menos em grande medida, às normas jurídicas. Diferente de outras ordens normativas, tais como a moral, a normatividade do direito ocorre em "múltiplos níveis" (*multiple-tier*), de tal forma que existem normas que definem como outras normas são aplicadas, bem como pessoas responsáveis por definir a aplicação de certas normas atuam como se normas fossem. Aqui se tem a institucionalidade do direito.[9]

Nessa perspectiva, o direito organiza-se institucionalmente, o que implica dizer que a compreensão do direito, bem como a tarefa dos juristas, envolve a compreensão das instituições jurídicas. Instituições jurídicas são compreendidas a partir de conceitos regulados por regras constitutivas, regulativas e terminativas.[10] Nesses termos, pode-se verificar se uma instituição existe e quais suas propriedades. Dentre as diferentes instituições jurídicas, o foco deste trabalho será um tipo específico de instituição: a *instituição-agente*,[11] a qual possui

---

[8] Essa visão é baseada sobretudo na obra de Neil MacCormick, *Institutions of Law*. MACCORMICK, Neil. *Institutions of law*. Oxford/New York: Oxford University Press, 2007. p. 13-40. Sobre o caráter institucional do direito, ver também LOPES, José Reinaldo de Lima. *Curso de Filosofia do Direito*: o Direito como Prática. São Paulo: Atlas, 2021. p. 142-151.

[9] MACCORMICK, Neil. *Institutions of law*. Oxford/New York: Oxford University Press, 2007. p. 23-33.

[10] MACCORMICK, Neil. Law as Institutional Fact. In: MACCORMICK, Neil; WEINBERGER, Ota (Orgs.). *An Institutional Theory of Law*. Dordrecht: Springer, 1986. p. 54-55.

[11] MACCORMICK, Neil. *Institutions of law*. Oxford/New York: Oxford University Press, 2007. p. 34-36. Aqui, distinguem-se essas instituições de instituições-coisa e instituições-arranjo. Uma teoria institucional semelhante é a de HAURIOU, Maurice. *A Teoria da Instituição e da Fundação*. Ensaio de Vitalismo Social. Porto Alegre: Sergio Antonio Fabris Editor, 2009. p. 21-44, para quem instituições são entes personificados que desempenham certas finalidades.

uma personificação que lhe permite conferir a capacidade de realizar determinadas funções. Por meio dessas instituições (agentes), os Estados Constitucionais organizam seus governos e desempenham suas funções.[12] Sendo a atividade de *administrar* uma dessas funções, uma última delimitação entre as instituições-agentes ainda é oportuna. Assim, ganha especial destaque o estudo das instituições públicas, aqui entendidas como aquelas que "*distribuem direitos e deveres fundamentais, e determinam a divisão de vantagens provenientes da cooperação social*".[13]

É certo que as instituições existem, ainda que essa existência não seja empiricamente verificável como outros fatos da natureza, fatos brutos.[14] Se existem, é necessário que algo garanta sua existência, bem como a mantenha – isso é ainda mais evidente para o caso das instituições públicas. Por essa razão, MacIntyre apresenta a relação entre as instituições e as práticas sociais, defendendo que as instituições voltam-se para a obtenção de "bens externos"– bens materiais – que são utilizados, a fim de garantir que os recursos necessários para a manutenção de suas práticas.[15] Essas práticas, por sua vez, necessitam manter seus "bens internos" – finalidades que dão sentido a essas práticas. Assim, instituições buscam e organizam os recursos necessários à manutenção de suas práticas – as quais necessariamente possuem um determinado fim.

Instituições dependem de outras instituições que lhes dão suporte, sendo a primeira, a "instituição por excelência" a linguagem.[16] Pensar a linguagem como o denominador comum das demais instituições explica o caráter social delas, pois a linguagem é algo necessariamente

---

[12] MACCORMICK, Neil. *Op. cit.*, p. 53-59.
[13] RAWLS, John. *A Theory of Justice*. Oxford: Oxford University Press, 1971. p. 6-7. Em sentido semelhante, falando das instituições de direito público, MACCORMICK, Neil. *Institutions of law*. Oxford/New York: Oxford University Press, 2007. p. 232-234. Ver também TADROS, Vitor. Institutions and Aims. In: DEL MAR, Maksymilian; BANKOWSKI, Zenon (Eds.). *Law as Institutional Normative Order*. London: Ashgate Publishing Ltd., 2009. p. 89-90.
[14] Sobre a diferença entre fatos brutos e fatos institucionais, ver SEARLE, John. *The construction of social reality*. New York: The Free Press, 1995. p. 37-47. Essa é a posição de José Reinaldo de Lima Lopes em *As palavras e a Lei*, valendo-se do próprio Searle, para compreender o direito, assim como outras instituições. LOPES, José Reinaldo de Lima. *As palavras e a lei*: Direito, ordem e justiça na história do pensamento jurídico moderno. São Paulo: Editora 34, 2004. p. 28-30.
[15] MACINTYRE, Alasdair. *After Virtue*. Notre Dame: Notre Dame University Press, 1984. p. 191-194. Em um sentido similar de instituições, ver RAWLS, John. Two concepts of rules. *The philosophical review*, v. 64, n. 1, p. 3-32, 1955. Aqui, o autor explica a diferença entre justificar uma instituição e justificar uma ação específica dessa instituição. A justificação dessa instituição passa por justificar as suas práticas que dão sentido às ações singulares.
[16] SEARLE, John. *Mente, Linguagem e Sociedade*: filosofia do mundo real. Rio de Janeiro: Rocco, 2000. p. 122-125.

compartilhado por um grupo. Nesse sentido, é necessário entender que as instituições só podem ser inteligíveis contextualmente, pois elas dependem de uma "pré-compreensão", de elementos compartilhados por determinado grupo.[17] Esses elementos compartilhados formam um "pano de fundo" que torna os atos praticados naquele contexto inteligíveis, compreensíveis.[18] Trata-se das "premissas implícitas" ou "pressuposições de fundo" – aquilo que, por ser compartilhado, garante a compreensão comum e permite que os membros daquela comunidade possam aceitar ou criticar determinado ato. Essas premissas podem até não ser unânimes, havendo uma disputa em torno delas, mas possuem uma pretensão de uniformidade, uma vez que darão a linguagem comum da prática – o sentido que guia a instituição.[19]

No contexto deste trabalho, a Administração Pública, entendida aqui como uma das instituições do Estado, também depende de certas premissas para agir. E é nesse sentido que se pretende articular a relação entre os pressupostos teóricos do direito administrativo e a atividade de administrar o Estado. Mais especificamente, pretende-se explorar a relação entre concepções teóricas de direito administrativo com a tomada de decisões por parte da Administração Pública e suas autoridades. A hipótese que se pretende defender é que as diferentes formas de conceber o direito administrativo implicam maneiras distintas de como a Administração Pública e suas autoridades devem agir e o papel do direito nessas ações.

Aqui, pretende-se inserir o debate de direito público em um contexto de filosofia do direito, especificamente falando, em uma abordagem das teorias da ação ou da decisão. Nessa perspectiva, coloca-se a discussão dogmático-administrativa sobre o direito público da filosofia do direito de duas formas. Em primeiro lugar, insere-se a discussão em um debate tradicional da teoria do direito, entre a relação de autoridade pública e a tomada de decisões coletivas de um lado e as liberdades individuais e os direitos dos cidadãos de outro. Além disso, insere-se

---

[17] LOPES, José Reinaldo de Lima. *O Oráculo de Delfos*: Conselho de Estado e Direito no Brasil monárquico. São Paulo: Saraiva, 2010. p. 318 e ss, defende que esta pré-compreensão é essencial para que conceitos interpretativos e práticos, tais como o direito, possam ser inteligíveis.

[18] Este argumento aparece em TAYLOR, Charles. *Argumentos Filosóficos*. São Paulo: Edições Loyola, 2014. p. 187-192, para justificar como as ações são inteligíveis em contextos práticos, como justificamos nossas ações para além das regras – dependendo deste pano de fundo compartilhado.

[19] Sobre essas pressuposições de fundo, ver MACCORMICK, Neil. *Institutions of law*. Oxford/New York: Oxford University Press, 2007. p. 274-277.

essa discussão em um debate contemporâneo da teoria do direito, que busca fugir da perspectiva do direito como norma, estático, para pensar o direito como prática, a partir de seus agentes e suas ações.[20] Preocupa-se aqui não simplesmente com o direito público como um ordenamento jurídico, mas sim com a tomada de decisões dentro desse contexto normativo. Em outras palavras, o que será discutido é o papel do direito na tomada de decisões da Administração Pública por parte de seus agentes e suas autoridades.

Dessa forma, o trabalho será dividido em quatro capítulos. O primeiro capítulo tem como principal objetivo apresentar o problema de pesquisa a ser enfrentado ao longo da dissertação, explorando a relação existente entre o direito público, em especial o direito administrativo, e a atividade de governar ou de administrar o Estado. Pretende-se defender que o debate teórico existente acerca dos fundamentos do direito administrativo (entre a "Escola do Interesse Público" e a "Escola dos Direitos Fundamentais") passa pela forma segundo a qual cada corrente teórica concebe juridicamente a ideia de governar/administrar o Estado, principalmente no que diz respeito à tomada de decisões públicas. Assim, busca-se responder como a doutrina publicista brasileira, em especial administrativista, concebe juridicamente a ideia de governar o Estado, relacionando essa ideia com os fundamentos teóricos que cada corrente defende. Por fim, pretende-se analisar os horizontes teóricos à luz da filosofia do direito, buscando responder o que cada corrente pode oferecer em termos de teoria jurídico-normativa.

Não se trata de um trabalho meramente descritivo acerca da doutrina nacional. O propósito desta pesquisa não é apenas organizar e apresentar a posição de cada corrente teórica acerca do papel do direito nas decisões estatais e na própria administração do Estado, mas também defender um posicionamento. Nesse sentido, será utilizado o método filosófico, dialógico. Considerando que o objetivo central é analisar a relação entre o direito e a tomada de decisões públicas de um ponto de vista teórico, cada corrente será analisada partindo das características mais gerais para as mais específicas, até chegar às decisões públicas. No caso da dita Escola dos Direitos Fundamentais, primeiro serão expostos os pressupostos teóricos centrais, quais sejam, a negação de um interesse público unitário e da ação unilateral da Administração Pública,

---

[20] Sobre o tema, ver LOPES, José Reinaldo de Lima. Entre a teoria da norma e a teoria da ação. In: STORCK, Alfredo Carlos; LISBOA, Wladimir Barreto (Orgs.). *Norma, moralidade e interpretação*: temas de filosofia política e direito. Porto Alegre: Linus Editores, 2009. p. 43-80.

a supremacia dos direitos fundamentais e a necessidade de participação da sociedade civil na atividade administrativa do Estado. Em seguida, serão especificados esses pressupostos mediante a discussão sobre o que seria o modelo democrático de administração do Estado defendido, explicando os conceitos de consensualidade, governança e "boa administração". Dessa forma, criam-se as pressuposições de fundo defendidas por essa doutrina que deverão servir de base para as tomadas de decisão por parte das autoridades. O mesmo processo será utilizado para expor e analisar o papel do direito na tomada de decisões públicas por parte da Escola do Interesse Público.

O primeiro capítulo tem por objetivo apresentar os termos do debate teórico em torno do direito público brasileiro. Para tal, será desenvolvido o contexto em torno do debate, com foco no modelo de Estado Administrativo brasileiro, mostrando como as mudanças do Estado a partir da Constituição de 1988 impõem certos desafios à Administração Pública, e ao direito administrativo, na medida em que alteram, em alguma medida, o que se compreende por administrar o Estado. Identifica-se aqui dois grupos de preocupações para conceituar juridicamente o administrar e a Administração: a qualidade da prestação dos serviços públicos e dos exercícios das funções estatais, bem como a compatibilização com os valores democráticos da Constituição de 1988. Esses dois desafios serão explorados nos capítulos seguintes.

No segundo capítulo, inicia-se a exposição do debate teórico acerca do direito público brasileiro, começando pela chamada Escola dos Direitos Fundamentais. Partindo de uma análise geral da teoria do direito administrativo para uma específica de uma teoria jurídica das decisões das autoridades públicas, o capítulo começa expondo os pressupostos teóricos dessa corrente e como esses se contrapõem ao modelo tradicional de enxergar o direito administrativo. Os pontos centrais dessa doutrina consistem na busca pela superação da "supremacia do interesse público" enquanto grande fundamento jurídico da atuação estatal, assim como as críticas à ideia unilateralidade da Administração Pública e suas autoridades. Por fim, busca-se justificar um modelo democrático de administração do Estado baseado na supremacia dos direitos fundamentais e na conciliação de todos os interesses existentes na sociedade. Dando maior concretude a esses pressupostos teóricos, será exposto como a doutrina articula os conceitos voltados à consensualidade e à governança para defender uma gestão pública mais eficiente e participativa. Destaca-se aqui a alteração da ideia de discricionariedade administrativa, uma vez que a boa-administração implica a necessidade da melhor tomada de decisões nos casos concretos.

Assim, chega-se ao ponto central do capítulo, que consiste em expor o modelo de tomada de decisões públicas por essa doutrina. Essas decisões seriam realizadas sempre no caso concreto, que deve buscar alcançar as melhores consequências práticas em cada situação, de forma a conciliar todos os interesses (públicos e privados) e direitos em jogo. Para tal, seria realizada a ponderação proporcional. Um dos principais questionamentos que será feito diz respeito ao particularismo dessas decisões, que são realizadas sempre caso a caso e sem a preocupação com os casos semelhantes passados ou futuros, o que seria incompatível com o próprio Estado de Direito. Além disso, os métodos utilizados estariam mais preocupados com questões extrajurídicas do que com o direito em si, apesar de buscarem justificar o controle das ações políticas pelo direito.

O terceiro capítulo busca retratar a segunda corrente teórica do direito público brasileiro, tentando responder às críticas colocadas pela primeira corrente, mas sem incorrer nos mesmos problemas identificados na relação entre o direito e a tomada de decisões. Nesse sentido, a primeira parte é dedicada à delimitação dos pressupostos teórico-conceituais dessa doutrina, reformulando o conceito de interesse público para adequá-lo à ordem democrática constitucional brasileira. O interesse público é tratado, assim, como um fundamento para a tomada de decisões que não leve em consideração nenhum interesse em particular, mas que possa ser justificada em termos gerais. A segunda parte do capítulo volta-se a questionar o modelo de "administração consensual", refutando a ideia de que a partilha do poder político entre o Estado e a sociedade civil traga automaticamente ganhos democráticos à comunidade política, especialmente pensando em uma sociedade desigual como a brasileira e a ordem constitucional estabelecida. Reforça-se, pois, o papel da Administração Pública e das autoridades do Estado na tomada de decisões públicas para organizar a estrutura básica da sociedade.

Ao contrário da corrente anterior, que possui métodos próprios de tomada de decisão, a segunda corrente não tem uma proposta articulada de teoria da decisão. Defende-se o caráter coletivo do interesse público e a manutenção da discricionariedade administrativa para que o Estado possa buscar a realização desse interesse, porém sem maiores explicações sobre como o direito poderia colaborar e controlar essas ações. Nesse sentido, a última parte deste terceiro capítulo será mais propositiva. Partindo dos pressupostos desenvolvidos, pretende-se elaborar uma teoria da decisão que atenda a essas premissas e não recaia nas mesmas críticas colocadas à outra corrente doutrinária. Chega-se ao argumento central deste trabalho, que será defender o papel do direito como condição de inteligibilidade para as decisões das autoridades públicas. Pela legalidade, o direito oferece uma linguagem para essas ações, que se dará em termos de regras e em termos de justiça. O direito não será um substituto da política, impondo sempre determinadas respostas, mas exigirá determinadas posturas por parte dos administradores, que ao menos deverão conseguir justificar suas ações em termos gerais e universalizar as decisões para os demais casos semelhantes. Encerra-se o capítulo respondendo a algumas críticas à noção de legalidade administrativa, desenvolvendo o conceito de modo a enfrentar o problema do particularismo sem deixar de lado as complexidades da tomada de decisões públicas.

Por fim, o quarto e último capítulo pretende inserir o debate do direito público apresentado ao longo do trabalho em uma discussão de filosofia do direito que ajude a elucidar certos caminhos para se pensar as teorias do direito público, seus pressupostos, fundamentações e horizontes normativos. Mais especificamente, pretende-se argumentar que por trás dessas abordagens teóricas aqui tratadas, existem formas de normatividade a que se pretende vincular a atividade de governar ou administrar um Estado, o que será chamado de uma moralidade interna à própria atividade administrativa, e ao próprio direito público. Nesse sentido, será explorado como certos elementos (ou conceitos) que a doutrina pretende tratar como constitutivos do direito administrativo possuem uma moralidade que pode ser em maior ou menor grau *aspiracional* ou *de dever*. A depender do grau dessa moralidade em cada elemento, pode-se defender seu caráter de maior ou menor obrigatoriedade para a Administração Pública, e deverá ser tratado como tal pelo direito público e pela doutrina administrativista. Dentro desses conceitos, pretende-se reforçar, novamente, a importância do conceito de legalidade para o direito público, por possuir o maior grau de moralidade de dever, ou seja, por trazer maior vinculação à atividade da Administração Pública, ainda que possa ser compatibilizado e aprimorado por outros elementos de maior valor aspiracional (ao menos no momento). Acredita-se que essa distinção ajudará a esclarecer o que cada Escola do direito administrativo tem a oferecer e em que os juristas devem insistir ou observar ao buscar contribuir em debates interdisciplinares na arena da administração do Estado.

CAPÍTULO 1

O DEBATE CONTEMPORÂNEO DO DIREITO PÚBLICO BRASILEIRO: MUDANÇAS E DIVERGÊNCIAS TEÓRICAS

Este trabalho tem por objetivo realizar uma discussão teórica sobre o direito público brasileiro, em especial o direito administrativo, voltado especificamente à relação deste com a atividade da Administração Pública. Em outras palavras, trata-se de um debate sobre a relação entre o direito público e a administração do Estado brasileiro. Sendo uma pesquisa teórica, o objeto central do trabalho será o pensamento jurídico brasileiro, mais especificamente a doutrina nacional de direito público. Nenhuma discussão acadêmica acontece no vácuo. Ela depende de condições históricas, políticas e institucionais. Nesse sentido, o propósito deste capítulo é contextualizar o desenvolvimento do debate jurídico em torno da administração do Estado brasileiro.

A análise será realizada a partir da Constituição de 1988. Escolheu-se este marco temporal não apenas pelas mudanças jurídicas impostas pela Constituição, sobretudo no que se refere à atribuição de funções estatais, mas também pelas profundas transformações por que passou o Estado brasileiro ao longo da década de 1990.[21] Do novo contexto político-institucional, pretende-se verificar o que está em jogo ao pensar o direito administrativo voltado para os conceitos de *administrar* e de *Administração Pública*. Nesse sentido, este capítulo abordará três aspectos da mudança do Estado brasileiro e sua relação com a noção de *administrar* para o direito público nacional. O primeiro

---

[21] Sobre o aumento das funções da Administração Pública a partir da Constituição de 1988, ver DI PIETRO, Maria Sylvia Zanella. *Parcerias na Administração Pública*. São Paulo: Atlas, 2002. p. 20-23.

aspecto será o da estrutura e funções administrativas desse novo Estado brasileiro. Como segundo aspecto, será exposta uma mudança teórico-conceitual por parte dos juristas para tratar dessas alterações do Estado. Por fim, a última mudança que será abordada consiste na contestação da ideia de monopólio estatal para definir e executar as necessidades coletivas, e como tal alteração reverbera na própria noção de como se administra o Estado brasileiro, e sua relação com o direito administrativo, pensando na maneira pela qual deverão ser tomadas decisões pelas autoridades políticas.

É importante destacar duas questões. Essas alterações não acontecem de uma hora para outra e de forma linear, e algumas delas já ocorriam em algum grau antes da Constituição de 1988. Além disso, essas alterações não ocorrem em separado. Todas ocorrem simultaneamente, influenciando umas às outras.

Este primeiro capítulo terá três importantes funções para o restante do trabalho. Primeiro, contextualizar o debate teórico em termos político-institucionais, mostrando quais são os problemas que precisam ser enfrentados pelos juristas e que os levam a formular determinadas linhas de pensamento. Em segundo lugar, pretende-se mostrar as mudanças teóricas em si e a divergência doutrinária que se formou em torno do direito público brasileiro, em especial do direito administrativo. Por fim, a partir dessa divergência formada, pretende-se explorar um aspecto fundamental do debate que se entende como um dos pressupostos centrais para compreender o que cada linha de pensamento está defendendo. Trata-se do próprio conceito de governar um Estado, ou, para falar em termos de direito público, de administrar um Estado.

1.1 O contexto político-administrativo do debate jurídico brasileiro Pós-Constituição de 1988

Antes de discutir o debate acadêmico em torno do direito administrativo brasileiro, principalmente sobre os termos de discordância que serão aqui tratados, é importante apresentar o contexto em que se desenvolveu este debate. Em outras palavras, é preciso deixar claras certas preocupações com as quais os juristas se depararam e pretenderam enfrentar, ao adotarem determinadas perspectivas teóricas.

Não é grande novidade afirmar que a redemocratização e as mudanças políticas trazidas pelo novo regime constitucional tiveram grande influência no direito administrativo,²² conforme será especificado mais adiante. No momento, pretende-se destacar outras mudanças no contexto político-institucional que, desde o advento da Constituição de 1988, tiveram destaque na forma com a qual os juristas brasileiros justificavam, e ainda justificam, a necessidade de adoção de certas abordagens teóricas, sobretudo, para mudar pressupostos anteriormente estabelecidos, ou mesmo ao escolherem os temas de referência para seus estudos. Trata-se de mudanças tanto externas ao Estado brasileiro, no plano internacional, quanto internas ao Estado brasileiro, transformações institucionais, em especial no que diz respeito à burocracia estatal e à realização de atividades públicas.

Colocando em termos teórico-conceituais, o primeiro conjunto de mudanças está ligado à relativização da noção de soberania dos Estados nacionais em um contexto de economia globalizada. Aqui, contesta-se o papel desses Estados enquanto agentes, por excelência, da tomada de decisões voltadas a certas comunidades políticas. A concepção tradicional de soberania passa a ser relativizada no plano internacional, na medida em que os Estados passam a conviver com outros agentes que interferem diretamente em decisões que anteriormente eram exclusivas dos Estados.²³

Um importante exemplo é a política monetária. Ainda que no caso brasileiro não seja uma perda de soberania tão grande quanto em países da zona do euro, em que há uma imposição supraestatal sobre qual é a moeda corrente dos países, não se pode negar algum grau de interferência externa. Isso porque existem padrões externos ao Estado, dados por entidades internacionais, tais como o Fundo Monetário Internacional, que em alguma medida vinculam mesmo os Estados que mantêm uma moeda soberana.²⁴

Esse exemplo mostra em que medida a chamada globalização econômica pode interferir no conceito de soberania. Para participar da economia global, receber empréstimos, realizar certos acordos e evitar sanções econômicas, os Estados se submetem a seguir certas

---

²² BARROSO, Luís Roberto. A constitucionalização do direito e suas repercussões no âmbito administrativo. In: ARAGÃO, Alexandre Santos de; MARQUES NETO, Floriano de Azevedo (Coords.). *Direito administrativo e seus novos paradigmas*. Belo Horizonte: Fórum, 2012. p. 31-63.

²³ SUNDFELD, Carlos Ari. A administração pública na era do direito global. *Revista Diálogo Jurídico*, Salvador, v. 1, n. 2 (maio), 2001, p. 3-4.

²⁴ CASSESE, Sabino. Reestruturando o Estado: do Estado-nação à comunidade política global. In: BUCCI, Maria Paula Dallari; GASPARDO, Murilo (Orgs.). *Teoria do Estado*: sentidos contemporâneos. São Paulo: Saraiva, 2018, p. 251-266.

diretrizes e padrões estabelecidos externamente.[25] E isso não se limita a questões financeiras ou monetárias, mas se estende a questões político-econômicas de modo geral. A decisão de conceder subsídios a determinado setor, até questões envolvendo a tributação de serviços, atividades ou produtos, que são tradicionalmente decisões estatais, passam a levar em consideração o contexto global, para fins de permitir a participação nesse novo modelo de economia.[26]

Nesse sentido, o Estado perde parcela significativa do seu monopólio decisório sobre questões de interesse coletivo, passando a compartilhar essa capacidade decisória com outros agentes, além de competir nesses espaços com outros Estados ou organizações para além do próprio território nacional.

No entanto, a maneira pela qual o Estado brasileiro toma decisões coletivas e exerce suas atividades públicas não se alterou apenas por mudanças impostas externamente pelo panorama global. Houve também mudanças internas significativas na própria forma de organizar o Estado brasileiro, que ocorreu por pressões internas e mudanças decorrentes da própria Constituição, ao aumentar as atribuições concernentes ao Estado.

Não se trata apenas de um aumento quantitativo das funções estatais, mas também qualitativo. Há, na verdade, um verdadeiro aumento de expectativas em relação ao que deveria ser garantido à população em geral. E nesse contexto, o Brasil insere-se em um panorama global de "crise do modelo de gestão pública".[27]

Essa mudança de modelo de gestão passa por dois níveis de transformação. Por um lado, tem-se uma alteração significativa na estrutura da Administração Pública nacional. E, por outro lado, altera-se a própria forma de exercício das funções estatais, em especial da prestação dos serviços públicos.

O processo de transformação do aparato estatal de gestão pública já havia sido iniciado no Regime Militar, onde se tentou diminuir o que

---

[25] CANOTILHO, José Joaquim Gomes. O direito constitucional passa; o direito administrativo passa também. *Boletim da Faculdade de Direito da Universidade de Coimbra*, Estudos em homenagem ao Prof. Doutor Rogério Soares, Coimbra, v. 7, n. 11, p. 705-721, 2001, p. 714-716.

[26] FARIA, José Eduardo. A globalização econômica e sua arquitetura jurídica (dez tendências do direito contemporâneo). In: FARIA, José Eduardo (Org.). *Baú de ossos de um sociólogo do direito*. Curitiba: Juruá, 2018, p. 237-258.

[27] MEDAUAR, Odete. *O direito administrativo em evolução*. 3. ed. São Paulo: Revista dos Tribunais, 2018. p. 147. Aqui, a autora mostra como essa ideia de crise de gestão pública ocorreu de modo generalizado em diversas partes do mundo, não apenas no Brasil, a partir da década de 1980, mas sobretudo a partir da década de 1990, como as maiores transformações na esfera administrativa.

se entendia como um excesso de rigidez burocrática que desfavorecia o exercício das funções estatais.[28] A principal alteração do período diz respeito à desconcentração administrativa, deixando o exercício de todas as funções administrativas concentradas e exercidas diretamente por órgãos da Administração central, mas passando a entidades com personalidade jurídica própria, o que hoje se entende por Administração Pública Indireta.[29]

No entanto, as transformações mais significativas do aparato estatal ocorreram a partir das reformas da década de 1990. A reforma ocorreu em importantes aspectos. Primeiro, a produção de bens e prestação de serviços, antes exercida prioritariamente pelo Estado, passa em grande medida ao setor privado, de forma que cresce um modelo de setor público que, em grande medida, atua em complementação à atividade privada.[30] Dessa dinâmica prevaleceu o regime de privatizações do setor público, com o Estado deixando de atuar em áreas que poderiam ser exercidas pela iniciativa privada.[31] Ainda pensando em privatizações, alterou-se o regime das propriedades públicas, ao menos para as atividades em que não houvesse monopólio estatal. O Estado passou a poder alienar ou conceder bens públicos que estivessem sob sua propriedade, ainda que tivessem uma utilidade coletiva, desde que as atividades vinculadas a estes bens pudessem ser exercidas pela iniciativa privada.[32]

A mudança do aparato administrativo do Estado, a transformação do Estado Administrativo brasileiro, não passa apenas pelas alterações da estrutura burocrática do Estado, mas também pelo desempenho de suas funções. Como visto, após o advento da Constituição de 1988, houve um intenso processo de demandas por participação da sociedade

---

[28] Sobre este tema, ver BRESSER-PEREIRA, Luiz Carlos. Da administração pública burocrática à gerencial. *Revista do Serviço Público*, Brasília, v. 47, n. 1, p. 5-7, 1996.

[29] O destaque aqui está no Decreto-Lei nº 200/67, que cria as entidades da Administração Pública Indireta, empresas estatais, sociedades de economia mista, autarquia e fundação. BRESSER-PEREIRA, Luiz Carlos. *Op. cit.*, p. 7. ver também TORRES, Marcelo Douglas de Figueiredo. *Estado, democracia e administração pública no Brasil*. Rio de Janeiro: Fundação Getúlio Vargas, 2004. p. 151 e ss.

[30] A discussão sobre existir ou não um regime de subsidiariedade estatal será mais bem trabalhada nos capítulos 2 e 3. Neste último, critica-se certa visão de subsidiariedade estatal. O que se pretende aqui é retratar um aumento da participação privada no exercício das funções públicas, o que pode levar à interpretação de que existiria uma ideia subsidiariedade do Estado nas mais diversas atividades.

[31] BRESSER-PEREIRA, Luiz Carlos. *Op. cit.*, p. 19-21.

[32] BRESSER-PEREIRA, Luiz Carlos. Da administração pública burocrática à gerencial. *Revista do Serviço Público*, Brasília, v. 47, n. 1, p. 20-23, 1996.

civil, e em especial aqui de grupos econômicos, na tomada de decisões de caráter coletivo. Aqui, há uma alteração sobre os pressupostos da atuação estatal.

No que toca ao exercício das funções estatais, passa-se a distinguir os serviços públicos que seriam prerrogativas do Estado de *atividades econômicas em sentido estrito*, as quais poderiam ser exercidas por particulares. Assim, apenas algumas das atividades antes entendidas como serviços públicos seriam prestadas apenas pelo Estado.[33] Além disso, questiona-se se mesmo serviços públicos não poderiam ser prestados em regime de livre iniciativa.[34]

Aqui, altera-se o próprio modelo de administração do Estado, na medida em que os serviços antes prestados diretamente agora são também prestados por particulares, exigindo novas formas de interação entre a Administração Pública e a sociedade civil.[35] Nesse sentido, desenvolveu-se novos "instrumentos de contratação" – modelos contratuais voltados a permitir outras relações entre a Administração Pública e os particulares, com vistas à execução de serviços antes prestados diretamente pelo Estado.[36]

O novo modelo de administração, portanto, não se restringe à prestação direta de serviços públicos por parte do Estado, mas envolve a participação da sociedade civil. Um importante exemplo nesse sentido é a mudança dos contratos administrativos. Há ao menos duas ordens de mudanças em matéria contratual. Em primeiro lugar, cria-se uma série de novos modelos contratuais que permitem uma maior participação da sociedade civil na prestação de serviços públicos e outras atividades antes exercidas pelo Estado.[37] Em segundo lugar, o próprio conceito de contrato administrativo passa por alterações. Questiona-se a

---

[33] Nesse sentido, ver GRAU, Eros. *Ordem Econômica na Constituição de 1988*. 7. Ed. São Paulo: Malheiros, 2002. p. 145 e ss. Aqui, percebe-se novamente a ideia de subsidiariedade descrita há pouco.

[34] SCHIRATO, Vitor Rhein. *A Noção de serviço público em regime de competição*. Tese (Tese de Doutorado) – Faculdade de Direito, Universidade de São Paulo, São Paulo, 2011. p. 266-286.

[35] Como ficará claro nos capítulos seguintes, adota-se um conceito bastante amplo de sociedade civil, que seria entendido fundamentalmente por todos aqueles que não configuram o Estado.

[36] Nesse sentido, ver MENEZES DE ALMEIDA, Fernando Dias. *Teoria do Contrato Administrativo*: Uma abordagem histórico-evolutiva com foco no direito brasileiro. Tese (Titularidade em Direito) – Faculdade de Direito, Universidade de São Paulo, São Paulo, 2010. p. 232-291.

[37] MEDAUAR, Odete. *O direito administrativo em evolução*. 3. ed. São Paulo: Revista dos Tribunais, 2018. p. 258-271.

ideia de um regime jurídico único aplicável a estes contratos, pautados pelas noções de interesse público e exorbitância, para pressupostos típicos do direito privado, uma vez que a atividade de administrar seria compartilhada. Muda-se o modelo do contrato administrativo enquanto um instrumento à disposição da Administração Pública para uma *administração contratual*, como forma prioritária de realização da atividade administrativa em parceria com particulares.[38]

Percebe-se que não se trata apenas de uma mudança em relação ao exercício das funções estatais, mas das próprias funções estatais. Volta-se à questão de o Estado deixar de ter o mesmo papel intervencionista de antes, sobretudo no campo econômico, em que atividades antes entendidas como prerrogativas estatais, agora seriam exercidas por particulares. Nesse contexto, começa a se desenvolver uma ideia do que foi chamado de "Estado Regulador", em termos de modelo administrativo.

O compartilhamento de parte desse exercício com particulares impactou também o arranjo institucional do Estado brasileiro. Se a ideia de controle da Administração já ganha destaque no contexto de um Estado Democrático voltado para valores de transparência e efetividade das obrigações públicas, quando essas são exercidas por particulares, as formas de controle ganham uma dimensão ainda mais relevante.

No novo desenho de Estado, que não intervém frontalmente na economia ou presta diretamente todos os serviços que podem ser exercidos pelo setor privado, precisou-se estabelecer novos aparatos para a atuação moderna do Poder Público. Aqui entra em cena a criação das agências reguladoras, como entidades destinadas a desempenhar a regulação estatal. Se, por um lado, as agências reguladoras exercem controle sobre a execução de serviços públicos prestados diretamente pelo Estado, por outro lado, o exercício de regulação envolve as atividades de planejamento, incentivo (fomento) e fiscalização (controle) de certas atividades econômicas de interesse coletivo realizadas por particulares, e mesmo a prestação de serviços públicos delegados ou concedidos a outros pelos entes estatais.[39] Essas agências atuam em

---

[38] MARQUES NETO, Floriano Peixoto de Azevedo. Do Contrato Administrativo à Administração Contratual. *Revista do Advogado*, São Paulo, v. 107, p. 74-82, 2009. MEDAUAR, Odete. *Op. cit.*, p. 268-272.

[39] Como explica Fernando Dias Menezes de Almeida sobre as atividades de regulação das agências reguladoras no país: "caso a regulação envolva exercício de poder normativo, tal poder há de se resumir a: (i) edição de normas para tratar de assuntos interna corporis do órgão regulador; (ii) edição de normas para explicitar conceitos e definir parâmetros técnicos aplicáveis à matéria regulada; e (iii) edição de normas infralegais e, nos casos

setores específicos, dada a complexidade da ação necessária para a disciplina daquela atividade.[40]

Para além das agências reguladoras, que incorporam parte da própria Administração (indireta), outras instituições da República passam a ter destaque no controle das atividades estatais. Destaca-se o Tribunal de Contas da União (TCU), que exerce controle externo auxiliar ao Legislativo. Após a promulgação da Constituição de 1988, o TCU vem paulatinamente aumentando as próprias atribuições, controlando não apenas as atividades de fiscalização das agências reguladoras, como os contratos celebrados pela Administração com particulares, buscando resguardar o interesse público, por meio de uma avaliação sobre a efetividade, economicidade e eficiência da prestação dos serviços públicos.[41]

Por fim, o controle da Administração também é exercido por outras instituições que passaram a ganhar destaque com a Constituição de 1988. Destaca-se, aqui, o Ministério Público e, sobretudo, o Poder Judiciário, com novos modelos de processos coletivos e proteção a preceitos fundamentais.[42] Esse novo panorama político-institucional deverá ser considerado para se pensar em que consiste o *administrar* e a *Administração Pública*.

1.2 As mudanças teórico-conceituais no direito administrativo

Uma vez exposto o contexto em que se inseriu o debate acadêmico nacional, é possível passar à análise das alterações teórico-conceituais do direito administrativo no período. Para tanto, é necessário entender as mudanças no próprio papel da doutrina. Em períodos anteriores à

---

em que couber regulamento, infraregulamentares, concretizando, assim, a previsão de normas superiores". Ver MENEZES DE ALMEIDA, Fernando Dias. Considerações sobre a "regulação" no Direito positivo brasileiro. *Revista de Direito Público da Economia RDPE*, Belo Horizonte, ano 3, n. 12, p. 82, out./dez. 2005.

[40] Sobre a regulação setorial de atividades econômicas, ver MARQUES NETO, Floriano Peixoto de Azevedo. Regulação estatal e autorregulação na economia contemporânea. *Revista de Direito Público da Economia – RDPE*, Belo Horizonte, Fórum, ano 9, n. 33, p. 73-88, jan./mar. 2011.

[41] DUTRA, Pedro; REIS, Thiago. *O soberano da regulação*: O TCU e a infraestrutura. São Paulo: Singular, 2019. p. 114-127 e p. 151-164.

[42] Sobre o novo quadro institucional, com destaque do Judiciário, mas também do Ministério Público, ver BARROSO, Luís Roberto. Vinte anos da Constituição de 1988: o Estado a que chegamos. *Cadernos da Escola de Direito e Relações Internacionais da UniBrasil*, v. 1, n. 8, p. 183-225, 2008.

Constituição de 1988, a doutrina exerceu um papel de fonte central do direito administrativo nacional, visto que a matéria era pouco tratada em leis e regulamentos. No entanto, sobretudo a partir da década de 1990, houve um intenso processo de produção legislativa em matéria de direito administrativo.⁴³

As mudanças do Estado brasileiro e sua burocracia após a Constituição de 1988 também foram acompanhadas de alterações no pensamento jurídico. Essas mudanças ocorrem em basicamente duas frentes. Por um lado, temas antes pouco explorados, ou inexistentes, passam a ser desenvolvidos pela doutrina nacional. Por outro lado, mais importante para os fins deste trabalho, temas centrais para o direito administrativo nacional ou perdem o destaque ou recebem um tratamento diverso. Observar a mudança conceitual ou, ao menos, as disputas em torno da reconstrução de certos conceitos serão importantes para pensar em que consiste o *administrar* e a *Administração Pública* contemporâneos.

Alguns desses temas já foram tratados no último tópico. Um destaque consiste na alteração do conceito de serviço público, modelos de prestação e, nesse sentido, formas de controle (seja da prestação pelo Poder Público, seja por particulares).⁴⁴ Na mesma linha, outro tema que ganha destaque consiste nas formas de regulação e nas agências reguladoras. Entre os assuntos abordados, também ganham destaque os estudos acerca dos modelos de contratação da Administração Pública e as novas formas de Administração consensual.⁴⁵

Esses dois últimos temas já têm grande importância para os fins deste trabalho, pois estão inseridos em um contexto mais amplo de mudança dos pressupostos teóricos e da preocupação da doutrina nacional, na medida em que se altera a forma de se enxergar a unilateralidade da ação administrativa. Em outras palavras, passa-se a contestar não só a relevância da ação unilateral da Administração, como também sua compatibilidade com os preceitos democráticos da Constituição de 1988. Um exemplo relevante dessa mudança de tratamento está no conceito

---

⁴³ Sobre a mudança de "postura" da doutrina administrativista nacional, ver MENEZES DE ALMEIDA, Fernando Dias. *Formação da teoria do direito administrativo no Brasil*. São Paulo: Quartier Latin, 2019. p. 327-345.

⁴⁴ MEDAUAR, Odete. *O direito administrativo em evolução*. 3. ed. São Paulo: Revista dos Tribunais, 2018. p. 272-277; ALMEIDA, *Ibid.*, p. 367 e p. 421-422.

⁴⁵ Ver OLIVEIRA, Gustavo Justino de; SCHWANKA, Cristiane. A administração consensual como a nova face da administração pública no século XXI: fundamentos dogmáticos, formas de expressão e instrumentos de ação. *A&C Revista de Direito Administrativo & Constitucional*, Belo Horizonte, ano 8, n. 32, p. 31-50, abr./jun. 2008.

de *poder de polícia*, tradicional no direito administrativo brasileiro, que passou a ser duramente criticado por parte da doutrina nacional, sobretudo por seu modelo impositivo ser pouco horizontal, que deveria ser substituído por modelos consensuais de atuação, em diálogo com os destinatários da norma, não de cima para baixo, chegando a se sugerir o abandono do conceito.[46]

O próprio conceito de *ato administrativo*, que já teve tratamento quase que paradigmático para o direito administrativo,[47] vai perdendo sua centralidade, pelo menos no que diz respeito ao seu tratamento clássico. A ideia de que a manifestação da autoridade administrativa deva possuir atributos de unilateralidade e de autoexecutoriedade passa a ser vista como uma das marcas características de um autoritarismo ainda existente no direito público nacional, de tal sorte que seriam incompatíveis com os moldes democráticos do direito administrativo atual, na medida em que não concebe espaços de comunicação com os cidadãos.[48]

A quebra da visão doutrinária pautada na unilateralidade da Administração, com a mudança no enfoque dado ao ato administrativo, não ocorre apenas com a inserção dos contratos administrativos enquanto tema de referência, mas também da ideia de processo administrativo. Isso está em conformidade com a preocupação de uma administração mais receptiva aos administrados. O processo administrativo serviria como "instrumento de composição de interesses" – alterando a assimetria entre o poder administrativo e o direito dos particulares, o que seria próprio do movimento de alteração do direito administrativo de caráter mais democrático.[49]

Na mesma linha, a mudança do foco no ato administrativo também é percebida por uma transformação em outro conceito clássico do direito administrativo – a discricionariedade. A ideia clássica de

---

[46] Provavelmente o principal nome dessa corrente, inclusive que defende o abandono da expressão, é Carlos Ari Sundfeld. Em seu *Direito administrativo ordenador*, o autor propõe justamente que se substitua "poder de polícia" por direito administrativo ordenador, o que colocaria o conceito dentro do contexto de alterações democráticas do direito administrativo, que buscava deixar suas bases impositivas e autoritárias. SUNDFELD, Carlos Ari. *Direito administrativo ordenador*. São Paulo: Malheiros Editores, 1993. Ver também MEDAUAR, Odete. *Op. cit.*, p. 278-281.

[47] Como exemplo, ver CAVALCANTI, Themístocles Brandão. *Tratado de direito administrativo*. 5. ed. Rio de Janeiro: Freitas Bastos, 1964. v. I e II. p. 194 e ss.

[48] Sobre a mudança do conceito de ato administrativo, ver MEDAUAR, Odete. *O direito administrativo em evolução*. 3. ed. São Paulo: Revista dos Tribunais, 2018. p. 249-258.

[49] MEDAUAR, Odete. Administração pública: do ato ao processo. *Fórum administrativo*, Belo Horizonte, ano 9, n. 100, jun. 2009. p. 292-294.

que a autoridade administrativa seria dotada de liberdade decisória para escolher alternativas legalmente previstas a partir de um juízo de conveniência e oportunidade (buscando o interesse público) estaria em dissonância com novos pressupostos do direito administrativo. Primeiro, pela existência de múltiplos interesses públicos, segundo, pelo aumento em número e em importância dos direitos individuais dos administrados, o que fortaleceria, inclusive, a vinculação ao controle jurisdicional, ao qual a Administração estaria submetida.[50]

As críticas aqui estão voltadas ao próprio modelo de autoridade pública e de ação coletiva, voltada para o interesse público, que são característicos do direito administrativo tradicional. O eixo central dessa discussão parece ser a defesa de um novo papel para a Administração Pública de "conciliar interesses", e não de delimitar o interesse público. No entanto, essa perspectiva ainda terá que enfrentar os desafios da tomada de decisões coletivas vinculantes e legitimação dessas decisões. Nessa linha, é preciso verificar se qualquer interesse pode ser considerado legítimo, se há prioridade entre os interesses, diferenças de peso, e como justificar essas posições sem apelar para uma teoria da autoridade pública que tome decisões vinculantes à coletividade com vistas ao interesse público.

A alteração do conceito de discricionariedade está ligada a uma mudança mais profunda na teoria do direito administrativo. Como havia sido exposto, a discricionariedade era uma margem de escolha dentro de limites legais, ou seja, está intimamente inserida em uma discussão sobre a legalidade da Administração Pública. No entanto, o próprio conceito de *legalidade* vem sofrendo alterações por parte da doutrina nacional.

Pode-se defender que o conceito de legalidade sofreu alterações em alguns sentidos. Amplia-se o conceito para abranger não apenas as leis e atos derivados de leis, mas todo o "bloco de legalidade", aqui englobados os "preceitos constitucionais". Fala-se, aqui, em um "princípio da juridicidade".[51] É verdade que não há necessidade de se falar em outro princípio para além da legalidade, desde que essa seja

---

[50] MEDAUAR, Odete. *O direito administrativo em evolução*. 3. ed. São Paulo: Revista dos Tribunais, 2018. p. 239-249. BINENBOJM, Gustavo. *Uma Teoria do Direito Administrativo*: direitos fundamentais, democracia e constitucionalização. 3. ed. Rio de Janeiro: Renovar, 2014. p. 38 e ss.

[51] MENEZES DE ALMEIDA, Fernando Dias. *Formação da teoria do direito administrativo no Brasil*. São Paulo: Quartier Latin, 2019. p 367-376. OTERO, Paulo. *Legalidade e administração pública*: o sentido da vinculação administrativa à juridicidade. Coimbra: Almedina, 2003. p. 19-20.

vista com um sentido mais amplo, envolvendo também as normas constitucionais.⁵² No entanto, é interessante notar como essa proposta de utilizar outro termo está ligada a uma disputa conceitual, em que se pretende marcar a diferença de sentido da legalidade em um sentido clássico para uma legalidade ampliada.

Entender essa mudança de nomenclatura parece fazer mais sentido quando se observa as demais esferas de alteração do referido conceito. A legalidade enquanto "juridicidade" estaria envolvida na busca de novas fontes menos rígidas de atuação da Administração, na Administração consensual de que se falou há pouco. No novo modelo de Estado Democrático, que busca novas soluções, mais compatíveis com as dificuldades do mundo contemporâneo, e em diálogo constante com a sociedade civil, a validade e legitimidade da atuação administrativa não podem estar adstritas a fontes rígidas, como a lei formal, precisando estar abertas a outras situações também vinculantes, como os contratos e Termos de Ajustamento de Conduta.⁵³ Existe uma preocupação em não enxergar a legalidade apenas como uma restrição à atividade administrativa, principalmente no que se refere a instrumentos participativos, que contribuíram com novas soluções democráticas.

Por fim, há uma terceira esfera de mudanças no conceito de legalidade, que está diretamente ligada às outras duas. A legalidade enquanto fundamento de concessão de discricionariedade administrativa passa a ser relativizada. Entende-se que não caberia apenas observar a validade do ato administrativo em comparação à lei em sentido formal, e assim concluir que haveria uma grande margem de escolha para o administrador dentro dos limites legalmente estabelecidos. Agora, a discricionariedade é limitada pelos preceitos constitucionais fundamentais, em especial os direitos e liberdades individuais dos administrados. Assim, a legalidade formal seria diluída em normas de maior generalidade e abstração. Destaca-se, ainda, a maior possibilidade do controle jurisdicional dos atos administrativos a partir das normas constitucionais, não apenas olhando para os critérios formais de competência.⁵⁴

---

[52] É o que defende MENEZES DE ALMEIDA, Fernando Dias. *Op. cit.*, p. 369-371.

[53] *Ibid.*, p .419-420.

[54] MENEZES DE ALMEIDA, Fernando Dias. *Formação da teoria do direito administrativo no Brasil*. São Paulo: Quartier Latin, 2019. p. 415-418. Nesse sentido, BINENBOJM, Gustavo. *Uma Teoria do Direito Administrativo*: direitos fundamentais, democracia e constitucionalização. 3. ed. Rio de Janeiro: Renovar, 2014. p. 84 e ss. Importante destacar que os temas da legalidade e da discricionariedade serão abordados com mais vagar ao longo deste trabalho.

A preocupação teórica em torno do controle jurisdicional, que limita a discricionariedade administrativa, está inserida em uma das grandes tendências do direito administrativo nacional: o destaque aos direitos fundamentais.[55] O direito administrativo passaria por um momento de grande constitucionalização.

A constitucionalização do direito administrativo teria como enfoque o controle da atuação do Estado, pautado por balizas democráticas, tendo como destaque os princípios constitucionais e as liberdades individuais. Ocorreria, assim, uma verdadeira subjetivação do direito administrativo, com enfoque nos cidadãos em vez do Estado ou da Administração.[56] Para essa linha de pensamento, o direito administrativo não poderia ter como fundamento paradigmático a noção de interesse público, pois este seria uma imposição com matriz autoritária incompatível com o momento do Estado Democrático de Direito pelo qual passamos.

No entanto, essa forma de pensar e defender o direito administrativo não passou a vigorar sem resistência por grande parcela da doutrina nacional. Há uma importante parcela da doutrina que reagiu às críticas em torno do conceito de interesse público, justificando sua existência e centralidade para o direito administrativo brasileiro.[57] Defende-se aqui a necessidade do conceito para pensar nas formas de tratamento do Estado para questões coletivas, bem como para criticar a ideia de que se trata de uma questão de autoritarismo, tendo em vista que o Estado sequer conseguiria impor o interesse público sobre os particulares.[58]

---

[55] MENEZES DE ALMEIDA, Fernando Dias. *Op. cit.*, p. 412-415.

[56] *Ibid.*, p. 373-376.

[57] Cita-se aqui, como exemplo, a coletânea organizada por Maria Sylvia Di Pietro, *Supremacia do Interesse Público e outros Temas Relevantes do Direito Administrativo*, 2010, que tem por um dos principais objetivos justamente questionar se existiria um "novo direito administrativo", bem como defender a importância da noção de supremacia do interesse público. DI PIETRO, Maria Sylvia Zanella; RIBEIRO, Carlos Vinícius Alves (Orgs.). *Supremacia do Interesse Público e outros temas relevantes do direito administrativo.* São Paulo: Atlas, 2010. p. 1-9.

[58] GABARDO, Emerson. O princípio da supremacia do interesse público sobre o interesse privado como fundamento do Direito Administrativo Social. *Revista de Investigações Constitucionais*, Curitiba, v. 4, n. 2, p. 95-130, maio/ago. 2017. HACHEM, Daniel Wunder. A dupla noção jurídica de interesse público em direito administrativo. *A&C – Revista de Direito Administrativo & Constitucional*, Belo Horizonte, ano 11, n. 44, p. 59-110, abr./jun. 2011. Sobre os interesses privados prevalecerem sobre o coletivo no Brasil, ver BERCOVICI, Gilberto. O Estado desenvolvimentista e seus impasses: uma análise do caso brasileiro. *Boletim de Ciências Econômicas*, Faculdade de Direito da Universidade de Coimbra, v. XLVII, p. 178-179, 2004.

Forma-se, assim, o que Fernando Dias Menezes de Almeida chama de uma "Escola dos Direitos Fundamentais", que estaria justamente se contrapondo aos pressupostos tradicionais do direito administrativo, a saber, uma "Escola do Interesse Público".[59]

Voltando à abordagem da "Escola dos Direitos Fundamentais", há outro desdobramento importante para pensar o direito administrativo atual. Trata-se de uma teoria que vem sendo defendida no sentido de que existiria um *direito fundamental à boa Administração*. Aqui, cada cidadão teria uma espécie de direito subjetivo difuso a uma boa administração do Estado, que limitaria a tomada de decisões por parte do administrador, privando-lhe de uma discricionariedade ampla, pois este deveria tomar *a melhor decisão*.[60] Percebe-se a preocupação com a ideia de *eficiência* na administração, tratada aqui como um direito.

Esse tipo de posição leva ao questionamento de qual o papel do próprio direito administrativo para pensar o que seria o *administrar* e a *Administração*. Fala-se, aqui, em um "direito subjetivo coletivo" a uma "boa Administração", onde não haveria discricionariedade, mas apenas a possibilidade de o administrador tomar a "melhor decisão". Mas o que seria essa decisão? Como o direito administrativo ajuda a dar essa resposta? Parece que a análise jurídica encerra-se nos fins legais (um juízo de legalidade). Após esse juízo, tudo seria uma questão quanto aos meios, o que seria um problema econômico, financeiro e administrativo (em um sentido técnico), onde por métodos específicos se poderia definir qual é a "melhor decisão".

Percebe-se uma tentativa de mudança nos paradigmas do direito público a partir das transformações do Estado Administrativo brasileiro. O modelo clássico de conceber o direito administrativo dava um grande destaque ao ato administrativo que, por sua vez, traria a margem de *discricionariedade* segundo a qual a *Administração Pública*, para além de prestar os serviços de utilidade coletiva (*serviços públicos*), exerceria papel central na tomada de decisões coletivas que influenciam direta ou indiretamente a vida da comunidade política como um todo. Essas

---

[59] MENEZES DE ALMEIDA, Fernando Dias. *Formação da teoria do direito administrativo no Brasil*. São Paulo: Quartier Latin, 2019. p. 437-440. Aqui, como o próprio Menezes de Almeida destaca, deve-se tomar o cuidado para não considerar que os autores identificados como da "Escola do Interesse Público" seriam contrários aos direitos fundamentais. De forma alguma. Trata-se apenas de uma oposição quanto ao fundamento do direito administrativo em si.

[60] Como grande expoente dessa linha, ver FREITAS, Juarez. *Discricionariedade administrativa e o direito fundamental à boa administração pública*. 2. ed. São Paulo: Malheiros, 2009. p. 24-29.

alternativas de atuação seriam estabelecidas em termos de *legalidade*, e legitimadas em torno da noção de *interesse público*.

Em contraposição a essa forma de pensar o direito público, nota-se uma preocupação dos juristas com novas formas de agir do Estado e da Administração Pública, bem como novas bases normativas e de legitimação da ação estatal. Ao lado do ato administrativo, que perde espaço nas discussões teórico-conceituais, há a preocupação com modelos alternativos de ação estatal que levem em conta a participação da sociedade civil. Assim, discute-se agora o papel dos *contratos administrativos*, do *processo administrativo* e dos *modelos consensuais de Administração*. A *legalidade* passa a ser relativizada, com a normatividade dos acordos e das decisões de novas instituições. E, por fim, contesta-se a legitimação da ação estatal com fundamento no conceito de *interesse público*, trazendo como alternativa de pressuposto de atuação estatal os *direitos fundamentais*.

1.3 O papel do Estado e a tomada de decisões coletivas para o direito público

Partindo da premissa de que o direito administrativo brasileiro passa por um momento de amadurecimento teórico em que se busca descobrir os próprios pressupostos, e que há duas linhas de pensamento, ou duas "escolas teóricas", avançar nesse debate envolve discutir a fundo quais são as diferenças entre essas duas correntes. Isso porque nem sempre se verifica uma oposição absoluta entre as duas posições, como se uma fosse contra os cidadãos possuírem direitos fundamentais oponíveis contra o Estado, e a outra contra a Administração buscar garantir certos direitos coletivos para os cidadãos, principalmente os mais vulneráveis. Trata-se muitas vezes de uma "distinção de grau".[61]

A questão então consiste em saber quais são as diferenças substantivas, os pressupostos, os fundamentos e os horizontes teóricos de cada corrente. E para começar a entender essa resposta, pretende-se investigar o que justifica que uma das correntes (a Escola dos Direitos Fundamentais) defenda que sua perspectiva teórica trata de uma verdadeira mudança de paradigma, um *novo direito administrativo*.[62]

---

[61] MENEZES DE ALMEIDA, Fernando Dias. *Formação da teoria do direito administrativo no Brasil*. São Paulo: Quartier Latin, 2019. p. 363-364.

[62] BINENBOJM, Gustavo. *Uma Teoria do Direito Administrativo*: direitos fundamentais, democracia e constitucionalização. 3. ed. Rio de Janeiro: Renovar, 2014. p. 26-28.

A grande mudança, em termos gerais, estaria na passagem do direito público fundamentado pela ideia de uma supremacia do interesse público sobre o particular para um direito público pautado nos direitos fundamentais de seus cidadãos. O centro dessa proposta teórica consiste na mudança do papel do Estado, ao menos de uma faceta do papel do Estado, que é a tomada de decisões políticas pelas autoridades administrativas.

A contestação do Estado enquanto detentor do monopólio decisório não ocorre apenas em âmbito internacional,[63] mas também em uma disputa interna aos Estados. O que se tem aqui é uma crítica acerca de qual deveria ser o papel desempenhado pelo Estado na sociedade contemporânea. Basicamente, questiona-se em que medida o Estado deveria ser o grande protagonista das escolhas políticas e de interesse geral da coletividade.

Essas críticas decorrem tanto de mudanças na estrutura da sociedade, como de contestações políticas sobre os pressupostos para o monopólio estatal para a tomada de decisões. A crítica de caráter sociológico corresponde à estrutura das sociedades contemporâneas, que seriam marcadas pela pluralidade. Nessas sociedades complexas, haveria também uma pluralidade de valores e interesses, de tal modo que uma racionalidade estatal pautada na universalidade tenderia, na verdade, à homogeneidade de interesses, o que estaria em desacordo com a realidade contemporânea das sociedades atuais.[64]

Ainda na linha de transformações da sociedade que impactaram a visão do Estado monopolista, tem-se o aparecimento de outros setores da sociedade que visam à participação da tomada de decisões políticas. Trata-se das classes burguesas que conseguiram se desenvolver a partir dos modelos de intervenção estatais e passaram a disputar também o poder político.[65] Além disso, o próprio advento de um modelo de

---

[63] Ver tópico 1.1. deste trabalho.
[64] MARQUES NETO, Floriano Peixoto de Azevedo. *Regulação Estatal e Interesses Públicos*. São Paulo: Malheiros, 2002. p. 115-119. BINENBOJM, Gustavo. *Uma Teoria do Direito Administrativo*: direitos fundamentais, democracia e constitucionalização. 3. ed. Rio de Janeiro: Renovar, 2014. p. 54-61.
[65] Sônia Draibe e Manuel Riesgo mostram como o próprio sucesso do modelo de Estado Social Desenvolvimentista brasileiro serviu para enfraquecer esse modelo, na medida em que permitiu a ascensão de grupos que posteriormente iriam disputar o exercício do poder político com o Estado, sobretudo no que diz respeito a questões econômica. DRAIBE, Sônia; RIESGO, Manuel. Estados de Bem-Estar Social e estratégias de desenvolvimento na América Latina. Um novo desenvolvimentismo em gestação? *Sociologias (Dossiê)*, Porto Alegre, ano 13, n. 27, p. 220, maio/ago. 2011. Vale destacar que não se pretende discutir aqui se houve um fim do Estado Social no Brasil. Esse tema será abordado no segundo capítulo. Neste momento, o foco é apenas apresentar novos participantes do cenário político-econômico brasileiro.

capitalismo neoliberal permite dar espaço a novos grupos, modificando o papel do Estado enquanto centro das decisões econômicas.⁶⁶

Por fim, para além das disputas em torno do exercício de poder político, que se destacam nas questões econômicas, há ainda a contestação do Estado monopolista a partir dos seus pressupostos político-filosóficos. Com a redemocratização e o advento da Constituição de 1988, a própria ideia de Estado como detentor do monopólio decisório, definindo o que seriam os interesses gerais, passa a sofrer resistência pela crescente mobilização em termos de participação popular na tomada de decisões. Em outras palavras, existe uma crítica quanto ao caráter democrático desse modelo de Estado.⁶⁷

As críticas ao conceito de supremacia do interesse público são de muitas ordens e serão expostas e analisadas com mais vagar no próximo capítulo. Em um primeiro momento, cabe apresentar três grupos de críticas. Um primeiro é elaborado no sentido de existir ou não conceito de interesse público; se pode ser determinado; se há previsão na Constituição, bem como sua coerência com a Constituição. O segundo grupo de críticas gira em torno de certo caráter autoritário do princípio. Por fim, ainda relacionados ao segundo grupo, há críticas quanto ao modelo de Estado que o princípio incorporaria.

O primeiro grupo de críticas questiona a qualidade jurídica do princípio da supremacia do interesse público. Entre os argumentos utilizados, destaca-se sua força normativa e validade jurídica no ordenamento brasileiro. Isso porque questionam se a "supremacia do interesse público", na medida em que não pode ser ponderada (em razão de sua prevalência apriorística) não poderia ser considerada sequer um princípio.⁶⁸ Ainda nessa linha, defende-se a proporcionalidade como substituto adequado à supremacia do interesse público. Vale destacar também a crítica à indeterminação do que consiste o interesse público, e, sobretudo, a ideia de que não seria possível falar em unicidade do interesse público, mas no máximo em interesses públicos.⁶⁹

---

⁶⁶ Para uma exposição crítica dessa mudança do papel do Estado em decorrência da ascensão desses grupos, ver BERCOVICI, Gilberto. A crise e a atualidade do Estado social para a periferia do capitalismo. *Revista Estudos do Século XX*, Coimbra, n. 13, p. 138-141, 2013.

⁶⁷ Sobre a crítica do interesse público enquanto elemento autoritário, ver JUSTEN FILHO, Marçal. O direito administrativo de espetáculo. *Fórum Administrativo Direito Público – FA*, Belo Horizonte, ano 9, n. 100, jun. 2009.

⁶⁸ ÁVILA, Humberto Bergmann. Repensando a supremacia do interesse público sobre o particular. *Revista Eletrônica Sobre a Reforma do Estado (REDE)*, Salvador, Instituto Brasileiro de Direito Público, n. 11, set./out./nov. 2007.

⁶⁹ MARQUES NETO, Floriano Peixoto de Azevedo. *Regulação Estatal e Interesses Públicos*. São Paulo: Malheiros, 2002. p. 115-124. BINENBOJM, Gustavo. *Uma Teoria do Direito*

Esse último argumento é central para entrar no segundo grupo de críticas ao princípio da supremacia do interesse público. Aqui, parte da doutrina defende que as sociedades contemporâneas, marcadas pelo pluralismo de valores, não são compatíveis com a ideia unitária de interesse público, muito menos com a possibilidade de dar força normativa à imposição de um interesse público sobre os privados.[70] Fala-se aqui em uma fluidez do que seria o interesse público.[71] Como consequência, não haveria oposição entre interesses privados e interesse público, principalmente quando fosse o caso da proteção de direitos (sobretudo fundamentais). Desses pressupostos, defendem que a ideia de um princípio da supremacia do interesse público sobre o particular é uma noção autoritária e incompatível com o Estado Democrático de Direito.[72]

Na mesma linha dessa ordem de críticas, compreende-se que a defesa da supremacia do interesse público seria realmente um modelo de Estado Social, em que o Estado definiria e seria o encarregado de zelar pelo interesse público. Para além de considerar esse modelo de Estado dotado de autoritarismo, defende-se também que os modelos contemporâneos de Estado não mais seriam Estados Sociais, intervencionistas, dando espaço para modelos reguladores, participativos de ação estatal, em que o interesse público fosse construído, ou sequer se falaria em interesse público, mas sim em tomada de decisões de interesse coletivo, a partir da conciliação dos interesses da própria sociedade. Essa forma de atuação seria além de mais democrática, mais eficiente e moderna em termos de gestão pública.[73]

As sociedades contemporâneas ou "pós-modernas" seriam marcadas por interesses fluídos, e o direito não deveria mais buscar seu fundamento em macroconceitos, como os de legalidade ou de

---

Administrativo: direitos fundamentais, democracia e constitucionalização. 3. ed. Rio de Janeiro: Renovar, 2014. p. 90-92. MOREIRA NETO, Diogo Figueiredo. *O Direito Administrativo no século XXI*. Belo Horizonte: Fórum, 2018. p. 75-84. MEDAUAR, Odete. *O direito administrativo em evolução*. 3. ed. São Paulo: Revista dos Tribunais, 2018. p. 230-239.

[70] BINENBOJM, Gustavo. *Op. cit.*, p. 90-92.

[71] PIRES, Luis Manuel Fonseca. A pós-modernidade e o interesse público líquido. *A&C – Revista de Direito Administrativo & Constitucional*, Belo Horizonte, ano 13, n. 52, p. 133-144, abr./jun. 2013.

[72] BINENBOJM, Gustavo. *Uma Teoria do Direito Administrativo*: direitos fundamentais, democracia e constitucionalização. 3. ed. Rio de Janeiro: Renovar, 2014. p. 87-92. JUSTEN FILHO, Marçal. O direito administrativo de espetáculo. *Fórum Administrativo Direito Público – FA*, Belo Horizonte, ano 9, n. 100, jun. 2009.

[73] MOREIRA NETO, Diogo Figueiredo. *O Direito Administrativo no século XXI*. Belo Horizonte: Fórum, 2018. p. 146-148.

interesse público, mas sim buscar sua legitimidade na própria esfera social. O Estado, portanto, deveria perder seu caráter monopolístico, abrindo espaço para novas formas de normatividade, para a construção de uma sociedade verdadeiramente democrática, fundada nos direitos fundamentais.[74] O eixo do poder político desloca-se do Estado enquanto entidade ou instituição soberana para a sociedade, que as mutações por que passou o Estado moderno abriram caminho para o que chama de "Estado Pós-Moderno",[75] marcado por três características fundamentais: (i) a *subsidiariedade*, (ii) a alteração do modelo de *intervenção estatal*, e (iii) o fomento da *cidadania proativa*. As duas primeiras características estão diretamente ligadas à relação estabelecida pelo autor entre a nova sociedade e a democracia. Nesse sentido, o foco do poder político em sociedades democráticas está na sociedade e não no Estado, de forma que este apenas atua quando aquela não puder exercer este papel. Assim, o Estado deve deixar a sociedade se autorregular sempre que possível. No mais, a terceira característica impõe que os cidadãos devem participar ativamente da tomada de decisões do Poder Público. Fomenta-se a participação e os instrumentos de controle social. Destacam-se os órgãos de controle e os instrumentos de participação direta, sobretudo por voto de maioria. E aqui entra, por fim, a ideia dos direitos fundamentais como garantia do Estado Democrático de direito por funcionar como mecanismo contra majoritário, defendendo estes direitos dos indivíduos mesmo que contra os interesses da maioria.[76]

Dessas mudanças, defende-se que o *governar* daria lugar à *governança*, no sentido de que as decisões não são mais centralizadas e baseadas em um interesse público abstrato e aprioristicamente superior, mas sim de forma dialogada, conciliando os interesses.[77] A autoridade e a vinculatividade dão lugar à distribuição de poder e ao diálogo. É nesse contexto que se percebe que uma das questões centrais para pensar os fundamentos teóricos do direito público consiste justamente em entender as diferenças na concepção do conceito de administrar o Estado.

---

[74] *Ibid.*, p. 134-140.
[75] *Ibid.*, p. 141-143.
[76] MOREIRA NETO, Diogo Figueiredo. *O Direito Administrativo no século XXI*. Belo Horizonte: Fórum, 2018. p. 149-165.
[77] MOREIRA NETO, Diogo Figueiredo. *Poder, direito e estado*: o direito administrativo em tempos de globalização. Belo Horizonte: Fórum, 2011. p. 30. CHEVALLIER, Jacques. *O Estado pós-moderno*. Trad. Marçal Justen Filho. Belo Horizonte: Fórum, 2009. p. 272-277. MEDAUAR, Odete. *O direito administrativo em evolução*. 3. ed. São Paulo: Revista dos Tribunais, 2018. p. 359-361.

Não se trata de afirmar que o Estado tenha perdido toda a relevância para a consecução de interesses da coletividade. Antes, entende-se que esse papel não é, e nem poderia ser, mais exercido em um regime de monopólio. Não se poderia mais legitimar toda a ação estatal a partir da noção de interesse público, definido e executado pelo Estado, que atua em uma esfera distinta das ações privadas. Questiona-se uma separação rígida entre esfera pública e privada, bem como a existência e possibilidade de justificação em termos de um ou alguns único(s) interesse(s) público(s) legítimo(s). Haveria, nessa linha, múltiplos interesses concorrentes e diversos agentes disputando junto ao Estado quais são e como devem ser buscadas as finalidades sociais da comunidade política.[78]

No entanto, essas abordagens contrárias à centralidade do Estado na definição e na execução do interesse público precisam lidar com os problemas de como tomar decisões coletivamente vinculantes, e como legitimar a tomada de decisões coletivas.[79] Em outras palavras, sem a fundamentação em termos de interesse público, e sem a centralidade do Estado nessa discussão, como conceber e fundamentar a tomada de decisões coletivas e vinculantes à sociedade?

Provavelmente tentando resolver esse tipo de questão, Floriano de Azevedo Marques Neto propõe a priorização, dentre os múltiplos interesses públicos legítimos da sociedade, da proteção de direitos difusos e aos hipossuficientes.[80] O ponto de partida ainda seria a legitimidade dos interesses particulares, e em especial os direitos, sendo que toda limitação deverá ser justificada. Nessa perspectiva, o Estado teria o dever de ouvir todos os interesses envolvidos e ponderar pela melhor decisão para o caso, a partir de um juízo de ponderação e proporcionalidade, visando a menor limitação possível dos direitos envolvidos.[81] Porém, ainda fica a questão de como justificar essa prioridade sem basear-se no papel decisório do Estado ou sem conceber a tese de que haveria um conceito centralizador de interesse público

---

[78] CHEVALLIER, Jacques. *Op. cit.*, p. 32-60. MARQUES NETO, Floriano Peixoto de Azevedo. *Regulação Estatal e Interesses Públicos*. São Paulo: Malheiros, 2002. p. 115-124.

[79] Esses são os dois problemas apresentados por José Gomes Canotilho que precisam ser respondidos pelas teorias da desconcentração estatal. Ver CANOTILHO, José Joaquim Gomes. *"Brancosos" e interconstitucionalidade*. Itinerário dos discursos sobre a historicidade constitucional. 2. ed. Coimbra: Almedina, 2008. p. 161-162.

[80] MARQUES NETO, Floriano Peixoto de Azevedo. *Regulação Estatal e Interesses Públicos*. São Paulo: Malheiros, 2002. p. 157-170.

[81] BINENBOJM, Gustavo. *Uma Teoria do Direito Administrativo*: direitos fundamentais, democracia e constitucionalização. 3. ed. Rio de Janeiro: Renovar, 2014. p. 107-108.

que seja superior aos demais (ainda que possa se fazer hierarquias). Nesse sentido, o debate em torno do conceito de interesse público – e a preponderância do Estado em sua delimitação e concretização – está longe de ser superado,[82] bem como as formas segundo as quais serão tomadas as decisões envolvendo a satisfação das necessidades coletivas, sobretudo considerando as divergências doutrinárias sobre o próprio conceito de administração do Estado, do que seria governar a República para o direito administrativo.

A parcela da doutrina nacional que defende uma suposta quebra de paradigma trata como se a relação entre autoridade e liberdade (a dicotomia entre a comunidade, o comum, e os indivíduos) fosse uma questão superada para o direito como um todo, e para o direito público e administrativo em particular, inclusive questionando as divisões entre público e privado (e, por consequência, entre direito público e direito privado).[83] No entanto, buscar o equilíbrio entre esses dois mundos (do público e do privado, da comunidade e do indivíduo e da autoridade e do cidadão) consiste em um dos principais problemas da teoria ou da filosofia do direito como um todo.[84] Dessa forma, defender que o ramo do direito que trata da organização do Estado, suas funções e o exercício dessas funções não se preocupe com essas distinções é, no mínimo, questionável.

Coloca-se, assim, o problema de pesquisa a ser desenvolvido ao longo deste trabalho: em que consiste *administrar* o Estado brasileiro para o direito público brasileiro, em especial o direito administrativo? Mais especificamente, qual o papel do direito para a tomada de decisões públicas por parte das autoridades?

---

[82] Defendendo essa importância, ver GABARDO, Emerson. O princípio da supremacia do interesse público sobre o interesse privado como fundamento do Direito Administrativo Social. *Revista de Investigações Constitucionais*, Curitiba, v. 4, n. 2, p. 116-124, maio/ago. 2017.

[83] Aqui, destaca-se principalmente Gustavo Binenbojm, mas como será visto, é a posição de diversos autores que propõe a ideia de uma administração pública não centralizada, dialógica, e que não pressuponha a supremacia do interesse público sobre os interesses particulares.

[84] BANKOWSKI, Zenon. *Vivendo Plenamente a Lei*. Rio de Janeiro: Elsevier, 2007. p. 8-13. Há diversos autores centrais do debate jurídico-filosófico contemporâneo que se dedicaram ao tema da relação entre autoridade e liberdade. Talvez o autor que mais tenha se dedicado ao assunto no direito é Joseph Raz. Escolhe-se, como exemplo, um dos últimos trabalhos do autor RAZ, Joseph. *Between Authority and Interpretation*: On the theory of law and practical reason. New York: Oxford University Press, 2011, apenas para ilustrar a contemporaneidade do tema. Além dos autores citados, poderia-se colocar ainda MACCORMICK, Neil. *Retórica e o Estado de Direito*. Rio de Janeiro: Elsevier, 2008 e DWORKIN, Ronald. *Law's Empire*. Cambridge, MA: Harvard University Press, 1986.

É importante deixar claro o que se está chamando de decisões públicas. Como exemplos, tem-se: (i) atos normativos de caráter geral e abstrato; (ii) despachos singulares, concedendo algum benefício social ou reconhecendo um direito por parte da Administração Pública; (iii) aplicações de sanções por autoridades administrativas; (iv) a abertura de processo licitatório ou mesmo a assinatura de um contrato administrativo com particular. Pode-se entender essa categoria como sendo os atos praticados por autoridades públicas com conteúdo decisório e que tenham, como destinatária direta ou indiretamente, a comunidade política, aqui entendida por sua generalidade, por uma coletividade de seus integrantes ou mesmo por um membro específico. *A contrario sensu*, um exemplo de atos praticados por autoridades públicas que não seriam "decisões públicas", que não estariam no centro da atividade de governar o Estado, são as decisões internas em processos administrativos voltadas à instrução do processo, ainda que realizadas por autoridade pública. De forma mais clara, se um prefeito ou um ministro emite um ato para que determinado servidor ou departamento instrua o processo com vistas à obtenção de informações, este ato da autoridade não se configura como decisão pública no sentido aqui atribuído. E, nesse sentido, distingue-se o objeto de pesquisa do conceito de "ato administrativo".

Pelo que se expôs neste primeiro capítulo, verifica-se que a divisão existente na doutrina brasileira entre uma Escola do Interesse Público e uma Escola dos Direitos Fundamentais parte de pressupostos políticos e teóricos distintos. O ponto de partida de uma dessas vertentes está na centralidade do Estado na tomada de decisões coletivas, enquanto a segunda pauta-se na ideia de um compartilhamento dessa função. Em outras palavras, tem-se uma discordância quanto à atividade de administrar o Estado na atualidade. Questiona-se em que consiste essa atividade e a quem cabe seu exercício.

Nesse sentido, a dogmática jurídica administrativista ainda discute seus pressupostos de atuação. Por um lado, pode ser compreendida como a teoria de direção, em que os juristas devem organizar o saber para permitir certa forma de agir estatal, voltada à consecução do interesse público, em um contexto de planejamento e execução de ações políticas, através da tomada de decisões por parte do Poder Público. Por outro lado, essa dogmática pode ser entendida como uma perspectiva de governança, em que o Estado não seria um lócus privilegiado da tomada de decisões coletivas. Aqui, o papel da Administração estaria não em estabelecer e perseguir o interesse público, mas sim em arbitrar, mediante ponderação, os diversos interesses existentes na sociedade.

Deslocar-se-ia, pois, o próprio exercício de administração do Estado para junto da sociedade civil.

Como se pretende apresentar ao longo deste trabalho, tal distinção envolve defender certos pressupostos teóricos fundamentais para pensar o direito administrativo. Para a vertente estatizante, certos conceitos permanecem centrais no direito público, em especial os que possuem maior capacidade de direção, abstração e generalidade, como os de legalidade e interesse público. Além disso, mantém-se a importância das relações entre autoridade e liberdade, e de público e privado. Em sentido oposto, para além da contestação dessas divisões, relativiza-se a importância de conceitos abstratos e generalizantes, pois a preocupação deixa de ser a tomada de decisões para toda a comunidade política e volta-se às decisões concretas, entre as partes interessadas naquela decisão. Nesse sentido, o destaque à legalidade e ao interesse público dá lugar à consensualidade e à ponderação.

Esses diferentes pressupostos possuem repercussão para além do campo teórico, pois servem também para justificar formas de intervenção de outros agentes na tomada de decisões públicas. A partir dos pressupostos teóricos assumidos, pode-se defender maior ou menor interferência de outros órgãos, em especial do Judiciário, mas também do Ministério Público.

O que se pretende apresentar é uma forma de ler o debate do direito administrativo contemporâneo, dando um destaque específico para a tomada de decisões políticas e a justificação teórico-filosófica por trás de cada abordagem. Pretende-se deixar claro o que está sendo defendido, como isso está sendo feito, sob quais justificativas e quais as consequências lógico-normativas de cada posição. Por fim serão analisados os horizontes teóricos de cada corrente, o que cada uma permite explorar, e o que deve ser mais bem desenvolvido para fins de dar uma resposta mais adequada aos problemas jurídico-políticos contemporâneos.

CAPÍTULO 2

O PARADIGMA DOS DIREITOS FUNDAMENTAIS E A PARTICIPAÇÃO DA ADMINISTRAÇÃO DO ESTADO NO DEBATE DO DIREITO PÚBLICO BRASILEIRO

Conforme discutido no primeiro capítulo, este trabalho está inserido em um debate teórico mais amplo acerca dos pressupostos do direito administrativo brasileiro, partindo de uma distinção existente entre as chamadas Escola dos Direitos Fundamentais e Escola do Interesse Público. A partir desse debate, pretende-se aprofundar os modelos de administração do Estado que cada corrente defende ou pressupõe, considerando a tomada de decisões públicas pelas autoridades administrativas como ponto focal a ser discutido sobre o conceito de administrar o Estado.

Nesse contexto, o presente capítulo tem por objetivo expor em que consiste administrar o Estado brasileiro pela perspectiva da dita Escola dos Direitos Fundamentais. Em outras palavras, pretende-se apresentar criticamente como a tomada de decisões públicas pela Administração Pública e pelas autoridades políticas é organizada e defendida a partir de uma teoria baseada na ideia de supremacia dos direitos fundamentais.

Essa corrente reivindica realizar uma verdadeira "mudança de paradigma"[85] no direito público brasileiro ao se propor a substituir

---

[85] O conceito de paradigma utilizado por esses autores é o de KUHN, Thomas. *A Estrutura das Revoluções Científicas*. São Paulo: Perspectiva, 2005. Entre os autores, cita-se BINENBOJM, Gustavo. *Uma Teoria do Direito Administrativo*: direitos fundamentais, democracia e constitucionalização. 3. ed. Rio de Janeiro: Renovar, 2014. p. 26-29. Floriano de Azevedo Marques Neto chega a defender também a superação da supremacia do interesse público como mudança de paradigma do direito administrativo nacional, ainda que não chegue

a ideia de supremacia do interesse público enquanto princípio ou vetor do direito administrativo brasileiro pela supremacia dos direitos fundamentais, em especial da dignidade humana, como grande fundamento de toda atividade administrativa e da relação do Estado com os cidadãos. Nesse sentido, a primeira parte do capítulo será destinada a entender quais são os pressupostos teóricos dessa corrente. Aqui, entende-se por pressupostos tanto as bases teóricas que estão defendendo, como aqueles contra os quais a corrente escreve. Em outras palavras, serão expostas as críticas à ideia de supremacia interesse público para o direito brasileiro, e como essas críticas articulam-se com as ideias defendidas pela corrente dos direitos fundamentais, buscando retratar quais as principais diferenças entre as teorias. Com a ideia de mudança de paradigma do interesse público para os direitos fundamentais, busca-se um novo modelo de administração, compatível com certos ideais normativos de Estado Democrático de Direito. E com esse modelo de administração do Estado, pretende-se alterar também a lógica de verticalidade e unilateralidade de atuação da Administração Pública, voltada à centralidade da figura da autoridade pública, em detrimento do papel dos cidadãos na atividade administrativa, em especial na tomada de decisões públicas.

A segunda etapa deste capítulo propõe-se, portanto, a avançar nos pressupostos teóricos agora voltados à concretização de um modelo de "administração democrática" do Estado brasileiro, defendida por essa corrente, que seria uma alternativa ao modelo anterior. O ponto central é retratar como são desenvolvidos os conceitos de administração dialógica ou consensual, como forma de participação dos cidadãos na atividade administrativa, bem como a articulação dessas ideias com o conceito de "governança pública", que tratará da distribuição do poder envolvendo a Administração e a tomada de decisões. Esses conceitos estão voltados à noção de como se chegar a uma "boa administração", que será tratada como um direito fundamental subjetivo (e público) de todos os cidadãos. A partir dessas premissas teóricas, será discutido como se altera a noção de discricionariedade administrativa, as possibilidades da decisão sobre o mérito da decisão administrativa pela autoridade competente, destacando como essa corrente reduz a extensão do conceito de discricionariedade, visando a uma possibilidade de melhor decisão como premissa de implementar uma "boa

---

a desenvolver que este paradigma seria substituído por uma "supremacia dos direitos fundamentais". MARQUES NETO, Floriano Peixoto de Azevedo. *Regulação Estatal e Interesses Públicos*. São Paulo: Malheiros, 2002. p. 57-58.

administração", de estabelecer os direitos fundamentais, permitindo uma maior esfera de intervenção por parte dos agentes de controle da Administração Pública.

Chega-se à terceira parte deste capítulo, que trata especificamente do objeto desta pesquisa: a tomada de decisões públicas. Considerando os pressupostos teóricos e as finalidades dessa corrente, aquilo que busca alcançar e se afastar, é preciso explicar qual o método específico de decidir as questões administrativas. E, considerando as premissas da pluralidade de interesses, sem prevalência do interesse público sobre os privados, e priorização da consagração dos direitos fundamentais da sociedade, em especial dos cidadãos individualmente, será apresentado o que se entende por um "Estado de ponderação", a forma legítima do Estado Democrático de direito segundo essa vertente, para a qual todas as decisões públicas deverão passar pelo exame da proporcionalidade para fins de ponderação dos múltiplos interesses em jogo e resguardo dos direitos fundamentais na maior medida possível, garantindo sempre que haja uma melhor decisão jurídica falando. Além disso, será exposto o modelo de "direito administrativo pragmático" como complementar à tomada de decisões pela ponderação proporcional, a partir da individualização das decisões e análise de suas consequências concretas de cada caso.

Por fim, a última parte deste capítulo analisa criticamente esse modelo de administração do Estado, especialmente no que toca à tomada de decisões públicas por meio da ponderação e do pragmatismo administrativo. Pretende-se defender que o uso indiscriminado dos referidos métodos leva a um casuísmo ou particularismo exacerbado, em que toda decisão pública seria única. Questiona-se, assim, o critério de legitimação estatal a partir da chegada à melhor decisão para cada caso, apresentando críticas a essa forma de administrar o Estado, sobretudo do ponto de vista jurídico-filosófico.

2.1 Pressupostos teóricos: a suposta mudança de paradigma do direito administrativo contemporâneo

Como vem sendo exposto, a primeira corrente a ser descrita neste trabalho entende mudar drasticamente os pressupostos teóricos do direito público nacional, em especial o direito administrativo, ao "superar" o paradigma da supremacia do interesse público sob o particular e elevar à categoria de princípio chave da ordem constitucional brasileira e vetor da ação estatal a supremacia dos direitos fundamentais, com a sua persecução, em especial a consagração e respeito à dignidade humana. Entender tal corrente passa por entender o modelo de Estado que está sendo defendido, em especial o que está sendo chamado de Estado Democrático de Direito, qual o ideal normativo da ordem constitucional brasileira que vincularia a atividade administrativa e como se daria essa vinculação. Em outras palavras, pretende-se compreender qual a interpretação constitucional que se está fazendo do direito administrativo e da ação da Administração Pública, quais as diferenças com o modelo anterior e quais os argumentos utilizados para justificar a proposta realizada. Nesse sentido, parte-se da premissa de que existiria uma distinção significativa entre as duas teorias, a fim de justificar que a primeira se rotule como uma mudança de paradigma. Dessa forma, a partir da exposição dos argumentos trazidos pelos principais autores da chamada Escola dos Direitos Fundamentais, pretende-se apresentar quais críticas ao modelo anterior justificariam a necessidade de sua superação, para então seguir à exposição e à análise dos fundamentos próprios da dita nova teoria.

Um dos argumentos levantados para deslegitimar o conceito de supremacia do interesse público e defender sua superação consiste na origem histórica do instituto e seu desenvolvimento para o direito administrativo. Gustavo Binenbojm defende que o direito administrativo em si e a ideia de interesse público em particular padecem do mesmo vício, um "pecado original", que é sua origem autoritária.[86] Contrariando o que chama de "narrativa doutrinária tradicional", o autor defende que o direito administrativo teria surgido não como forma de limitação dos poderes estatais e submissão da Administração Pública à lei, mas sim como forma de legitimar o aparato estatal de uma Administração autoritária. E, dessa forma, os conceitos tradicionais do direito administrativo foram sendo criados e desenvolvidos para permitir as ações estatais na França, num primeiro momento, e posteriormente no Brasil.[87] Mais especificamente o conceito de interesse público, além de sua origem autoritária, teria sido recebido e utilizado

---

[86] BINENBOJM, Gustavo. *Uma Teoria do Direito Administrativo*: direitos fundamentais, democracia e constitucionalização. 3. ed. Rio de Janeiro: Renovar, 2014. p. 10-16. Tal interpretação tem lastro na obra de OTERO, Paulo. *Legalidade e administração pública*: o sentido da vinculação administrativa à juridicidade. Coimbra: Almedina, 2003. p. 275 e ss. No mesmo sentido, ARAGÃO, Alexandre Santos de. A supremacia do interesse público no advento do Estado de Direito e na hermenêutica do Direito Público contemporâneo. In: SARMENTO, Daniel (Org.). *Interesses Públicos "Versus" Interesses Privados*: desconstruindo o princípio da supremacia do interesse público. Rio de Janeiro: Lumen Juris, 2005. p. 22.

[87] BINENBOJM, Gustavo. *Op. cit.*, p. 10-12.

largamente para os fins de legitimação de uma Administração Pública patrimonialista e autoritária, que submeteria os direitos da sociedade a seus caprichos e interesses.[88] O argumento histórico serve para justificar a incompatibilidade com o regime democrático pelo ponto de vista da legitimidade política, bem como justificar do ponto de vista dos resultados, ao afirmar que serviria aos interesses de certas elites burocráticas e patrimonialistas que dominavam o país, não mais sendo úteis ao Estado brasileiro democrático.[89]

Há algumas questões a serem levantadas acerca do argumento histórico. Em primeiro lugar, não há consenso na doutrina sobre tal narrativa. Há autores que questionam especificamente a posição defendida por Binenbojm.[90] Os problemas se aprofundam ao entrar nos detalhes sobre a divergência em termos de história do direito. Se for possível encontrar a origem do interesse público em momento não democrático, isso não significa que se trate do mesmo momento defendido pelo autor ou mesmo pelos mesmos fins, na medida em que teria sido criado para justificar uma mudança no próprio modelo de governo ou de administração de um território, passando da *iurisdictio* medieval e de um *Estado policial* para o conceito moderno de administração das então recentes cidades europeias, necessitando de uma justificação para o exercício dos poderes públicos.[91] Além disso, esse argumento da Escola dos Direitos Fundamentais parte de certas premissas históricas sobre a história do Estado e do direito público brasileiro bastante contestadas.[92]

---

[88] *Ibid.*, p. 14-15.

[89] *Ibid.*, p. 16. Em um mesmo sentido, ver MARQUES, Marcelo Henrique Pereira. Administração Pública Democrática. *Revista de Direito Administrativo*, Rio de Janeiro, n. 273, 199-235, 2016.

[90] Sobre esse ponto, ver GABARDO, Emerson; HACHEM, Daniel Wunder. O suposto caráter autoritário da supremacia do interesse público e das origens do Direito Administrativo – uma crítica da crítica. In: DI PIETRO, Maria Sylvia Zanella; RIBEIRO, Carlos Vinícius Alves (Orgs.). *Supremacia do Interesse Público e outros temas relevantes do direito administrativo*. São Paulo: Atlas, 2010. p. 11-66.

[91] GUANDALINI JUNIOR, Walter. *Gênese do direito administrativo brasileiro*: formação, conteúdo e função da ciência do direito administrativo durante a construção do Estado no Brasil Imperial. Tese (Tese de Doutorado) – Faculdade de Direito, Universidade Federal do Paraná, Curitiba, 2011. p. 67-86. SEELAENDER, Airton Cerqueira-Leite. A 'polícia' e as funções do Estado. *Revista da Faculdade de Direito UFPR*, Curitiba, n. 49, p. 73-87, 2009. Em sentido semelhante, STOLLEIS, Michael. *O Direito Público na Alemanha*: Uma Introdução a sua História do Século XVI ao XXI. Trad. Gercélia Batista de Oliveira Mendes. São Paulo: Saraiva, 2018. p. 64-71.

[92] O principal é sobre a narrativa de Faoro acerca do Estado patrimonialista brasileiro e uma ausência de história útil do direito público para antes da Constituição de 1988. Sobre esse ponto, ver LYNCH, Christian Edward Cyril; MENDONÇA, José Vicente Santos de Mendonça. Por uma história constitucional brasileira: uma crítica pontual à doutrina da efetividade. *Revista Direito e Práxis*, [S.l.], v. 8, n. 2, p. 942-973, jun. 2017.

No entanto, a questão central aqui é a irrelevância da origem histórica do direito administrativo ou do próprio conceito de interesse público. Conceitos não são estáticos no tempo, alteram seus sentidos conforme disputas de significado, tanto teóricas como políticas.[93] Nesse sentido, mesmo que se concorde que o conceito de interesse público tenha sido elaborado em período autoritário, e baseado em premissas pouco democráticas para fins diversos do que hoje estipula a Constituição, não se trata de um argumento suficiente para justificar seu abandono. O que importa, em primeiro lugar, é verificar qual o sentido atual do conceito. Tanto é verdade que, apesar de apontar para uma origem autoritária do "direito administrativo", tal corrente propõe uma revisão de sentido (por meio de uma mudança de paradigma) no lugar de abandono do campo.

Sendo insuficiente apenas o argumento da origem autoritária para justificar a superação ao paradigma do interesse público, passa-se a discutir sua legitimidade nas sociedades democráticas contemporâneas. E, na mesma linha, o paradigma da supremacia do interesse público estaria ligado ao modelo de Estado moderno concentrador de poder. Em outras palavras, o Estado teria o monopólio das decisões políticas enquanto expressão de sua soberania,[94] e, nesse modelo de Estado, o interesse público serviria para justificar o exercício desse poder. O direito administrativo, por sua vez, teria por papel a interpretação e a implementação do interesse público enquanto exercício da soberania estatal. E é a partir desse ponto que se discorre sobre um dos principais argumentos contra a ideia de supremacia do interesse público: a mudança do papel do Estado, e, por consequência, do direito administrativo, nas sociedades contemporâneas.

Essa mudança do papel do Estado decorreria da própria alteração das sociedades contemporâneas. Diferentemente da homogeneidade pressuposta nos Estados modernos, em que se permitia a justificativa de imposição dos poderes públicos para fins de garantia do interesse geral da sociedade, as sociedades contemporâneas seriam marcadas por uma fragmentação e heterogeneidade, pelo pluralismo de ideias, valores e objetivos.[95] Essa fragmentação da sociedade também decorre de

---

[93] KOSELLECK, Reinhart. *Futuro Passado*. Contribuição à semântica dos tempos históricos. Rio de Janeiro: Contraponto, Editora Puc-Rio, 2006. p. 97-119.
[94] MARQUES NETO, Floriano Peixoto de Azevedo. *Regulação Estatal e Interesses Públicos*. São Paulo: Malheiros, 2002. p. 95-104. Ver tópico 1.1 e 1.3 deste trabalho.
[95] MARQUES NETO, Floriano Peixoto de Azevedo. *Regulação Estatal e Interesses Públicos*. São Paulo: Malheiros, 2002. p. 115-124. No mesmo sentido, SARMENTO, Daniel

grupos que almejam interesses bastante distintos a serem perseguidos. Aqui, aparece outra figura importante para o jogo social do poder político que são os *grupos de interesse*, organizações que pressionam e disputam certos objetivos que não necessariamente possuem um caráter compartilhado por toda a comunidade política, mas compreendem certas finalidades próprias daquele grupo ou setor.[96] Tal reconfiguração da sociedade implicaria uma dificuldade para o Estado funcionar como definidor e implementador dos interesses coletivos, visto que esses não seriam unívocos, nem tampouco dependeriam dessa delimitação centralizada do Estado, uma vez que os grupos e integrantes como um todo da sociedade teriam seus próprios e legítimos interesses, e que muitas vezes seriam conflitantes com outros interesses.[97] Em outras palavras, nas sociedades contemporâneas, ditas "sociedades complexas", e especialmente nas democracias liberais,[98] haveria um inexorável pluralismo de valores, não sendo possível determinar de antemão valores universais a todos os membros da comunidade política (ou em outros termos: uma visão de "bem" comum a todos), não seria possível se falar em interesse público unitário, a ser definido e perseguido pelo Estado, mas tão somente em uma "pluralidade de interesses públicos". Por consequência, o Estado não poderia definir o interesse público aprioristicamente, em abstrato e de antemão, de forma que este somente poderia ser identificado no caso concreto, avaliando todos os interesses públicos em jogo[99] para verificar qual prevalece em cada situação.[100]

O problema dessa argumentação consiste em pressupor que o fato de as sociedades serem plurais implica, por si só, que haja uma pluralidade de interesses legítimos a serem resguardados

---

(Org.). Interesses públicos vs. interesses privados na perspectiva da teoria e da filosofia constitucional. In: SARMENTO, Daniel (Org.). *Interesses públicos versus interesses privados*: desconstruindo o princípio de supremacia do interesse público. Rio de Janeiro: Lumen Juris, 2005. p. 27-28.

[96] MARQUES NETO, Floriano Azevedo. *Op. cit.*, p. 127-129.
[97] CHEVALLIER, Jacques. *O Estado pós-moderno*. Trad. Marçal Justen Filho. Belo Horizonte: Fórum, 2009. p. 55-59.
[98] BINENBOJM, Gustavo. *Uma Teoria do Direito Administrativo*: direitos fundamentais, democracia e constitucionalização. 3. ed. Rio de Janeiro: Renovar, 2014. p. 51-53.
[99] MARQUES NETO, Floriano Azevedo. *Op. cit.*, p. 127-129. Em um mesmo sentido, BINENBOJM, Gustavo. *Op. cit.*, p. 54-61.
[100] MARQUES NETO, Floriano Azevedo. *Op. cit.*, p. 157 ss. Em sentido semelhante, SARMENTO, Daniel (Org.). Interesses públicos vs. interesses privados na perspectiva da teoria e da filosofia constitucional. In: SARMENTO, Daniel (Org.). *Interesses públicos versus interesses privados*: desconstruindo o princípio de supremacia do interesse público. Rio de Janeiro: Lumen Juris, 2005. p. 114-115.

constitucionalmente. Agem como se não houvesse de ser justificadas as razões pelas quais o pluralismo de valores devesse ser considerado positivo a ponto de se dizer que ele cria uma pluralidade de interesses públicos tutelados inclusive pelo Estado. Em síntese, parte-se de uma constatação empírica para uma prescrição normativa, como se houvesse uma derivação lógica, o que incorre na falácia naturalista. O fato de existirem, por exemplo, formas de normatividade paraestatal decorrente da auto-organização da sociedade não significa que essas seriam sempre desejáveis.[101] É difícil negar que milícias e outras formas de facções (entendidas como "criminosas" na esfera estatal) não criem certa normatividade (no sentido de vinculação) a certos grupos, inclusive externos à facção e submetidos a ela. Entretanto, defender seu reconhecimento pelo direito e proteção pelo Estado é bastante questionável.

Mesmo nas democracias liberais, talvez especialmente nelas, nem todo pluralismo é desejável, mas apenas um pluralismo razoável, sendo este aquele em que as posições possam ser justificadas em termos acessíveis a todos os seus membros, em termos de razão pública.[102] E, sendo o pluralismo mais do que uma característica da sociedade, mas também um valor essencial à democracia, este deveria ser protegido e fomentado pelo Estado,[103] de tal sorte que é possível defender uma tese alternativa à pluralidade de interesses públicos decorrentes do pluralismo da sociedade, qual seja a existência de um interesse público plural, que incorpore tal valor nas decisões a serem tomadas pelo Estado. Nesse caso, o interesse público seria aliado do pluralismo, e não um empecilho.[104]

Passados os argumentos de matriz histórica e sociológica, avança-se aos argumentos de cunho propriamente normativo, ou seja, a defesa do porquê rejeitar a ideia de supremacia do interesse público como central ao direito público brasileiro, começando por defender a

---

[101] LOPES, José Reinaldo de Lima. *Naturalismo Jurídico no pensamento brasileiro*. Tese (Titularidade em Direito) – Faculdade de Direito, Universidade de São Paulo, São Paulo, 2012. p. 207-250, em que o autor expõe as críticas ao pensamento de matriz sociológica presente na história do pensamento jurídico brasileiro, que, em síntese, tenta derivar disfarçadamente juízos morais de relações sociais como se houvesse uma implicação lógica necessária.

[102] RAWLS, John. *Political Liberalism*. Oxford: Oxford University Press, 2005. p. 212-254.

[103] Sobre a obrigação do Estado de fomentar o pluralismo, ver WALZER, Michael. A sociedade civil e o Estado. In: WALZER, Michael (Org.). *Política e Paixão*: rumo a um liberalismo mais igualitário. São Paulo: WMF Martins Fontes, 2008. p. 95-130.

[104] Tal argumento será mais bem desenvolvido no tópico 3.2. deste trabalho, ao tratar dos propósitos, potenciais e limitações da participação popular na administração do Estado.

incompatibilidade em relação à ordem jurídica democrática brasileira, instituída a partir da Constituição de 1988. Essa incompatibilidade se daria, em primeiro lugar, pela ausência de qualquer previsão expressa na Constituição de 1988 de um "princípio da supremacia do interesse público"; além disso, não se poderia falar em interesse público enquanto um "princípio-norma" previsto na Constituição, pois qualquer princípio deveria ser compatível com os demais preceitos constitucionais, de forma a não lhes contrariar e permitir um exame de ponderação, compatibilizando os princípios que se opuseram em determinada medida. Nessa linha, a supremacia do interesse público sobre o particular não seria um princípio, pois contrariaria diversos preceitos constitucionais que dão maior prevalência ao indivíduo e seus direitos e garantias fundamentais frente ao Estado. Ainda, a supremacia do interesse público sobre o particular, ao estabelecer uma prevalência apriorística do interesse público em relação aos demais interesses particulares, que também seriam protegidos por demais normas (inclusive princípios), não seria passível de qualquer juízo de ponderação para compatibilizar as oposições, o que por definição excluiria o interesse público da categoria de princípio.[105]

Outro problema que se apresenta é o da determinação do que seria considerado o interesse público, tamanha abstração e falta de referência em textos normativos.[106] A preocupação aqui é que a mera invocação de um conceito abstrato sem traços bem delimitados possa restringir os direitos dos cidadãos, uma vez que teria uma prevalência apriorística. Ainda na determinação, questiona-se a forma como são distinguidos os interesses particulares. Primeiro, como poderia haver um interesse público que não se confunda com o conjunto dos interesses particulares. E esse interesse coletivo não se confunde com a somatória dos interesses particulares, sendo uma categoria própria de interesse

---

[105] Esse argumento foi desenvolvido pioneiramente por Humberto Ávila em artigo publicado em 1998, republicado diversas vezes, sendo utilizada, aqui, a versão publicada no ano de 2007. Ver ÁVILA, Humberto Bergmann. Repensando a supremacia do interesse público sobre o particular. *Revista Eletrônica Sobre a Reforma do Estado (REDE)*, Salvador, Instituto Brasileiro de Direito Público, n. 11, set./out./nov. 2007. Valendo-se também desse argumento em sua tese, ver BINENBOJM, Gustavo. *Uma Teoria do Direito Administrativo*: direitos fundamentais, democracia e constitucionalização. 3. ed. Rio de Janeiro: Renovar, 2014. p. 97-101. Sobre o desenvolvimento histórico do debate acerca do interesse público, ver GIACOMUZZI, José Guilherme. Uma genealogia do interesse público. In: WALD, Arnold; JUSTEN FILHO, Marçal; PEREIRA, César Guimarães (Org.). *O Direito Administrativo na Atualidade*: Estudos em Homenagem ao Centenário de Hely Lopes Meirelles. São Paulo: Malheiros, 2017. p. 1-2.

[106] ÁVILA, Humberto. *Op. cit.*, p. 11-13. BINENBOJM, Gustavo. *Op. cit.*, p. 97-101.

que muitas vezes iria se opor aos interesses individuais. E, nesses casos de oposição, é o interesse público que deveria prevalecer.[107] A doutrina criticada chega a afirmar que o interesse público seria o interesse particular, uma vez que cada pessoa deveria desejar o interesse da coletividade, não havendo sentido em alguém se opor a esse interesse, o que justificaria a ideia de supremacia do interesse público sobre o particular. De fato, as críticas a essa visão totalizante de Estado são merecidas, até pelo fato de as pessoas poderem divergir sobre o que é melhor para a coletividade, e muitas vezes haver conflitos entre o que é melhor para todos e o que beneficia alguém em particular – já que não se pode falar que todas as pessoas deveriam ser excessivamente boas e sempre preferirem os interesses dos demais frente aos seus.

No entanto, a crítica avança em outro sentido. Defende-se que, na verdade, é o interesse público que é formado pelos interesses particulares, dessa forma, entendem que, como consequência, não haveria oposição entre os interesses particulares e os públicos.[108] Além de não ver essa distinção entre interesses públicos com os privados, entende-se que ambos sejam mutuamente complementares, e que ambos possuem legitimidade e proteção na ordem constitucional, de forma que se deveria abandonar essa ideia de prevalência do público sobre o privado, visto que não são opostos, mas sim complementares.[109] Por fim, defende-se que caso houvesse a prevalência de algum dos interesses no ordenamento jurídico nacional, seria a prevalência dos interesses particulares sobre os públicos, uma vez que na Constituição haveria inúmeras previsões de proteção aos direitos individuais.[110]

---

[107] Aqui ver SARMENTO, Daniel (Org.). Interesses públicos vs. interesses privados na perspectiva da teoria e da filosofia constitucional. In: SARMENTO, Daniel (Org.). *Interesses públicos versus interesses privados*: desconstruindo o princípio de supremacia do interesse público. Rio de Janeiro: Lumen Juris, 2005. p. 97-98.

[108] ÁVILA, Humberto Bergmann. Repensando a supremacia do interesse público sobre o particular. *Revista Eletrônica Sobre a Reforma do Estado (REDE)*, Salvador, Instituto Brasileiro de Direito Público, n. 11, p. 14-18, set./out./nov. 2007. SARMENTO, Daniel (Org.). Interesses públicos vs. interesses privados na perspectiva da teoria e da filosofia constitucional. In: SARMENTO, Daniel (Org.). *Interesses públicos versus interesses privados*: desconstruindo o princípio de supremacia do interesse público. Rio de Janeiro: Lumen Juris, 2005. p. 91-95.

[109] ÁVILA, Humberto Bergmann. Repensando a supremacia do interesse público sobre o particular. *Revista Eletrônica Sobre a Reforma do Estado (REDE)*, Salvador, Instituto Brasileiro de Direito Público, n. 11, p. 15-16, set./out./nov. 2007. SARMENTO, Daniel (Org.). Interesses públicos vs. interesses privados na perspectiva da teoria e da filosofia constitucional. In: SARMENTO, Daniel (Org.). *Interesses públicos versus interesses privados*: desconstruindo o princípio de supremacia do interesse público. Rio de Janeiro: Lumen Juris, 2005. p. 96-99.

[110] ÁVILA, Humberto. *Op. cit.*, p. 11. SARMENTO, Daniel (Org.). Interesses públicos vs. interesses privados na perspectiva da teoria e da filosofia constitucional. In: SARMENTO, Daniel (Org.). *Interesses públicos versus interesses privados*: desconstruindo o princípio de supremacia do interesse público. Rio de Janeiro: Lumen Juris, 2005. p. 111-112.

Considerando, assim, que o interesse privado teria tanta legitimidade na ordem jurídica brasileira, defende-se que o direito administrativo buscar suas bases de legitimação na concretização do interesse público teria um viés autoritário, na medida em que parte do pressuposto de que existe uma situação de desigualdade entre a autoridade pública e os indivíduos.[111] A Administração Pública teria uma posição superior em relação aos cidadãos, de forma a justificar a existência de diversas prerrogativas voltadas à concretização do interesse coletivo, prerrogativas essas que podem restringir os direitos individuais em prol do benefício coletivo. Gustavo Binenbojm critica essa legitimidade da supremacia do interesse público nas democracias contemporâneas, afirmando que se trataria de uma fundamentação de base senão stalinista, em razão de uma visão estatizante e uniformizadora de vida pública, ao menos utilitária, que sacrificaria os interesses e direitos individuais em razão da maximização do interesse coletivo.[112] Para o autor, nas democracias contemporâneas, os indivíduos são fins em si mesmos, o que implicaria que a ação estatal deveria ter como critério distintivo a garantia dos direitos fundamentais, e não a satisfação de interesses coletivos.[113]

Não se trata apenas do conceito de interesse público como marco autoritário, mas da própria construção do direito administrativo ser dirigida em razão do interesse público. O direito administrativo "clássico" estaria voltado à criação de prerrogativas e instrumentos disponíveis à Administração Pública para a concretização do interesse público. Ainda que se argumente que o direito administrativo também é voltado à limitação do poder estatal, criando mecanismos de controle e restrição das atividades públicas, tal alegação não seria suficiente para desconfigurar o caráter autoritário dessa forma de concepção do campo, pois o direito administrativo ainda seria estruturado na lógica do poder, das dicotomias autoridade/liberdade, público/privado, Estado/indivíduo.[114]

---

[111] MARQUES NETO, Floriano Peixoto de Azevedo. *Regulação Estatal e Interesses Públicos*. São Paulo: Malheiros, 2002. p. 71-77, especialmente p. 72-73.

[112] BINENBOJM, Gustavo. *Uma Teoria do Direito Administrativo*: direitos fundamentais, democracia e constitucionalização. 3. ed. Rio de Janeiro: Renovar, 2014. p. 84-85. SARMENTO, Daniel (Org.). Interesses públicos vs. interesses privados na perspectiva da teoria e da filosofia constitucional. In: SARMENTO, Daniel (Org.). *Interesses públicos versus interesses privados*: desconstruindo o princípio de supremacia do interesse público. Rio de Janeiro: Lumen Juris, 2005. p. 52-60.

[113] BINENBOJM, Gustavo. *Op. cit.*, p. 86-88.

[114] BINENBOJM, Gustavo. *Uma Teoria do Direito Administrativo*: direitos fundamentais, democracia e constitucionalização. 3. ed. Rio de Janeiro: Renovar, 2014. p. 86-88. BAPTISTA,

Em um mesmo sentido, outro conceito-chave para o direito administrativo clássico é o de legalidade, que estaria substancialmente ligado à noção de lei em sentido formal, ato do Parlamento, em que a Administração deveria estar submetida à lei, não podendo agir para além dos seus limites. Além da restrição em termos de enrijecimento da atuação estatal, o que é visto como um problema para uma gestão pública contemporânea que se pretenda eficiente,[115] essa ideia de legalidade fortaleceria o caráter autoritário do direito administrativo tradicional, ao dar preferência à verticalidade das decisões estatais. Isto é, aquelas que fossem previstas em lei seriam as que poderiam ser praticadas, independentemente das características do caso em questão, dos interesses envolvidos e da garantia da validação de interesses legítimos e proteção essencial aos direitos fundamentais, próprios do Estado Democrático de Direito.[116]

A legalidade ainda possui outra questão problemática para essa corrente, sua relação com a discricionariedade do administrador, da autoridade pública. A discricionariedade é tratada tradicionalmente como uma margem de escolha, uma liberdade, dentro dos limites colocados pela lei para que a autoridade escolha entre as alternativas possíveis a que melhor satisfaça o interesse público.[117] O problema, aqui, estaria na legitimidade que é dada à autoridade para escolher o que é o interesse público, e permitir com isso a restrição a interesses e direitos fundamentais de cima para baixo. E esse problema decorre de a Administração também, e, principalmente, estar submetida à Constituição, que prevê uma série de direitos e garantias individuais que devem ser resguardados pelo Estado, de modo que a ação discricionária não pode decorrer da lei, mas de todo o ordenamento jurídico, considerando os interesses dos cidadãos e permitindo a participação na tomada de decisões como forma de assegurar o caráter democrático e eficiente da ação estatal.[118] Assim, a autoridade teria uma margem de

---

Patrícia Ferreira. *Transformações do Direito Administrativo*. Rio de Janeiro: Renovar, 2003. p. 183 e ss.

[115] BAPTISTA, Patrícia Ferreira. *Op. cit.*, p. 129-130. BINENBOJM, Gustavo. *Op. cit.*, p. 2-3 e 334-335.

[116] BAPTISTA, Patrícia Ferreira. *Op. cit.*, p. 200-204.

[117] Sobre a discricionariedade nesse sentido, vale a seguinte citação de Celso Antônio Bandeira de Mello em seu *Discricionariedade e Controle judicial*. BANDEIRA DE MELLO, Celso Antônio. *Discricionariedade e Controle judicial*. 2. ed. São Paulo: Malheiros Editores, 2010. p. 48 e ss. DI PIETRO, Maria Sylvia Zanella. *Discricionariedade administrativa na Constituição de 1988*. 3. ed. São Paulo: Atlas, 2012. p. 52-59.

[118] BINENBOJM, Gustavo. *Uma Teoria do Direito Administrativo*: direitos fundamentais, democracia e constitucionalização. 3. ed. Rio de Janeiro: Renovar, 2014. p. 335-336. FREITAS,

escolha substancialmente reduzida, ao menos vinculada aos preceitos constitucionais, em especial os direitos fundamentais, e à participação social, o que mudaria o foco do direito administrativo, fugindo da lógica de atuação unilateral.

Uma das principais críticas ao interesse público, que conferiria autoritarismo à ação estatal, consiste em servir de "retórica argumentativa" para qualquer tipo de decisão. Tendo por características a superioridade apriorística e indisponibilidade, bastaria invocar a "proteção do interesse público", de forma genérica e abstrata, para que a Administração possa decidir como bem entender, negando aos particulares a realização de seus interesses legítimos e restringindo os direitos fundamentais dos cidadãos, sem grandes necessidades de justificação, principalmente quando se tratar de matéria legalmente discricionária.

Mantendo essa linha argumentativa, afirmam que parte do caráter autoritário estaria na adoção de medidas unilaterais impositivas por parte do Estado, deixando de lado soluções consensuais próprias das democracias contemporâneas e que conferem maior legitimidade democrática e eficiência em termos de gestão pública. Não se trata apenas da tomada de decisões estratégicas de alocação de recursos e distribuição de direitos e deveres entre a população, mas a própria aplicação de sanções, como forma exemplar de atuação vertical e unilateral do Estado que seriam incompatíveis com o regime constitucional. Aqui, há uma severa crítica à utilização de atribuições e prerrogativas punitivas por parte da Administração Pública, principalmente naquilo que tradicionalmente se refere como ações de poder de polícia. O uso excessivo dessas atribuições, a ideia de punição unilateral por parte das autoridades, é questionado como sendo incompatível com os novos preceitos democráticos, que valorizariam saídas consensuais e a proteção a direitos fundamentais. O Estado repressor de cunho "manifestamente autoritário" não teria mais lugar no direito público atual, pautado na defesa da cidadania proativa (em que antes de buscar punições ou soluções verticais da autoridade, prefere-se chegar a consensos sobre formas de ação cooperativa entre a Administração Pública e a sociedade, seja essa os cidadãos, sejam pessoas jurídicas de direito privado). Em outras

---

Juarez. *Discricionariedade administrativa e o direito fundamental à boa administração pública.* 2. ed. São Paulo: Malheiros, 2009. p. 22-24. É importante fazer a ressalva que "eficiente" aqui está se referindo à qualidade da ação administrativa, e não à agilidade, pois obviamente não ouvir qualquer interessado seria mais rápido que consultar a sociedade antes de decidir.

palavras, as ações unilaterais que visam assegurar a implementação do interesse público, em especial as ações punitivas e o exercício de prerrogativas do poder de polícia, tornam o Estado manifestamente mais autoritário, de forma que a atividade administrativa seria incompatível com os preceitos constitucionais atuais.[119]

Há ao menos um problema central com tal argumentação. Dizer que o exercício unilateral em esfera administrativa deveria ser preferencialmente reduzido ou substituído sob pena de tornar o Estado mais autoritário e reduzir a proteção aos direitos fundamentais e individuais parece levar em conta que a ação unilateral excessiva por parte do Estado ocorreria apenas, ou principalmente, na esfera administrativa. Pelo contrário, o principal arcabouço de ação unilateral e de maior intervenção nos direitos individuais dos cidadãos não está no direito administrativo ou na ação da Administração Pública, mas sim no direito penal. Expandir as prerrogativas administrativas de imposição punitiva e demais medidas de poder de polícia apenas implica um aceno autoritário por parte do Estado se essas fossem adotadas isoladamente. Por outro lado, se a expansão da esfera de punição administrativa acontecer em substituição às opções de persecução criminal por parte do Estado, haveria na verdade uma diminuição do caráter interventivo em direitos fundamentais dos cidadãos, ao menos no que lhes é essencial.[120] Pela própria linha argumentativa apresentada, o Estado estaria sendo menos autoritário ainda que ampliasse o seu aparato de polícia administrativa.[121] Questões como essas poderiam inserir o direito administrativo em um debate mais amplo sobre o direito público que costuma ser pouco explorado pela doutrina nacional, a segurança pública. Não se trata de criticar aqui a Escola dos Direitos Fundamentais pela pouca participação no debate em torno da segurança pública.[122] A questão central é mostrar

---

[119] No tópico 3.2. será discutido o quão democrático é esse modelo de administração consensual e quem seriam esses cidadãos que participariam da tomada de decisões.

[120] Não se está afirmando que a ampliação de medidas restritivas de direito pela Administração Pública não possa ser autoritária, mas apenas que nem toda seria. No caso de substituir as punições pela esfera penal de delitos leves por sanções administrativas iria expandir a atuação unilateral da Administração Pública, mas o Estado em si teria um caráter menos interventor nos direitos fundamentais.

[121] Sobre o debate acerca das possibilidades de responsabilização e punição por parte do Estado, ver CANE, Peter. *Responsibility in Law and Morality*. Oxford: Hart Publishing, 2002. p. 29-56 e 258-277. Ver também HART, Herbert Lionel Adolphus. *Punishment and Responsibility*: essays in philosophy of law. 2. ed. Oxford: Oxford University Press, 2008. p. 1-53.

[122] Esse tema também não é tratado pela corrente administrativista oposta, o que pode significar uma falta de preocupação geral por parte da doutrina de direito administrativo sobre essa questão, que simplesmente é deixada para outros ramos do direito e das ciências sociais. É

que o simples fato de haver ação unilateral por parte das autoridades públicas, inclusive com ampliação de prerrogativas de poder de polícia e aplicação de ações punitivas por parte da Administração Pública por si só não basta para caracterizar o Estado, o direito administrativo ou sua base teórica como autoritários.[123]

As críticas aos pressupostos e propostas dessa corrente serão apresentadas com mais vagar no decorrer deste trabalho, em especial no próximo capítulo. O mais importante neste momento é compreender quais as diretrizes centrais desse modelo teórico, em especial aquelas que possam servir de base para as tomadas de decisões públicas, que é o propósito deste estudo. E aqui é possível se falar em alguma mudança significativa para o direito administrativo em geral e para a tomada de decisões públicas em particular. A contestação da Administração Pública e suas autoridades como detentoras do interesse público permite mudar o foco do direito administrativo de *quem* decide, ou seja, da competência legalmente estabelecida, para decidir e determinar qual seria o interesse público a ser concretizado mediante juízos de conveniência e oportunidade (o mérito), para discutir *como* são decididas as questões juridicamente.[124] Essa corrente teórica do direito administrativo se preocupa com o controle jurídico das decisões tomadas pelas autoridades públicas, passando a discutir os métodos de análise jurídica dessas decisões e os seus critérios.[125] E, sobre esses critérios, percebe-se

---

evidente que o tema é complexo e não necessariamente seria uma medida positiva trocar soluções penais por administrativas. Esse debate envolveria questões como a eficiência do cumprimento de ações administrativas em comparação a punições criminais, e ainda avaliações político-morais acerca do instituto da punição. Seria o caso da discussão sobre a "instituição punição". RAWLS, John. Two concepts of rules. *The philosophical review*, v. 64, n. 1, p. 3-32, 1955. Apenas se utilizou da própria linha argumentativa exposta para ilustrar uma alternativa que coloca em dúvida as conclusões alcançadas.

[123] Ainda que não se tenha identificado alguém que tenha feito tal argumento, parece plenamente coerente com a perspectiva do "direito administrativo social", que será retratada no tópico 3.1 deste trabalho, que se defenda a maior utilização de instrumentos de poder de polícia em substituição à ação penal, para fins de dar melhor resguardo coletivo à população de baixa renda que estaria mais sujeita a ações policiais (aqui, falando de polícia judiciária). No entanto, como dito, o tema da segurança pública também não é tratado com maior rigor pela outra corrente.

[124] Como será visto no próximo tópico, ainda existem discussões sobre quem pode decidir, principalmente no âmbito das discussões em torno da governança pública e da administração consensual. Mas há certa diferença, pois o *quem* está associado aqui ao *como*, na medida em que o consenso e repartição de poder seriam modelos de tomada de decisões.

[125] SARMENTO, Daniel (Org.). O neoconstitucionalismo no Brasil: riscos e possibilidades. *Revista Brasileira de Estudos Constitucionais*, Belo Horizonte, v. 3, n. 9, p. 95-133, jan. 2009. ÁVILA, Humberto Bergmann. "Neoconstitucionalismo": entre a "ciência do direito" e o "direito da ciência". *Revista Brasileira de Direito Público*, Belo Horizonte, v. 6, n. 23, p. 9-30, out. 2008. BARROSO, Luís Roberto. Neoconstitucionalismo e constitucionalização

a própria alteração dos fundamentos das decisões, na medida em que a ação estatal não mais deveria agir ou justificar suas ações com vistas à persecução do interesse público, mas sim para proteger e garantir os direitos fundamentais.[126]

Ainda que se possa utilizar a ideia de interesse público, esse além de não poder ser dissociado dos interesses particulares e dos direitos dos indivíduos, também não deve ser entendido enquanto uma abstração apriorística, mas apenas como um elemento a ser determinado nos casos concretos, considerando a pluralidade de interesses e valores existentes na sociedade. Em outras palavras, a legitimidade das ações estatais passa pelo reconhecimento da pluralidade de interesses existentes na sociedade e na busca por sua conciliação, garantindo a proteção e a realização dos direitos fundamentais.

2.2 Boa administração, consensualismo e discricionariedade no modelo democrático de direito público

Avançando conceitualmente nos pressupostos dessa corrente, pretende-se abordar neste tópico como a doutrina enfrenta o problema por ela levantado, qual seja, o déficit democrático da Administração Pública. Se as decisões unilaterais e verticais concentradas na figura da autoridade pública não atendem satisfatoriamente aos preceitos democráticos da Constituição, caberia à "nova" corrente doutrinária propor um modelo alternativo que supra essa lacuna. O propósito deste tópico é justamente expor o referencial teórico acerca do que seria esse novo modelo de Administração Pública, especialmente no que diz respeito à tomada de decisões públicas realizadas no âmbito da atividade administrativa. É preciso deixar claro que são muitos os termos e expressões utilizadas para se referir a essa forma de administrar o Estado,[127] mas estariam todas ligadas em alguma medida à superação do

---

do direito (o triunfo tardio do direito constitucional no Brasil). *Revista de Direito da Procuradoria Geral do Rio de Janeiro*, Rio de Janeiro, n. 60, p. 137-179, 2006.

[126] BINENBOJM, Gustavo. *Uma Teoria do Direito Administrativo*: direitos fundamentais, democracia e constitucionalização. 3. ed. Rio de Janeiro: Renovar, 2014. p. 121 e ss. SARMENTO, Daniel (Org.). Interesses públicos vs. interesses privados na perspectiva da teoria e da filosofia constitucional. In: SARMENTO, Daniel (Org.). *Interesses públicos versus interesses privados*: desconstruindo o princípio de supremacia do interesse público. Rio de Janeiro: Lumen Juris, 2005. p. 99 e ss.

[127] Como exemplo, tem-se as expressões administração pública democrática, administração consensual, administração concertada, administração cooperadora, administração paritária,

modelo anterior e à consagração de um ideal de "boa administração." Por fim, pretende-se abordar como esse modelo de administração do Estado repercute em um conceito chave, ao menos tradicionalmente, para o direito administrativo e para a tomada de decisões por parte das autoridades públicas, a discricionariedade, desenvolvendo o argumento de que essa corrente teórica tende a diminuir ou mesmo eliminar a abrangência do conceito para fins da atuação administrativa, uma vez que a ideia de boa administração envolve a tomada das melhores decisões em cada caso.

Entender o modelo proposto de administração do Estado, ao menos em nível de ideal prescritivo,[128] em outras palavras, que atenda melhor aos preceitos constitucionais, envolve dois conceitos de destaque no debate jurídico contemporâneo: a "boa administração" e a "governança". Como será apresentado, esses conceitos estão diretamente ligados à ideia de eficiência da atividade estatal e com algum sentido de subsidiariedade.

A boa administração seria um "direito subjetivo público" que ligaria o cidadão ao administrador, na medida em que esse estaria obrigado a observar os princípios constitucionais, em prol de garantir uma série de outros direitos subjetivos aos cidadãos – de acesso a uma administração transparente, sobretudo quanto às contas públicas e à tomada de decisões dialógica, com o respeito ao devido processo legal, imparcial, proba, respeitadora de uma legalidade temperada e com uma atuação a e com uma atuação eficaz e participativa.[129]

Busca-se alterar as bases para a legitimidade das decisões públicas, que não mais se trata apenas de uma questão de competências jurídicas, mas sim do exercício das melhores práticas possíveis para se concretizar realisticamente as finalidades constitucionais, em especial a consagração dos direitos fundamentais (sobretudo da dignidade humana). Não se trata apenas do emprego dos melhores meios técnicos de

---

administração dialógica, administração pluricêntrica, entre outros. Buscando valer-se de terminologia mais geral e que retrate melhor a oposição com relação ao modelo de administração da Escola do Interesse Público, será dada preferência às expressões "administração democrática", "administração dialógica" e "administração consensual".

[128] Não se avançará na discussão sobre estruturas específicas, formas de organização administrativa ou procedimentos concretos de atuação na Administração Pública, mas tão somente serão debatidas as formulações teóricas que prescrevem um ideal normativo de administrar o Estado, bem como os conceitos gerais que dão sentido a essas formulações. Entre eles, a boa administração, governança, processo administrativo e administração consensual e suas variações.

[129] FREITAS, Juarez. *Discricionariedade administrativa e o direito fundamental à boa administração pública*. 2. ed. São Paulo: Malheiros, 2009. p. 22-24.

alocação de recursos, mas também da participação social nos processos administrativos e de tomada de decisões. E, por fim, tem-se o controle e a responsabilização do Estado por suas ações e omissões. Assim, o dito *direito à boa administração* pode ser entendido por:

> direito a uma administração pública eficiente e eficaz, proporcional cumpridora de seus deveres, com transparência, motivação, imparcialidade e respeito à moralidade, à participação social, e à plena responsabilidade por suas condutas omissivas e comissivas.[130]

Nesse contexto, a discricionariedade administrativa enquanto liberdade de escolha do administrador existiria apenas no campo abstrato, pois nos casos concretos há um dever de sempre escolher, entre as alternativas legalmente previstas, a melhor opção, sob pena de violar o direito fundamental à boa administração.[131] Ainda que defenda não haver apenas uma decisão possível, ou que se possa falar em modelos de "tudo/nada" no direito administrativo, afirma-se que a única liberdade existente para o gestor é a de escolher a melhor decisão possível, ou o melhor arranjo situacional para resolver as questões concretas.[132]

Há algumas considerações a serem feitas sobre essa noção. Em primeiro lugar, dizer que uma "boa administração" é um direito fundamental, mais especificamente um "direito subjetivo público", além de não trazer contribuições significativas ao debate, não faz sentido dentro do ordenamento jurídico brasileiro.[133] A própria ideia de existir "direitos subjetivos públicos" já é teoricamente questionável, pois todo direito como categoria seria público no sentido de que qualquer pessoa poderia ter em abstrato,[134] e concretamente o que torna o direito como subjetivo é sua individualização em relação às demais pessoas, ou seja, o direito ser oponível aos demais. Nesse sentido, a coletivização de um direito individual seria uma contradição.

Ainda que se possa defender que exista a categoria "direito subjetivo público", a boa administração não seria um exemplo adequado

---

[130] *Ibid.*, p. 22.
[131] *Ibid.*, p. 24, 32 e 128.
[132] *Ibid.*, p. 129-130.
[133] GOMES, Carla Amado. Princípio da boa administração: tendência ou clássico? *A&C – Revista de Direito Administrativo & Constitucional*, Belo Horizonte, ano 18, n. 73, p. 35-55, jul./set. 2018.
[134] Utilizo argumento semelhante ao de ATRIA, Fernando. Existem direitos sociais? In: MELLO, Cláudio Ari (Coord.). *Os desafios dos direitos sociais*. Porto Alegre: Livraria do Advogado, 2005. p. 9-46.

de tal categoria. Colocando hipoteticamente um caso que seria essencialmente assunto de uma "boa administração", ou seja, uma decisão envolvendo direito fundamental, como a restrição de determinada pessoa a um benefício social. Se a Administração Pública emitisse um ato administrativo removendo determinada pessoa de um benefício social, poderia qualquer pessoa anular tal ato, alegando não respeitar o direito fundamental à boa administração? Seria muito difícil defender tal possibilidade, a menos que se alegasse um vício específico de legalidade (tal como desvio de poder). Salvo tais situações, apenas a pessoa afetada teria legitimidade para pleitear a revisão do ato administrativo, visando à tutela de um direito subjetivo específico que não seria o da boa administração.

Não se está negando que existem deveres do Estado decorrentes da atividade administrativa, mas estes são decorrentes do exercício de suas atribuições, cabendo controles específicos dentro da esfera de competência dos agentes públicos envolvidos, caso contrário seria possível passar toda atividade administrativa aos órgãos de controle, e especialmente ao Judiciário.

Ao lado do conceito de "boa administração", é recorrente a defesa da ideia de governança como uma nova forma de governar ou de administrar o Estado,[135] um modelo de gestão pública,[136] que busca repensar as estruturas do Estado, sobretudo das estruturas hierárquicas de governos, para que sejam mais eficazes dentro do contexto de economias globalizadas, bem como que atendam aos anseios democráticos contemporâneos.[137] Trata-se de repensar o desenho institucional do Estado, mas, acima de tudo, compartilhar a tomada de decisões com a sociedade.

O conceito de governança possui muitos significados, principalmente pensando que se trata de conceito originalmente trazido do mundo corporativo, ligado às organizações privadas, sobretudo empresariais, e que, na esfera pública, está associado em boa medida

---

[135] CHEVALLIER, Jacques. *O Estado pós-moderno*. Trad. Marçal Justen Filho. Belo Horizonte: Fórum, 2009. p, 273-277. ISMAIL FILHO, Salomão. Boa administração: um direito fundamental a ser efetivado em prol de uma gestão pública eficiente. *Revista de Direito Administrativo*, Rio de Janeiro, v. 277, n. 3, p. 115-116, set./dez. 2018.

[136] OLIVEIRA, Gustavo Justino de. Governança Pública e Parcerias do Estado: Novas Fronteiras do Direito Administrativo. *Revista de Direito da Procuradoria Geral do Estado do Rio de Janeiro*, Rio de Janeiro, v. 1, p. 113-121, 2012.

[137] OLIVEIRA, Gustavo Justino de; SCHWANKA, Cristiane. A administração consensual como a nova face da administração pública no século XXI: fundamentos dogmáticos, formas de expressão e instrumentos de ação. *A&C Revista de Direito Administrativo & Constitucional*, Belo Horizonte, ano 8, n. 32, p. 35-36, abr./jun. 2008.

à ideia de *compliance* e mecanismos de controle das estruturas e ações administrativas, com vistas à preservação do patrimônio público, boa alocação e aplicação dos recursos e à prevenção de desvios de finalidade, em especial da ocorrência de atos de corrupção no setor público.[138] Em síntese, trata-se de uma "condução responsável dos assuntos do Estado", como forma de legitimação política.[139]

O centro do conceito de governança pública consiste no fortalecimento tanto do Estado de Direito quanto da sociedade civil, a partir de um fomento da participação e do pluralismo em múltiplos níveis de interação.[140] A lógica da governança pode ser entendida como diversa da própria lógica do direito, na medida em que este atuaria pela imperatividade decorrente de normas fixadas anteriormente, enquanto aquela teria como foco ações inovadoras e atividade negociada, com base nas trocas e compromissos aceitáveis às partes envolvidas.[141] Haveria aqui um apelo à governança como substitutiva de um modelo de direito administrativo de viés excessivamente formalista. Em outras palavras, a governança poderia atuar como um instrumento de relativização do formalismo em prol da consensualidade.[142] Dessa forma, pela governança, busca-se adequar as estruturas de governo, os processos de tomada de decisões e exercício eficiente e democrático do poder político, a forma mais adequada de administrar o Estado, seria uma administração consensual.[143]

A administração consensual, dialógica ou concertada entra na busca por alternativas à imperatividade da atuação administrativa visando resolver os problemas de legitimidade e efetividade na

---

[138] VALLE, Vanice Regina Lírio do; SANTOS, Marcelo Pereira dos. Governança e compliance na administração direta: ampliando as fronteiras do controle democrático. *A&C – Revista de Direito Administrativo & Constitucional*, Belo Horizonte, ano 19, n. 75, p. 161-177, jan./mar. 2019.

[139] CANOTILHO, José Joaquim Gomes. *"Brancosos" e interconstitucionalidade*. Itinerário dos discursos sobre a historicidade constitucional. 2. ed. Coimbra: Almedina, 2008. p. 326-327.

[140] OLIVEIRA, Gustavo Justino de; SCHWANKA, Cristiane. *Op. cit.*, p. 36-37. No mesmo sentido, CASSESE, Sabino. *A Crise do Estado*. Campinas: Saberes Ed, 2010. p. 24-29.

[141] CHEVALLIER, Jacques. A Governança e o Direito. *Revista de Direito Público da Economia – RDPE*, Belo Horizonte, n. 12, p. 131-132, out./dez. 2005.

[142] BONACORSI DE PALMA, Juliana. *Atuação administrativa consensual*: estudo dos acordos substitutivos no processo sancionador. Dissertação (Mestrado) – Faculdade de Direito, Universidade de São Paulo, São Paulo, 2010. p. 113-114.

[143] OLIVEIRA, Gustavo Justino de; SCHWANKA, Cristiane. A administração consensual como a nova face da administração pública no século XXI: fundamentos dogmáticos, formas de expressão e instrumentos de ação. *A&C Revista de Direito Administrativo & Constitucional*, Belo Horizonte, ano 8, n. 32, p. 38, abr./jun. 2008.

determinação e execução dos interesses coletivos, uma vez que estes seriam múltiplos e de grande complexidade para ficar apenas a cargo do Estado.[144] Assim, a administração consensual surge como um modo de atuação dos órgãos e entidades administrativos fundada pela prevalência de técnicas, métodos e instrumentos negociais com vistas a alcançar objetivos que normalmente seriam realizados mediante o emprego da atuação unilateral e impositiva da Administração Pública.[145] Nesse sentido, a ideia de administração dialógica ou consensual seria uma alternativa à ação unilateral e potestativa do Estado, que cede lugar a "processos comunicacionais" entre as instituições públicas administrativas e a sociedade.[146] Esse modelo seria uma expressão da democracia participativa, na medida em que a Administração Pública, ao deixar de tomar decisões unilateralmente pela via do ato administrativo, adotaria uma postura voltada ao debate e à discussão com os particulares acerca de matérias de interesse comum, resolvendo as questões por meio de acordos.[147] Assim como a governança, a consensualidade teria como preocupação a própria efetividade ação estatal.[148] Não se trataria de eliminar qualquer expressão de governabilidade estatal. O Estado ainda governaria, porém com novas bases e instrumentos de atuação.[149] O que se buscaria é um ponto de equilíbrio entre a figura da autoridade e do consenso.[150] No entanto, nesse modelo proposto, a balança pende para o lado do consenso, o que se chama de um "princípio da preferência ao consenso".[151]

---

[144] JURUBEBA, Diego Franco de Araújo. Direito Administrativo e Participação Democrática: análise dos fundamentos e técnicas da Administração Pública consensual. *Revista da AGU*, Brasília-DF, v. 15, n. 01, p. 117-118, jan./mar. 2016.

[145] OLIVEIRA, Gustavo Justino de. A arbitragem e as parcerias público-privadas. *Revista de Direito Administrativo*, Rio de Janeiro, v. 241, p. 243-248, jul./set. 2005.

[146] OLIVEIRA, Gustavo Justino de; SCHWANKA, Cristiane. A administração consensual como a nova face da administração pública no século XXI: fundamentos dogmáticos, formas de expressão e instrumentos de ação. *A&C Revista de Direito Administrativo & Constitucional*, Belo Horizonte, ano 8, n. 32, p. 37, abr./jun. 2008.

[147] OLIVEIRA, Gustavo Justino de. *Contrato de gestão*. São Paulo: RT, 2008. p. 38-40.

[148] *Ibid.*, p. 25-28.

[149] BITENCOURT NETO, Eurico. *Concertação Administrativa Interorgânica*: Direito Administrativo e Organização no Século XXI. São Paulo: Almedina, 2017. p. 193-195.

[150] OLIVEIRA, Gustavo Justino de. A arbitragem e as parcerias público-privadas. *Revista de Direito Administrativo*, Rio de Janeiro, v. 241, p. 248-249, jul./set. 2005.

[151] VALLE, Vivian Cristina Lima López. O Acordo Administrativo entre o Direito Público e o Direito Provado: Emergência de uma Racionalidade Jurídico-Normativa Público-Privada? In: OLIVEIRA, Gustavo Justino de (Coord.). *Acordos administrativos no Brasil*: teoria e prática. São Paulo: Almedina, 2020. p. 63-90.

Ainda dentro da perspectiva de uma administração consensual, existem formas específicas de atuação da Administração Pública que não decorrem da simples ação unilateral, mas lançam mão de instrumentos que envolvam "acordos de vontades" entre ela e os particulares para o exercício de suas funções. Estes chamados "módulos convencionais"[152] podem ser divididos em dois grandes grupos: (i) os módulos convencionais, que necessariamente exigem o acordo de vontade das partes envolvidas para a criação da nova situação jurídica (objetiva ou subjetiva) – trata-se das figuras mais comumente entendidas como contratuais, ou contratos administrativos propriamente ditos –, e (ii) módulos convencionais substitutivos da decisão unilateral, em que a Administração abre mão do exercício unilateral de um poder que detenha para utilizar um acordo com o destinatário no lugar.[153]

O contrato administrativo enquanto módulo convencional ganha destaque significativo nesse modelo consensual de administração, não se tratando de simples instituto ou instrumento de atuação administrativa, mas de uma espécie prioritária de governar, uma verdadeira administração contratual.[154] No contexto de perda do monopólio decisório de Estado, e de seu caráter prestacional, ou seja, em um momento marcado pela ideia de subsidiariedade do Estado, a contratação com particulares não é só uma alternativa ao Poder Público, mas deve ser realizada sempre que possível.[155] Não se trata apenas de uma questão de eficiência do setor privado para executar os serviços públicos ou de utilidade coletiva, mas de compartilhar a administração da coisa pública com a sociedade civil, o que reforçaria o caráter democrático desse modelo de gestão, em que a sociedade participa da execução das atividades públicas, não só acompanhando.[156] O contrato administrativo

---

[152] Expressão cunhada por Fernando Dias Menezes de Almeida para tratar das figuras em que as ações da Administração, em maior ou menor medida, envolvem um acordo de vontades entre a Administração pública e particulares. MENEZES DE ALMEIDA, Fernando Dias. *Teoria do Contrato Administrativo*: Uma abordagem histórico-evolutiva com foco no direito brasileiro. Tese (Titularidade em Direito) – Faculdade de Direito, Universidade de São Paulo, São Paulo, 2010. p. 232.

[153] *Ibid.*, p. 232-236.

[154] OLIVEIRA, Gustavo Justino de. *Contrato de gestão*. São Paulo: RT, 2008. p. 28-32. Sobre o tema, ver também GOUDIN, Jean-Pierre. *Gouverner par contrat*: l'action publique en question. Paris: Presses de Sciences Politiques, 1999.

[155] ESTORNINHO, Maria João. *A fuga para o direito privado*: contributo para o estudo da actividade de direito privado da Administração Pública. Coimbra: Almedina, 1999. p. 62-63. Aqui a autora fala de um dever de contratar, não de uma opção, tratando-se da essência de uma boa administração.

[156] Sobre o tema, ver SEVERI, Fabiana Cristina. Participação popular em órgãos da Administração Pública: perspectivas à luz dos debates sobre as características gerais e a efetividade

também permitiria novas interações na esfera pública, gerando relações antes não existentes ou incipientes, tais como o próprio fortalecimento da relação entre o Estado e a sociedade civil.[157]

Para além da utilização de contratos administrativos, existem outras formas de atuação da Administração que visam dar maior legitimidade democrática mediante a participação dos destinatários dessa atividade. Dentro desse grupo estão a utilização de audiências e consultas públicas, que seriam realizadas previamente à tomada de decisão como parte do processo, bem como a instituição de conselhos e comissões compostas por integrantes da sociedade civil para discutir decisões que afetam diretamente tal parcela da comunidade ou mesmo que teriam relevância geral.[158] Estes instrumentos correspondem aos principais veículos de interação entre a sociedade civil e o Estado na busca por soluções comuns para problemas coletivos.[159] Outro exemplo de destaque consiste na utilização de Termos de Ajustamento de Conduta, instrumento substitutivo da atuação unilateral da Administração, em que se celebra um acordo com o destinatário da ação, deixando de aplicar determinada sanção em caso de cumprimento de determinadas condições. O propósito desses acordos é dar maior eficiência ao objetivo público pretendido, no lugar de buscar a maior segurança jurídica possível mediante um longo processo administrativo e aplicação de regras rígidas previamente estabelecidas, substitui-se tal opção por um processo mais flexível, pautado no consenso, que teria por escopo atingir de forma célere determinados compromissos públicos que seriam buscados pela via unilateral.[160]

Por fim, defende-se também a utilização de métodos gerais que possam minimizar os formalismos e valorizar a utilização de mecanismos paritários de atuação, tais como a adoção da atividade de negociação do poder público com a sociedade civil, com vistas a obter

---

das instituições participativas brasileiras. In: MARQUES NETO, Floriano de Azevedo; MENEZES DE ALMEIDA, Fernando Dias; NOHARA, Irene Patrícia (Orgs.). *Direito e Administração Pública*: Estudos em homenagem a Maria Sylvia Zanella Di Pietro. São Paulo: Atlas, 2013. p. 173-187.

[157] JURUBEBA, Diego Franco de Araújo. Direito Administrativo e Participação Democrática: análise dos fundamentos e técnicas da Administração Pública consensual. *Revista da AGU*, Brasília-DF, v. 15, n. 01, p. 175-176, jan./mar. 2016.

[158] Sobre o tema, ver AVRITZER, Leonardo. Instituições participativas e desenho institucional. *Opinião Pública*, Campinas, v. 14, n. 1, p. 43-64, jun. 2008.

[159] JURUBEBA, Diego Franco de Araújo. *Op. cit.*, p. 184-190.

[160] FERREIRA, Mariana Carnaes. *Compromisso de Ajustamento de Conduta e eficiência administrativa*. Rio de Janeiro: Lumen Juris, 2016. p. 159-173.

um consenso com os administrados.[161] Haveria múltiplas vantagens nesse modelo. Em primeiro lugar, haveria uma maior probabilidade de descobrimento real dos interesses e necessidades da sociedade. Além disso, na medida em que os destinatários participam do processo decisório, há maiores chances de aceitarem as decisões. Nessa mesma linha, ter-se-ia uma maior legitimidade política das decisões, pois levariam em consideração as reais necessidades em jogo e contariam com maior adesão daqueles que ao menos participaram do processo decisório, no lugar de simplesmente se submeterem a decisões unilaterais impostas pela Administração. O que se busca é fugir das dicotomias público/privado e autoridade/liberdade, pois a Administração, no lugar de impor suas posições em busca de satisfazer os interesses coletivos, dentro das ações tipicamente previstas, estaria buscando soluções paritárias voltadas ao consenso.[162]

Uma das formas de consensualidade é o próprio processo administrativo como forma de relação entre a Administração Pública e os cidadãos para fins de melhor conciliação dos interesses em jogo.[163] Defende-se, inclusive, o consenso como uma, quando não a principal, finalidade do processo administrativo,[164] o que poderia servir de solução conceitual à atividade unilateral da Administração Pública. Nesse sentido, defende-se a ideia de "levar mais a sério a justiça administrativa", como parte do processo administrativo, com participação dos cidadãos para conferir direitos a estes. Isso porque não há interesse público contraposto aos direitos dos cidadãos. Esses métodos de resolução administrativa de conflitos (justiça administrativa) já são realizados no âmbito de disputas tributárias e previdenciárias de forma exitosa.[165] Pretende-se alterar a lógica do conflito de interesses como um jogo de soma zero, tentando minimizar os custos excessivos com a litigiosidade envolvendo a Administração, bem como se chegar a respostas mais

---

[161] FREITAS, Juarez. Direito administrativo não adversarial. *Revista de Direito Administrativo*, Rio de Janeiro, v. 276, p. 25-46, set./dez. 2017. MEDAUAR, Odete. *O direito administrativo em evolução*. 3. ed. São Paulo: Revista dos Tribunais, 2018., p. 294-303 e 352-358.

[162] OLIVEIRA, Gustavo Justino de; SCHWANKA, Cristiane. A administração consensual como a nova face da administração pública no século XXI: fundamentos dogmáticos, formas de expressão e instrumentos de ação. *A&C Revista de Direito Administrativo & Constitucional*, Belo Horizonte, ano 8, n. 32, p. 39-42, abr./jun. 2008.

[163] MEDAUAR, Odete. *A processualidade no direito administrativo*. 3. ed. São Paulo: Revista dos Tribunais, 2021. p. 82-84.

[164] FREITAS, Juarez. Direito administrativo não adversarial. *Revista de Direito Administrativo*, Rio de Janeiro, v. 276, p. 38-42, set./dez. 2017.

[165] MARQUES, Marcelo Henrique Pereira. Administração Pública Democrática. *Revista de Direito Administrativo*, Rio de Janeiro, n. 273, p. 225-229, 2016.

eficientes e menos autoritárias, mediante a participação dos cidadãos nos processos decisórios.[166] Isso leva à necessidade de os agentes públicos desenvolverem novas habilidades.

Sustenta-se que a ampliação dos métodos consensuais de administração, de uma administração participativa, não implica a diminuição do controle sob a Administração, apenas mudaria o foco do controle, deixando de recair sob aspectos formais, em especial de competência e legalidade, para um controle dos resultados da atividade administrativa, ou seja, se a Administração, em parceria com a sociedade civil, conseguiu atingir os fins coletivamente buscados.[167] De fato, há certa lógica em se pensar na mudança do controle da administração do Estado ao se adotar um modelo participativo de administração, pois o que se procura analisar nesse controle não é se as atividades foram prestadas conforme a competência estabelecida, ou seja, se aquele quem deveria zelar pelo cumprimento dos deveres para com a coletividade realmente exerceu seu poder em prol da sociedade. Antes de tudo, o que se procura é o atendimento às necessidades coletivas, e estas poderiam ser exercidas por particulares diretamente, ou em parceria com a Administração, e não pelo Estado soberano e prestador de serviços. Em síntese, acredita-se que haveria um ganho maior ao Estado Democrático se as atividades de interesse coletivo forem adequadamente prestadas (independente de quem o tenha feito) que simplesmente tenham sido observadas as regras e procedimentos previstos para atuação regular da Administração Pública. Nessa mesma linha, a administração por eficiência não acarretaria necessariamente um modelo neoliberal de Estado ou de gestão pública, pois a própria legitimidade de um Estado social envolve a qualidade dos serviços prestados à população, ou seja, a eficiência como critério de legitimidade do Estado social e da Administração Pública.[168]

Buscando responder às críticas ao consenso e à negociação no âmbito da Administração Pública, Juarez de Freitas defende que não existe vinculação absoluta no direito administrativo, e, nesse sentido, as regras previamente estabelecidas não podem ser obstáculos

---

[166] FREITAS, Juarez. Direito administrativo não adversarial. *Revista de Direito Administrativo*, Rio de Janeiro, v. 276, p. 29-32, set./dez. 2017.

[167] VALLE, Vanice Regina Lírio do. A Reforma Administrativa que ainda não veio: dever estatal de fomento à cidadania ativa e à governança. *Revista de Direito Administrativo*, Rio de Janeiro, v. 252, p. 119-140, 2009.

[168] BITENCOURT NETO, Eurico. Transformações do Estado e da Administração Pública no século XXI. *Revista de Investigações Constitucionais*, Curitiba, v. 4, n. 1, p. 219-221, jan./abr. 2017.

intransponíveis à celebração de acordos, pois esses já acontecem de qualquer jeito, de forma que fingir o contrário seria uma política ainda mais perigosa que aceitar a realidade e buscar aprimorá-la.[169] O risco de negociatas não poderia invalidar a busca de soluções negociais, mas sim justificar melhores técnicas de controle e autocontrole por parte dos agentes do Estado. Por fim, os acordos ainda deveriam seguir as regras e princípios constitucionais, de forma que se vedam acordos ímprobos e desproporcionais, bem como são vedados acordos que versem sobre direitos indisponíveis.[170]

Percebe-se, de fato, uma mudança substancial na concepção jurídica do que significa administrar o Estado, principalmente ao se avaliar a alteração de um dos conceitos mais tradicionais do direito administrativo, que é a discricionariedade, ou seja, a liberdade do administrador para, dentre as opções legalmente previstas, escolher qual pretende adotar no caso concreto. Pelo que se viu, essa escolha é substancialmente reduzida, ou mesmo inexistente. Em primeiro lugar, porque o dever de boa administração impõe não apenas tomada de uma decisão possível, mas necessariamente a "escolha" da melhor decisão para resolver os casos concretos, o que seria a decisão que melhor concretize os direitos fundamentais em jogo, conciliando os múltiplos interesses (públicos e privados) para chegar a essa resposta. Além disso, nessa tarefa, ou dever, de conciliação de interesses, deve-se optar sempre que possível pelo acordo com os particulares, a partir de técnicas de negociação, que serviriam de substitutos instrumentais, jurídico-conceituais, para a discricionariedade. Em outras palavras, no lugar da Administração utilizar de sua competência discricionária para escolher qual a melhor forma de concretizar o interesse público, deve-se valer de instrumentos alternativos capazes de conciliar os interesses em jogo, servindo de mediadora desses interesses, buscando a melhor decisão, a que melhor satisfaça ao dever de resguardar os direitos fundamentais e fomentar a cidadania proativa da sociedade civil.

2.3 Administrando por ponderação

Lendo este capítulo até aqui, é possível ter a impressão de que houve uma fuga do tema proposto no trabalho acerca da tomada de

---

[169] FREITAS, Juarez. Direito administrativo não adversarial. *Revista de Direito Administrativo*, Rio de Janeiro, v. 276, p. 40-41, set./dez. 2017.
[170] *Ibid.*, p .36-38.

decisões públicas, abordando diversos assuntos do direito público que não estariam diretamente ligados a explicar como a corrente teórica ora descrita defende que seja a administração do Estado, no sentido de como devem ser tomadas as decisões públicas, do ponto de vista jurídico. No entanto, tal impressão não é adequada. Ainda que os temas abordados não façam parte do objeto central de análise deste trabalho, eles são essenciais para a adequada compreensão do argumento deste capítulo, e dessa forma já fazem parte da exposição acerca da tomada de decisões. Compreender adequadamente uma teoria da decisão envolve entender as premissas compartilhadas por estes autores, considerando o modelo de Estado que propõem, o que buscam atingir e contra o que escrevem, quais os valores fundamentais que elencam e a prioridade entre esses valores. Em outras palavras, tudo que foi escrito até aqui permite entender o que essa doutrina busca com as decisões públicas, e o que se esperaria encontrar em uma "boa decisão". Trata-se, portanto, de elementos necessários à formulação de uma teoria da decisão. Ademais, a compreensão das premissas, além de permitir a melhor compreensão sobre como e por que formularam tal teoria, possibilita uma avaliação interna e externa da proposta. Interna, no sentido de haver coerência do que se aspira enquanto modelo de administração do Estado e como alcançá-lo através de uma teoria da decisão; e externa como crítica à própria teoria, podendo parte das críticas ser feita às premissas e pressupostos de que partem os autores.

Considerando a premissa de que a ordem constitucional brasileira teria conferido centralidade aos direitos individuais e não faria distinção entre os interesses privados e os interesses coletivos, qualquer alusão a "interesse público" só poderia ser legitimamente feita se for considerado como uma aglutinação entre os interesses difusos de matriz coletiva e os interesses individuais legítimos dos particulares. Nesse sentido, o papel da Administração Pública é *ponderar* todos os interesses em jogo, buscando a concretização destes no "máximo grau de otimização", ou seja, a máxima realização de todos esses interesses na maior medida possível.

O Estado Democrático de Direito é entendido, assim, como um *Estado de Ponderação*, cujas premissas são: (i) a proteção *prima facie* dos direitos individuais e (ii) a máxima realização dos interesses em geral (sejam estes privados, sejam coletivos).[171] E, sendo a maximização da

---

[171] BINENBOJM, Gustavo. *Uma Teoria do Direito Administrativo*: direitos fundamentais, democracia e constitucionalização. 3. ed. Rio de Janeiro: Renovar, 2014. p. 108-109 e 129-132. A ponderação dos interesses e a proteção dos direitos fundamentais não seria apenas

realização dos interesses um dos fundamentos do próprio Estado, chega-se à conclusão de que, para qualquer limitação desses interesses, há a necessidade de justificativas por parte da Administração de modo a: a) possibilitar a preservação dos interesses contrapostos; b) buscar a solução menos gravosa possível aos interesses contrapostos; e c) a compensação dos sacrifícios suportados pelos interesses contrapostos. A forma de racionalização dessa ponderação seria feita, necessariamente, por um juízo de proporcionalidade, que seria a forma de legitimação da atuação estatal. Em outras palavras, a premissa são os direitos fundamentais e a realização de todos os interesses, e, quando houver a necessidade de tomar decisões coletivas que possam restringir qualquer direito ou afetar determinados interesses, deve-se proceder ao juízo de ponderação, mediante o método da proporcionalidade (o que confere legitimidade ao Estado).

Ponderar consiste em uma "acomodação otimizada" de todos os bens, princípios, finalidades e interesses que estiverem em jogo em uma determinada situação fática, de modo que as decisões públicas tomadas em um Estado Democrático de Direito deem conta do pluralismo inerente à sociedade, o que garante o cumprimento da ordem constitucional brasileira.[172] Essa forma de acomodação de interesses, ao tomar decisões públicas, consiste na "ponderação proporcional", ou seja, a ponderação mediante o emprego da proporcionalidade.[173]

A aplicação da proporcionalidade enquanto método de ponderação possui três etapas (ou testes) às quais as decisões públicas são submetidas para verificar se a forma como se pretendeu alcançar uma finalidade legítima é amparada pelo ordenamento jurídico: (a) a adequação; (b) a necessidade; e (c) a proporcionalidade em sentido estrito.[174] A primeira etapa consiste em verificar se o meio escolhido

---

um dever da Administração, mas também do Legislativo e do Judiciário, pois esse novo enfoque na sociedade daria as bases para o caráter democrático do Estado. No mesmo sentido, MOREIRA NETO, Diogo Figueiredo. *O Direito Administrativo no século XXI*. Belo Horizonte: Fórum, 2018. p. 105-113.

[172] BINENBOJM, Gustavo. *Uma Teoria do Direito Administrativo*: direitos fundamentais, democracia e constitucionalização. 3. ed. Rio de Janeiro: Renovar, 2014. p. 105-111.

[173] *Ibid.*, p. 112-113.

[174] Além de Gustavo Binenbojm, outros autores do direito público também concebem a proporcionalidade desta forma. BAPTISTA, Patrícia Ferreira. *Transformações do Direito Administrativo*. Rio de Janeiro: Renovar, 2003. p. 203-204. SARMENTO, Daniel (Org.). *Interesses Públicos "Versus" Interesses Privados*: desconstruindo o princípio da supremacia do interesse público. Rio de Janeiro: Lumen Juris, 2005. p. 109 e ss. JUSTEN FILHO, Marçal. Art. 20 da LINDB – Dever de transparência, concretude e proporcionalidade nas decisões públicas. *Revista de Direito Administrativo*, Rio de Janeiro edição especial LINDB, p. 13-41, 2018. FREITAS, Juarez. *Discricionariedade administrativa e o direito fundamental à boa administração pública*. 2. ed. São Paulo: Malheiros, 2009. p. 128-130.

pela autoridade administrativa é idôneo, apto, a realizar a finalidade pública pretendida, daí a ideia de adequação, uma relação meio e fim, só sendo considerado adequado um meio que possa chegar ao fim escolhido.[175] Já a segunda etapa, a necessidade, consiste em um exame comparativo entre os meios adequados à satisfação daquele fim público pretendido. Dessa forma, verifica-se se, mesmo o meio escolhido sendo adequado, haveria outro meio que restringiria menos o interesse ou direito afetado. Ou seja, se houvesse outro meio adequado à solução do caso que fosse menos restritivo aos interesses ou direitos em jogo, este deveria ter sido utilizado, de tal forma que o meio escolhido pela Administração não se faz necessário – não passou no teste.[176]

Vale destacar que a doutrina administrativista não faz distinção, no exame de necessidade, do grau de eficiência da realização da finalidade. Para outras correntes, somente se pode dizer que uma medida não passa no exame de necessidade se a alternativa satisfizer a finalidade com mesma eficiência, restringindo menos o direito fundamental, caso contrário a análise deveria ser avaliada no último exame, ponderando também a eficiência da realização da finalidade com a restrição ao direito em discussão.[177]

Por fim, a etapa da proporcionalidade em sentido estrito consiste no sopesamento propriamente dito entre o grau de satisfação da finalidade pública pretendida, bem como a própria finalidade pretendida, com o grau de restrição dos interesses e direitos em jogo. Trata-se de um juízo de relação custo-benefício da medida estatal. Aqui, deve-se levar em consideração na ponderação se o que está sendo suprimido é um interesse, um direito ou, principalmente, um direito fundamental, de forma a dar maior peso à proteção dos direitos fundamentais em relação aos demais.[178]

A lógica é da mínima intervenção na esfera dos interesses e direitos legítimos dos particulares, em especial dos direitos fundamentais, sempre os restringindo da forma menos gravosa possível.[179] A proporcionalidade pode assumir diversas dimensões, que muitas

---

[175] BINENBOJM, Gustavo. *Op. cit.*, p. 126.
[176] *Ibid.*, p. 126-127.
[177] SILVA, Virgílio Afonso da. *Direitos Fundamentais*: conteúdo essencial, restrições e eficácia. 2. ed. São Paulo: Malheiros, 2010. p. 170-174.
[178] BINENBOJM, Gustavo. *Uma Teoria do Direito Administrativo*: direitos fundamentais, democracia e constitucionalização. 3. ed. Rio de Janeiro: Renovar, 2014. p. 127-130.
[179] FREITAS, Juarez. *Discricionariedade administrativa e o direito fundamental à boa administração pública*. 2. ed. São Paulo: Malheiros, 2009. p. 128-130.

vezes se traduzem em "subprincípios", que não se restringem aos elementos do "teste" de proporcionalidade. Juarez de Freitas coloca também tais elementos. Um ponto importante a ser destacado seria a subsidiariedade como uma decorrência da proporcionalidade. Nesse caso, é possível entender que qualquer intervenção estatal que poderia ser realizada por particulares seria desproporcional. Em outras palavras, a proporcionalidade, ainda que fosse verificada no caso concreto, diria respeito não apenas à esfera da ação ou da decisão específica, mas da própria função do Estado.[180]

Visando responder às críticas de que a ponderação proporcional iria implicar um controle excessivo por parte do Judiciário, Gustavo Binenbojm apresenta critérios voltados à autocontenção do controle judicial da Administração Pública. Essa análise seria baseada na capacidade de cada instituição em tomar a decisão em discussão. Ou seja, busca-se verificar qual instituição teria maior capacidade para decidir sobre aquela questão.[181] A justificativa de voltar os critérios à atuação do Judiciário e não da Administração decorre do fato de que a palavra final sobre a "juridicidade dos atos dos demais poderes", decidindo se cabe ou não controle da ação administrativa pelo Judiciário, que pode adotar uma postura de maior ou menor deferência.[182]

Lembrando que o administrador aqui não está apenas vinculado à legalidade, mas à juridicidade, ou seja, todo o direito, incluindo as normas e princípios constitucionais, além de outras fontes normativas. E daqui decorrem "graus de vinculação à juridicidade",[183] para justificar quando haveria alguma margem de decisão da autoridade pública e quando esta seria mais fortemente passível de controle pelo Judiciário. Nesse sentido, ou o administrador estaria vinculado a uma regra, ou a conceitos indeterminados. Quanto à vinculação a regras, parcela da Escola dos Diretos Fundamentais adota o referencial teórico de Humberto Ávila,[184] de que regras seriam "normas jurídicas imediatamente descritivas" cuja aplicação depende da correlação entre a construção

---

[180] Essa discussão sobre a subsidiariedade retornará com mais vagar no próximo capítulo.
[181] BINENBOJM, Gustavo. *Op. cit.*, p. 241-242. Sobre a origem da ideia de capacidades institucionais utilizada pelo autor, ver SUNSTEIN Cass R.; SUNSTEIN Cass R.; VERMEULE, Adrian. Interpretation and institutions. *Michigan Law Review*, v. 101, n. 4, 2003.
[182] BINENBOJM, Gustavo. *Op. cit.*, p. 241.
[183] BINENBOJM, Gustavo. *Uma Teoria do Direito Administrativo*: direitos fundamentais, democracia e constitucionalização. 3. ed. Rio de Janeiro: Renovar, 2014. p. 241.
[184] ÁVILA, Humberto Bergmann. *Teoria dos Princípios*: da definição à aplicação dos princípios jurídicos. 16. ed. São Paulo: Malheiros, 2016. p. 101 e ss.

conceitual descrita na norma e a construção conceitual dos fatos, ou seja, deve-se analisar se a conduta adotada pelo administrador corresponde à descrição normativa acerca dos fatos em que são aplicadas a norma e os conceitos decorrentes da verificação destes fatos. Havendo correlação entre os fatos e conceitos normativos previstos, não pode o administrador adotar outra medida que não a descrita na regra. Nesses casos, o juiz irá verificar se a regra foi aplicada corretamente – analisando se os fatos correspondem aos descritos pela norma e se a ação do administrador foi aquela posta pela regra.[185] No entanto, haveria situações excepcionais na aplicação das regras, em que poderia haver um desvio quanto à finalidade da regra ou do princípio subjacente à regra. O exemplo dado é do farol defeituoso que fica vermelho a todo o momento, de tal forma que, ao ultrapassar o farol, não se incorre em qualquer transgressão à norma, seja por não violar sua finalidade, seja por não violar o princípio subjacente à regra.[186]

Por fim, a vinculação da Administração Pública ao direito passa pelos *atos diretamente vinculados* por princípios, e aqui está o centro do controle de discricionariedade, pois consistem nos atos para os quais o ordenamento teria dado alguma liberdade de escolha – são os casos tradicionalmente tratados como discricionários.[187] No entanto, não haveria esse espaço de escolha, na medida em que o administrador ainda estaria vinculado aos demais princípios constitucionais (legalidade, impessoalidade, publicidade, moralidade e eficiência) ou outros princípios previstos em legislações específicas, de forma que sua discricionariedade seria minimizada, quando apenas estreitamento do mérito, das possibilidades de tomada de decisão, e em outros casos pode ser reduzida a zero, nos casos em que haveria apenas uma decisão cabível para respeitar o direito, não havendo margem de escolha do administrador. Tais exclusões poderiam ser apenas negativas, ou seja, o juiz apenas nega determinadas possibilidades, mas não impõe uma determinada decisão, salvo nos casos em que só haveria uma que respondesse adequadamente à questão. Outros casos apenas impõem que uma ação seja praticada (por exemplo, que se realize a reparação ambiental em área de preservação), mas não se entra no mérito sobre como tal ação deverá ser feita.[188] Ainda, nos casos em que houver mais de

---

[185] BINENBOJM, Gustavo. *Op. cit.*. ÁVILA, Humberto Bergmann. *Ibid.*, p. 101 e ss e 128 e ss.
[186] Ver aqui BINENBOJM, Gustavo. *Op. cit.*, p. 243.
[187] *Ibid.*, p. 246.
[188] BINENBOJM, Gustavo. *Uma Teoria do Direito Administrativo*: direitos fundamentais, democracia e constitucionalização. 3. ed. Rio de Janeiro: Renovar, 2014. p. 247-250.

um princípio que guie a ação administrativa, e sendo estes conflitantes entre si, deverá o administrador otimizar suas medidas lançando mão da ponderação proporcional para alcançar um "saldo positivo" entre as promoções e restrições desses princípios.[189]

É importante destacar que os "graus de vinculação à juridicidade" envolvem também ponderações em relação a regras, de forma que não seriam tão imediatamente aplicáveis como inicialmente descrito.[190] Essa ponderação é feita primeiramente em razão do "peso" que se atribui à própria legalidade, que deve ser sopesada também com os demais princípios, em especial o da segurança jurídica e da proteção da confiança,[191] bem como do fato de que, pelos pressupostos teóricos adotados, há casos em que as regras conflitam com princípios e devem ser sopesadas, podendo prevalecer o princípio no lugar da regra.[192]

Dessa forma, Gustavo Binenbojm apresenta os seguintes critérios para guiar a atividade de controle judicial da discricionariedade administrativa: (i) o grau de *objetividade dos relatos normativos* incidentes ao caso, (ii) o grau de *tecnicidade* da matéria objeto de decisão, (iii) o grau de *politicidade* da matéria objeto de decisão, (iv) o grau de *participação social efetiva* na tomada da decisão, e (v) o grau de restrição imposto a direitos fundamentais.[193] Pelo primeiro critério, quanto maior for a objetividade do relato normativo, mais forte deverá ser o controle para garantir o cumprimento da norma incidente. Quanto ao segundo, defende-se que se deve analisar o quão especializada em termos técnicos é a matéria, com maior deferência às decisões que dependam de elevado grau de *expertise* técnica. Quanto ao terceiro, entende-se que o controle judicial deve ser menos intenso quando a matéria do objeto da decisão for mais apropriadamente decidida pelo agente politicamente eleito para tal, ou seja, o chefe do Executivo. Sobre o quarto, afirma que quanto maior tiver sido a participação social efetiva no processo deliberativo que resultou a decisão em análise, menor deverá ser a interferência judicial. Por fim, quanto maior for a restrição a direitos fundamentais, maior deverá ser a intervenção judicial da decisão administrativa.

---

[189] *Ibid.*, p. 249-252.
[190] O que fará ainda mais sentido se considerada a ideia de pragmatismo que será exposta mais adiante.
[191] *Ibid.*, p. 183-205.
[192] Sobre essa teoria, ver ÁVILA, Humberto Bergmann. *Teoria dos Princípios*: da definição à aplicação dos princípios jurídicos. 16. ed. São Paulo: Malheiros, 2016. p. 148 e ss.
[193] BINENBOJM, Gustavo. *Op. cit.*, p. 253-254.

Para aplicar esses critérios, o autor estabelece uma ordem de prioridade que seria mais adequada aos preceitos constitucionais defendidos em sua teoria do direito administrativo, organizando esses *standards* da seguinte forma:

> (1 º) o juiz deverá dar preferência à proteção do sistema de direitos fundamentais, como uma das expressões da sua posição de centralidade no ordenamento jurídico brasileiro (controle mais severo);
> (2º) o juiz deverá dar preferência ao grau de objetividade do relato normativo (controle tanto mais brando quanto menor o grau de objetividade e vice-versa) aplicável ao caso;
> (3º) o juiz deverá dar preferência tanto à legitimidade de investidura da autoridade, em relação às matérias políticas (controle mais brando), como à especialização técnico-funcional da autoridade, em relação às matérias que demandem expertise e experiência (controle mais brando), conforme o caso;
> ("4º) o juiz deverá considerar, ainda, o grau de efetiva participação social no processo de tomada da decisão, como fator a ensejar um controle mais brando.[194]

As críticas ao modelo serão deixadas para o próximo tópico, cabendo apenas apontar que essa foi a forma como se estruturou o controle judicial das ações administrativas, que devem decidir, para respeitar os preceitos fundamentais da constituição, o modelo de ponderação proporcional que *otimizaria* todos os interesses em jogo, dando maior legitimidade democrática ao Estado de Direito e à Administração Pública, ao contrário do que aconteceria na corrente teórica oposta.

Além do afirmado "giro democrático" que incorporaria o direito administrativo a partir da adoção desse referencial teórico, há também um chamado *giro pragmático*,[195] que consiste em uma "estratégia de análise e decisão em busca de soluções aptas a alcançar os melhores resultados práticos para os problemas enfrentados pela Administração Pública".[196] Fala-se, inclusive, em um "direito

---

[194] BINENBOJM, Gustavo. *Op. cit.*, p. 255-256.

[195] Expressão cunhada por Gustavo Binenbojm em seu *Poder de Polícia, Ordenação e Regulação*. BINENBOJM, Gustavo. *Poder de Polícia, Ordenação e Regulação*: transformações político-institucionais do direito administrativo ordenador. 3. ed. Belo Horizonte: Fórum, 2021. p. 53-64. A ideia de pragmatismo também está associada à administração por resultado e à consensualidade administrativa. Sobre esse ponto, ver BINENBOJM, Gustavo. *Poder de Polícia, Ordenação e Regulação*: transformações político-institucionais do direito administrativo ordenador. 3. ed. Belo Horizonte: Fórum, 2021. p. 147-148 e 198-199.

[196] BINENBOJM, Gustavo. *Poder de Polícia, Ordenação e Regulação*: transformações político-institucionais do direito administrativo ordenador. 3. ed. Belo Horizonte: Fórum, 2021. p. 60.

administrativo pragmático", que seria "o Direito mais próximo dos fatos e das evidências, e por via de extensão, mais próximo dos anseios e das necessidades dos cidadãos".[197]

Ainda inserido na necessidade de lidar com o pluralismo das sociedades complexas, o pragmatismo forneceria uma solução pela ponderação nos casos concretos, em que as respostas seriam aquelas que tivessem as melhores consequências práticas.[198] Dada a realidade complexa e a variedade de fontes normativas (muitas delas ambíguas ou abrangentes), o pragmatismo ajudaria a construir um real sentido para as normas jurídicas, que somente seriam conhecidas após o processo interpretativo. Consiste, portanto, em uma forma de apoiar a interpretação jurídica ao contexto dos fatos, buscando melhores soluções concretas.[199] O pragmatismo corrobora com a ideia de relativização da legalidade pela "juridicidade",[200] podendo ir além em termos práticos, ao considerar tanto as normas (regras e princípios constitucionais, legais ou infralegais) como os precedentes elementos a serem avaliados pelo intérprete à luz das consequências. Nesses termos, pelas consequências avalia-se a fonte do direito correta a ser utilizada para cada caso concreto. Dentro dos vários valores em jogo, as consequências serão os critérios para avaliá-los.

Há três elementos do pragmatismo, aplicados ao direito administrativo: (i) o antifundacionismo, (ii) o contextualismo, e (iii) o consequencialismo. O primeiro elemento rejeita a existência de pontos de partida estáticos e atemporais. Trata-se de uma postura crítica e experimentalista, que não nega a ideia de verdade, porém aberta às alternativas que tenham potencial de "falsear" hipóteses tidas como verdadeiras. Em uma aproximação com a ideia de pós-modernidade, o antifundacionismo busca combater o que chamam de "fetichismo teórico", em que doutrinadores tentam adequar a realidade fática às teorias existentes, no lugar do contrário. O contextualismo, por sua vez, consiste em método voltado à libertação das abstrações atemporais, que ou decorrem de alguma doutrina fundacional (que é contrária ao

---

[197] OLIVEIRA, Gustavo Justino de. *Direito Administrativo Pragmático*. Rio de Janeiro: Lumen Juris, 2020. p. 3.

[198] OLIVEIRA, Rafael Carvalho Rezende. A releitura do direito administrativo à luz do pragmatismo jurídico. *Revista de Direito Administrativo*, Rio de Janeiro, v. 256, p. 129-63, jan./abr. 2011. BINENBOJM, Gustavo. *Op. cit.*, p. 54.

[199] OLIVEIRA, Rafael Carvalho Rezende. *Op. cit.*, p. 135-138. No mesmo sentido, MENDONÇA, José Vicente Santos de. A verdadeira mudança de paradigmas do direito administrativo brasileiro: do estilo tradicional ao novo estilo. *Revista de Direito Administrativo*, Rio de Janeiro, v. 265, p. 178-198, jan. 2014.

[200] OLIVEIRA, Rafael Carvalho Rezende. *Op. cit.*, p. 141-144.

antifundacionismo), ou porque se situam em algum "ponto de partida arquimediano a-histórico", desvinculado dos fatos contextualizados. Por fim, o consequencialismo baseia-se na antecipação prognóstica, em que toda investigação é voltada para o futuro com vistas a tentar antecipar os resultados, ou seja, as consequências futuras da ação, permitindo avaliar qual diferença essa ação produzirá na realidade. Pelo consequencialismo, o pragmatista adotaria certa postura diante das situações concretas, marcadamente "empirista e experimentalista".[201]

Assim, uma primeira etapa da tomada de decisões pragmáticas consiste em individualizar cada decisão possível, bem como as consequências delas decorrentes. Após, deve-se ordenar essas consequências segundo critérios jurídicos ou políticos, conforme o caso, para fins de avaliar o "estado de coisas" a ser alcançado. Nesse caso, poder-se-ia, inclusive, comparar pragmaticamente qual das soluções possíveis seria mais eficiente para "atender ao desiderato democrático", que seria a implementação dos direitos fundamentais. Nessa linha, diferenciando da figura do *Law and Economics*, o pragmatismo poderia se valer da análise econômica do direito como um instrumento, sem se reduzir a ela. Pela análise econômica do direito, seria realizada uma análise descritiva da situação, avaliando os efeitos econômicos individuais ou sistêmicos de determinadas decisões, aconselhando ou desaconselhando a adoção de uma ou outra decisão com base em algum critério jurídico ou preferência política.[202]

Respondendo a críticas, defende-se que o pragmatismo não implica uma interferência política indevida, pois a interpretação seria parte do processo de construção das normas jurídicas e este seria apenas um método interpretativo. Quanto à segurança jurídica, não haveria um decisionismo arbitrário, em decorrência do ônus argumentativo imposto ao magistrado, que possibilita a revisão e o controle posterior, além de certas decisões poderem servir de orientação para casos futuros semelhantes. O pragmatismo também deveria ser considerado aliado da consagração de direitos e não seu adversário, pois permitiria uma melhor ponderação concreta da situação fática, o que traria melhores condições de atuar frente ao pluralismo existente na sociedade brasileira.[203]

---

[201] BINENBOJM, Gustavo. *Poder de Polícia, Ordenação e Regulação*: transformações político-institucionais do direito administrativo ordenador. 3. ed. Belo Horizonte: Fórum, 2021. p. 54-55.

[202] BINENBOJM, Gustavo. *Poder de Polícia, Ordenação e Regulação*: transformações político-institucionais do direito administrativo ordenador. 3. ed. Belo Horizonte: Fórum, 2021. p. 55-58.

[203] *Ibid.*, p. 58-63.

Gustavo Binenbojm defende uma diferença entre o pragmatismo e o utilitarismo, na medida em que este último estaria preocupado com a maximização da utilidade geral (ou do bem-estar coletivo), que seria um somatório das utilidades individuais, o que não seria uma preocupação do pragmatismo.[204] No entanto, ao se analisar o método pragmático com a ponderação proporcional, essa distinção parece ter pouco sentido. Se a análise das consequências também é essencial à garantia dos direitos fundamentais, e o método e a ponderação proporcional tem por objetivo a "maximização" não só de todos os direitos, mas também de todos os interesses em jogo, não fazendo distinções entre públicos ou privados, há uma séria aproximação com a doutrina do utilitarismo, que preza por dois princípios centrais: (i) a igual consideração de interesses e (ii) a maximização da utilidade.[205]

De todo modo, ainda há uma insistência em defender um alinhamento entre os dois giros do direito administrativo, na medida em que as democracias contemporâneas não só exigiriam a proteção dos direitos fundamentais, como também garantiriam os melhores resultados, a melhor satisfação dos fins públicos da Administração. No âmbito da tomada de decisões públicas, o alinhamento do direito administrativo com o pragmatismo implicaria que a proporcionalidade deixaria de ser uma "disputa interpretativa de filosofias morais" para se tornar um "exame de *trade-offs* – um sopesamento de custos e benefícios",[206] baseados em pesquisas factuais sobre bons e maus resultados de determinada medida à luz de critérios jurídico-políticos de julgamento aplicáveis a cada caso.

2.4 O particularismo e a tomada de decisões públicas

O deslocamento do eixo do interesse público para os direitos fundamentais implica uma série de consequências para a tomada de decisões. Algumas são bastante conhecidas, como o aumento da área de incidência do controle judicial, o que para essa corrente doutrinária

---

[204] *Ibid.*, p. 57.
[205] KYMLICKA, Will. *Contemporary Political Philosophy*: an Introduction. Oxford: Oxford University Press, 2002. p. 10-26. A igual consideração dos interesses significa que todos os interesses devem ser igualmente considerados, sem fazer distinções entre quais devem ou não ser levados em consideração. Já o princípio da utilidade, clássico do utilitarismo, afirma que a ação correta é aquela que satisfaz na maior medida possível o agregado de interesses (que podem ser reduzidos a dor e prazer) em jogo, produzindo a máxima utilidade.
[206] BINENBOJM, Gustavo. *Poder de Polícia, Ordenação e Regulação*: transformações político-institucionais do direito administrativo ordenador. 3. ed. Belo Horizonte: Fórum, 2021. p. 68.

muitas vezes é tido como um benefício em termos de democracia. A questão central é verificar como tal deslocamento altera a tomada de decisões no âmbito da Administração Pública.

Não é muito difícil entender a lógica de como os critérios adotados para controle da atividade administrativa alteram, ao menos em tese, a forma de tomar decisões públicas. Se há sempre melhores decisões, as quais devem ser necessariamente tomadas pelos administradores públicos (que serão controlados mediante análise da ponderação proporcional feita em cada caso, baseada nas consequências práticas da decisão), é razoável considerar que estes administradores deveriam adotar tais critérios para decidir, uma vez que serão cobrados nestes termos. Somados a esses fatores, defende-se abertamente que a Administração Pública atue mediante a utilização de tais métodos de tomada de decisões. Nesse sentido, pretende-se encerrar este capítulo enfrentando criticamente as propostas de tomada de decisões que trariam maior legitimidade democrática, a saber, a ponderação proporcional, o pragmatismo, e, em alguma medida, a administração consensual.

Como visto, o novo modelo de direito administrativo pretendia superar aquele cunhado de arcaico, que era baseado nas divisões de público/privado e autoridade/liberdade, e, sobretudo, na ideia de supremacia do interesse público e de supervalorização da legalidade formal. Esse seria um modelo de Estado de Direito autoritário, que não condiz com os preceitos constitucionais. O modelo proposto para alcançar realmente um Estado Democrático de Direito seria o modelo do Estado de ponderação, em que se conciliam todos os interesses (públicos e privados), e em caso de conflitos, em razão da necessidade de satisfação de interesses coletivos ou realização de direitos transindividuais ou difusos, deve-se proceder com o exame da ponderação proporcional das regras, princípios, bens e interesses em jogo.

No entanto, é possível identificar uma contradição entre os pressupostos teóricos que fundamentam tanto as críticas ao modelo teórico anterior como justificam o apresentado com os métodos propostos de tomada de decisões de caráter público. As críticas à doutrina da supremacia do interesse público possuem uma base filosófica deontológica,[207] que se opõem ao consequencialismo próprio tanto das decisões fundamentadas na proporcionalidade, quanto

---

[207] Como principal destaque, ver BINENBOJM, Gustavo. *Uma Teoria do Direito Administrativo*: direitos fundamentais, democracia e constitucionalização. 3. ed. Rio de Janeiro: Renovar, 2014. p. 53-61, em citações diretas a Rawls e Dworkin como fundamentos constitucionais dos Estados democrático.

no pragmatismo.²⁰⁸ Em outras palavras, os fundamentos teóricos e filosóficos que sustentam as críticas ao modelo anterior de direito administrativo não são compatíveis com as propostas de métodos decisórios propostos.

Aqui já se percebe um problema desse modelo decisório: o "sincretismo metodológico",²⁰⁹ por meio do qual são aplicadas teorias incompatíveis entre si como se compatíveis fossem. Além de não haver a devida justificativa sobre como compatibilizar as teorias que partem de pressupostos teóricos diferentes, utiliza-se o pragmatismo justamente para subverter a lógica do exame de proporcionalidade, na medida em que se afirmaria que não se trataria mais de uma "disputa interpretativa de filosofias morais" para um sopesamento de custos e benefícios.²¹⁰ O problema desta forma de enxergar a proporcionalidade consiste em alterar sua própria lógica de utilização, que deixaria de ser uma forma de avaliação moral dentro do raciocínio jurídico para casos envolvendo direitos fundamentais e outros valores constitucionais.²¹¹ Por outro lado, é possível entender que tal proposta simplesmente tenta mascarar o que está sendo feito, ou seja, que estariam sendo realizados juízos morais nas decisões administrativas que se valem da proporcionalidade, com a prevalência de um tipo específico de raciocínio moral – o consequencialismo.

É importante destacar que a proporcionalidade existe conceitualmente dentro de um referencial teórico completo, que pressupõe conceitos de direitos fundamentais e de seu âmbito de proteção (o suporte fático de atuação), a distinção entre regras e princípios e a forma de resolução dos conflitos normativos envolvendo estes. Além disso, a proporcionalidade é utilizada essencialmente para o controle de

---

[208] Sobre as críticas ao consequencialismo pelos autores citados. John Rawls escreve sua teoria da justiça como alternativa ao utilitarismo. Ver RAWLS, John. *A Theory of Justice*. Oxford: Oxford University Press, 1971. p. 40-46. Em relação a Ronald Dworkin, há críticas diretas não só ao consequencialismo, como também ao pragmatismo. Ver DWORKIN, Ronald. *Law's Empire*. Cambridge, MA: Harvard University Press, 1986, principalmente o capítulo 5.

[209] Aqui, utiliza-se a expressão de Virgílio Afonso da Silva, em SILVA, Virgílio Afonso da. Princípios e regras: mitos e equívocos acerca de uma distinção. *Revista Latino-americana de estudos constitucionais*, Belo Horizonte: Del Rey, n. 01, 2003. Essa expressão é utilizada justamente para criticar a teoria dos princípios de Humberto Ávila. Valendo-se do mesmo argumento para criticar a teorização de Humberto Ávila acerca da supremacia do interesse público, ver GABARDO, Emerson. *Interesse público e subsidiariedade*: o Estado e a Sociedade Civil para além do bem e do mal. Belo Horizonte: Fórum, 2009. p. 291.

[210] BINENBOJM, Gustavo. *Poder de Polícia, Ordenação e Regulação*: transformações político-institucionais do direito administrativo ordenador. 3. ed. Belo Horizonte: Fórum, 2021. p. 68.

[211] ALEXY, Robert. Law, morality, and the existence of human rights. *Ratio juris*, v. 25, n. 1, p. 2-14, 2012.

constitucionalidade de leis e outros atos normativos que possam restringir valores constitucionais, em especial os direitos fundamentais.[212] No entanto, a Escola Dos Direitos Fundamentais adota a proporcionalidade no direito administrativo não para tratar de atos normativos gerais, mas para qualquer decisão concreta. Não se trata de controlar a restrição a direitos e outros valores fundamentais, mas tentar conciliar todos os interesses envolvidos a cada decisão. Quando não se adota a teoria inteira, além de ser mais fácil recair em contradições internas, perdem-se os propósitos do uso da própria proporcionalidade. Fala-se em um dever de proporcionalidade, pois esta tem por função ser utilizada para verificar a legitimidade de atos restritivos de direitos fundamentais. O problema é que, ao ampliar seu uso para interesses em geral (públicos e privados) e para a realização/proteção de direitos não fundamentais, ela altera o seu papel, que se fundamenta em casos envolvendo direitos fundamentais, em que a proporcionalidade serviria para avaliar a restrição a direito fundamental para a realização de outro direito fundamental ou interesse coletivo da sociedade. É a existência de restrição a direito fundamental que exigiria maior ônus argumentativo por parte do Estado.[213] Se a restrição de qualquer interesse, e não apenas os direitos fundamentais, entra em jogo, não há mais sentido em exigir tal fundamentação especial.

Uma crítica comum à proporcionalidade, ao menos à última etapa – a ponderação ou proporcionalidade em sentido estrito – é a da subjetividade e arbitrariedade das decisões, uma vez que não seria possível estabelecer padrões comparativos para avaliar a ponderação entre valores distintos. Não se pretende discutir a proporcionalidade ou a ponderação como método de interpretação para controle de constitucionalidade de leis ou atos normativos,[214] mas tão somente a tomada de decisões administrativas, conforme o proposto. Porém, entender as diferenças de tratamento da doutrina de direito constitucional e de direito administrativo pode ajudar a compreender as críticas a esta última

---

[212] ALEXY, Robert. Constitutional Rights and Proportionality. *Journal for Constitutional Theory and Philosophy of Law*, n. 22, p. 51-65, 2014. SILVA, Virgílio Afonso da. O proporcional e o razoável. *Revista dos Tribunais*, São Paulo, v. 798, p. 23-50, 2002.

[213] Sobre a ponderação de interesses coletivos e direitos fundamentais pela proporcionalidade, ver SILVA, Virgílio Afonso da. Na encruzilhada liberdade-autoridade: a tensão entre direitos fundamentais e interesses coletivos. In: MENEZES DE ALMEIDA, Fernando Dias *et. al.* (Orgs.). *Direito público em evolução*: estudos em homenagem à Professora Odete Medauar. Belo Horizonte: Fórum, 2013. p. 735-747.

[214] Sobre a proporcionalidade utilizada para tal, ver SILVA, Virgílio Afonso da. *Direitos Fundamentais*: conteúdo essencial, restrições e eficácia. 2. ed. São Paulo: Malheiros, 2010. p. 167-182. Sobre a ponderação, ver BARCELLOS, Ana Paula de. *Ponderação, Racionalidade e Atividade Jurisdicional*. Rio de Janeiro: Renovar, 2005.

doutrina. Virgílio Afonso da Silva, ao defender o uso da proporcionalidade, aponta para as possibilidades de mitigação da subjetividade, que decorrem, sobretudo do campo teórico/doutrinário, que auxiliaria na formulação de critérios intersubjetivos, e do campo institucional.[215] Entretanto, como vem sendo exposto, a Escola dos Direitos Fundamentais não adota um referencial teórico completo acerca da proporcionalidade. E essa mistura de métodos dentro do próprio referencial teórico da ponderação inviabiliza, ou ao menos dificulta bastante, o estabelecimento de critérios intersubjetivos, que é o que justamente garante a objetividade das decisões. No campo institucional, como essas decisões seriam tomadas pela própria Administração Pública, que deveria decidir caso a caso de forma individualizada, pelas consequências concretas de cada decisão, não há esse controle da atividade decisória como um todo, como nos casos de precedentes, pois as decisões seriam tomadas *ad hoc* a cada oportunidade.

Além de tratar de decisões singulares por um método voltado ao controle de decisões gerais, um dos grandes problemas dessa corrente consiste em tratar a ponderação proporcional como a única forma de dar legitimidade às decisões públicas. Mas mesmo em termos de discussão sobre métodos aplicáveis para cortes constitucionais, esta não é a única alternativa.[216] Como será exposto no próximo capítulo, há alternativas para controle das decisões públicas que não exigem o método da ponderação, e ainda dão conta de questões envolvendo restrições de direitos e abusos de poder.

A ponderação proporcional como foi exposta acima seria um método de conciliação dos interesses em jogo em cada caso, considerando as regras e os princípios aplicados à situação, para fins de verificar o que seria o interesse público concreto – aquele que prevalece e possui legitimidade democrática, na medida em que estaria levando todos os elementos atinentes ao caso em consideração, sem fazer exclusões em razão de superioridades estatais injustificadas. Na medida em que para todo caso existe uma necessidade de verificar qual é o arranjo ideal de interesses em jogo para fundamentar as ações estatais, as decisões públicas acabam sendo sempre particularizadas, de modo que cada decisão seria única e sua legitimidade decorreria da própria decisão.

---

[215] SILVA, Virgílio Afonso da. Ponderação e objetividade na interpretação constitucional, In: MACEDO JÚNIOR, Ronaldo Porto; BARBIERI, Catarina Helena Cortada (Orgs.). *Direito e interpretação*: racionalidades e instituições. São Paulo: Saraiva, 2011. p. 363-380.

[216] NEVES, Marcelo. *Entre Hidra e Hércules*: princípios e regras constitucionais como paradoxo do sistema jurídico. São Paulo: WMF Martins Fontes, 2013. p. 141.

Aqui, percebe-se um problema central da ponderação enquanto método interpretativo: não é possível recorrer à coerência das decisões. A própria pressuposição de que o Estado deve conciliar os interesses em jogo, que é essencialmente a função do direito na sociedade enquanto empreendimento teleológico que visa organizar as relações intersubjetivas exige um ideal de coerência sem o qual não há razões para as pessoas seguirem o direito.[217] É nesse sentido que Cláudio Michelon Jr. defende que a coerência seria o limite das possibilidades de argumentação jurídica, inclusive para os raciocínios em torno de princípios, como no caso da ponderação.[218] Quando a ponderação é realizada caso a caso, em que se avalia singularmente se naquela situação quais valores prevalecem, não é possível fazer referência a outras decisões políticas anteriores, que conferem a legitimidade da decisão. Essa falta de legitimidade é ainda mais evidente quando se justifica o arranjo casuístico em termos de interesses (privados), que ainda que não sejam necessariamente contrários aos públicos são, por definição, contingentes, de forma que não permitem a relação com critérios e valores anteriores e unificantes, ou seja, argumentos de coerência.

Uma resposta seria que se trata de decisões de autoridades públicas e não de juízes, o que implicaria a desnecessidade da coerência nas decisões. A essa resposta caberia duas refutações. Em primeiro lugar, a própria corrente defende o controle jurídico das decisões políticas ou a realização das decisões políticas mediante o método da ponderação proporcional, o que envolveria atender ao valor da coerência como limite jurídico argumentativo. A segunda resposta seria a de que a legitimidade da tomada de decisões pelas autoridades públicas depende do atendimento do critério de coerência, caso contrário, as pessoas não teriam razões para seguir as decisões das autoridades.[219] A tarefa da

---

[217] MACCORMICK, Neil. *Retórica e o Estado de Direito*. Rio de Janeiro: Elsevier, 2008. p. 298-306. Na mesma linha, FULLER, Lon. *The morality of law*. New Haven: Yale University Press, 1964.

[218] MICHELON JR., Cláudio. Princípios e coerência na argumentação jurídica. In: MACEDO JÚNIOR, Ronaldo Porto; BARBIERI, Catarina Helena Cortada (Orgs.). *Direito e interpretação*: racionalidades e instituições. São Paulo: Saraiva, 2011. p. 99-107.

[219] Esse é o argumento de Cláudio Michelon Jr., em "Princípios e coerência na argumentação jurídica", para rebater Joseph Raz, ao afirmar que a coerência não seria um valor relevante para a tomada de decisões das autoridades, uma vez que elas emitiram razões excludentes para as pessoas agirem, de tal sorte que excluíram as demais razões. Michelon Jr. aponta para a contradição desse com o próprio conceito de autoridade, na medida em que se a autoridade dá razões para as pessoas agirem para que estas não precisem realizar juízos morais a todo momento, qual seria o sentido das pessoas guiarem suas ações pelas decisões das autoridades se estas não forem coerentes. MICHELON JR., Cláudio. Princípios e coerência na argumentação jurídica. In: MACEDO JÚNIOR, Ronaldo Porto; BARBIERI,

hermenêutica jurídica deveria ser justamente relacionar o particular com o universal, garantindo que os casos singulares possam ser justificados em termos gerais, que transcendam aquele caso, tornando-se inteligíveis para os demais agentes daquela prática.[220] No entanto, quando as decisões são tomadas caso a caso, sem procurar universalizar suas condições, mas sim particularizar seus efeitos, foge-se do campo do direito e dos limites do controle jurídico das decisões.

Esse particularismo é essencialmente verificado no caso do pragmatismo, visto que se trata de um dos próprios pressupostos da tomada de decisões que estas sejam sempre individualizadas. Tentando rebater o desafio da coerência, o pragmático poderia defender que a eficiência seria o valor universalizante e constitucionalmente previsto, inclusive como princípio que rege a Administração Pública. Isso daria inteligibilidade às decisões particulares. No entanto, tal argumento incorreria em alguns problemas. Primeiro, conflitaria com os próprios pressupostos teóricos que não aceitam a elevação de valores apriorísticos ao direito administrativo. Em segundo lugar, seria muito difícil justificar a eficiência como sendo o valor ou princípio por excelência da ordem constitucional ou da atividade estatal, principalmente por ter um caráter instrumental, voltado à satisfação de outras finalidades, em especial a proteção ou a consagração de direitos fundamentais e a realização de interesses coletivos. Por fim, ainda não seria superado o particularismo, na medida em que a eficiência só se verificaria caso a caso, uma vez que se verificaria a eficiência pelas consequências de cada decisão, o que seria uma análise contingente por definição.

Seria possível argumentar, ainda, que o elemento de consequencialismo do pragmatismo levasse em consideração também "as consequências sistêmicas da decisão". Nessa perspectiva, a decisão deve considerar os efeitos não apenas para o caso concreto, mas para todo o sistema de intervenção em discussão, por exemplo, os efeitos econômicos que tal decisão poderia provocar.[221] No entanto, ao se considerar cada decisão como única, individualizando a decisão pelas suas consequências, e decidindo caso a caso, perde-se a pretensão de

---

Catarina Helena Cortada (Orgs.). *Direito e interpretação*: racionalidades e instituições. São Paulo: Saraiva, 2011.

[220] LOPES, José Reinaldo de Lima. *Curso de Filosofia do Direito*: o Direito como Prática. São Paulo: Atlas, 2021. p. 211-123.

[221] BINENBOJM, Gustavo. *Poder de Polícia, Ordenação e Regulação*: transformações político-institucionais do direito administrativo ordenador. 3. ed. Belo Horizonte: Fórum, 2021. p. 65-68.

universalidade das decisões. Não se trata apenas de "essa decisão individual causará quais efeitos no sistema como um todo", mas sim "se todos que puderem pleitear o mesmo objeto desta demanda receberem esse tratamento, ainda deveria ser decidido dessa maneira"? Por essa razão, tais "juízos de ponderação" são feitos normativamente, por regras e políticas gerais, e não decididos caso a caso. Percebe-se uma forte contradição desse modelo, na medida em que o direito administrativo basicamente incorpora toda a política, tanto para a tomada de decisões pelas autoridades públicas, como pelo controle exercido dessa atividade principalmente pelo Judiciário, porém o que se propõe de "método de tomada de decisões" não é propriamente jurídico, mas sim um raciocínio externo ao direito, próprio da política e da economia.[222]

Outro problema do pragmatismo seria a escolha do método e das normas aplicáveis a partir das consequências práticas da decisão. Há, aqui, uma verdadeira inversão de valores do Estado de Direito, em que primeiro se escolhe qual é a decisão mais adequada pelas consequências e posteriormente se escolhe o suporte jurídico que justifica tal decisão, dando valor às fontes do direito em função do resultado prático da decisão, e não da estrutura do próprio ordenamento jurídico. Em outras palavras, cria-se um regime jurídico *personnalité*, feito sob medida para cada decisão, podendo ser fundamentado em normas infralegais que contradigam as de hierarquia superior, ou mesmo precedentes judiciais e outros acordos celebrados em casos distintos para dar um ar de juridicidade à decisão, que se legitima pelos resultados e não pela validade jurídica.

O direito possui uma pretensão de universalidade, que é o que permite, inclusive, o controle do poder público e das autoridades políticas, pois essa pretensão de universalidade envolve um padrão (um critério) de justificação da decisão externo ao caso concreto, ou seja, traz condições de objetividade.[223] Quando se defende que cada decisão é individual, no sentido de não generalizável, e é tomada com base na melhor previsão de suas consequências, ocorre o que MacIntyre denuncia como as arbitrariedades dos burocratas especializados que supostamente saberiam o que é melhor para a população, e que, no entanto, erram recorrentemente suas previsões pela impossibilidade

---

[222] O tema das relações entre o raciocínio jurídico e o raciocínio econômico os juízos políticos voltará com mais vagar no tópico 3.3. deste trabalho.

[223] LOPES, José Reinaldo de Lima. *Curso de Filosofia do Direito*: o Direito como Prática. São Paulo: Atlas, 2021. p. 206. MACCORMICK, Neil. *Retórica e o Estado de Direito*. Rio de Janeiro: Elsevier, 2008. p. 129-133.

de haver previsões objetivas sobre as ações humanas.[224] Dessa forma, o que pode ocorrer com essa corrente teórica é recair naquilo que criticam na doutrina do interesse público, ou seja, ficar à mercê da subjetividade e arbitrariedade dos detentores do poder político.[225]

Outro ponto relevante consiste em analisar se a proposta de priorização dos critérios para avaliar o maior ou menor nível de controle judicial. Para tal, será analisado um caso que aconteceu há alguns anos no Município de São Paulo, quando a Prefeitura decidiu diminuir o limite de velocidade da maioria das vias da cidade, o que gerou bastante insatisfação por parte da população, principalmente com relação à Marginal Pinheiros e à Marginal Tietê, que são importantes vias que cruzam longos trajetos da capital paulista. A decisão de reduzir a velocidade dava-se por duas justificativas: (i) diminuir o limite de velocidade aumentaria a velocidade média de circulação na via, o que reduziria o tempo dos trajetos e (ii) tal medida reduziria os acidentes de carro, o que além de melhorar o trânsito, também reduziria o número de vítimas de trânsito.[226] A medida, como dito, foi bastante impopular, chegando a ser objeto dos debates eleitorais para a escolha do prefeito subsequente, em que o candidato que acabou vencendo as eleições prometeu reverter a medida caso eleito – promessa atendida em seu mandato.

---

[224] MACINTYRE, Alasdair. *After Virtue*. Notre Dame: Notre Dame University Press, 1984. p. 62-78.

[225] Um exemplo bastante ilustrativo dessa afirmação é Alexandre Aragão, que critica o subjetivismo da doutrina do interesse público (ARAGÃO, Alexandre Santos de. A supremacia do interesse público no advento do Estado de Direito e na hermenêutica do Direito Público contemporâneo. In: SARMENTO, Daniel (Org.). *Interesses Públicos "Versus" Interesses Privados*: desconstruindo o princípio da supremacia do interesse público. Rio de Janeiro: Lumen Juris, 2005) e também posteriormente critica o subjetivismo da doutrina da ponderação (ARAGÃO, Alexandre Santos de. Subjetividade judicial na ponderação de valores: alguns exageros na adoção indiscriminada da teoria dos princípios. *Revista De Direito Administrativo*, Rio de Janeiro, n. 267, p. 41-65, 2014), destacando que a objetividade do direito estaria na ponderação realizada nas regras jurídicas positivadas. Sobre o tema, o tópico 3.3. pretende dar uma resposta que deve satisfazer às críticas feitas pelo autor.

[226] Sobre tais informações, ver a reportagem: ACIDENTES com mortes nas marginais diminuem 52% em 12 meses, diz CET. *Portal G1*, 2016. Disponível em: http://g1.globo.com/sao-paulo/noticia/2016/10/acidentes-com-mortes-nas-marginais-diminuem-52-em-12-meses.html. Acesso em: 21 ago. 2024. Ver também a reportagem: STOCHIERO, Tahiane. Limite de velocidade nas marginais de SP subirá a partir de janeiro. *Portal G1*, 20 dez. 2016. Disponível em: http://g1.globo.com/sao-paulo/noticia/2016/12/limite-de-velocidade-nas-marginais-subira-partir-de-janeiro.html. Acesso em: 13 jan. 2023. Quanto aos números de mortes e as análises sobre a redução em razão da velocidade das pistas, checar o sítio da Prefeitura do Município de São Paulo, conforme informações fornecidas pela Secretaria Especial de Comunicação do Município de São Paulo, disponíveis em: https://www.capital.sp.gov.br/noticia/prefeitura-padronizara-velocidade-maxima-na. Acesso em: 21 ago. 2024.

A questão trazida por esse exemplo é: considerando que os dados da Prefeitura fossem verdadeiros e houvesse tanto um aumento da velocidade média quanto a redução das mortes no trânsito com a medida da gestão anterior, caberia controle judicial do ato que aumentou novamente o limite de velocidade? É preciso lembrar que a primeira escala de prioridade é a restrição a direitos fundamentais, enquanto a última seria relativa à participação social. Além disso, a análise técnica, nesse caso, seria contrária ao aumento do limite de velocidade. Haveria, aqui, discricionariedade da autoridade pública para aumentar a velocidade nas vias, ou isso violaria a juridicidade ou o direito à boa administração? Pela corrente teórica que se está analisando, parece que seria cabível controle judicial dessa decisão, não havendo um amplo grau de discricionariedade nessa situação. No entanto, tal resposta seria bastante questionável do ponto de vista da legitimação democrática. Trata-se de um caso em que a autoridade tem competência para decidir e a população não só era a favor da mudança, como em parte pode ter votado no então candidato em razão dessa proposta de mudança. É evidente que haverá casos em que o Judiciário deverá intervir contra atos do governo, mesmo aqueles que teriam apoio da maioria da população, porém, a questão é se esses casos devem ser tratados como exceção ou como regra. A chamada Escola dos Direitos Fundamentais parece adotar a segunda hipótese. Como será defendido, mesmo em casos envolvendo direitos fundamentais, há situações em que se deve deixar para as instituições mais legitimadas politicamente decidirem a questão, principalmente quando se trata de medidas concretas, e não de normas e de políticas gerais.[227]

Há uma contradição existente nesse modelo jurídico de administração do Estado. Primeiro, deve-se entender por que se está chamando de um modelo jurídico de administração do Estado. E a razão para tal consiste no papel que é atribuído ao direito na estrutura de tomada de decisões públicas, em que haveria uma margem extremamente ampla de controle das decisões das autoridades públicas. E não se está falando apenas das decisões normativas ou políticas gerais para toda a comunidade, mas, também, de decisões concretas baseadas nessas normas e políticas anteriores às decisões. Em outras palavras, praticamente toda a atividade administrativa estaria sujeita ao controle jurídico substantivo, ou seja, se poderia dar a resposta sobre quais ações poderiam ou não ser

---

[227] Esse tema da tomada de decisões e possibilidade de controle judicial em casos de apoio da maioria voltará a ser discutido no tópico 3.3.

tomadas pelo direito mediante interpretação. No entanto, a contradição está justamente no fato de que, se de um lado o direito amplia sua margem de controle, de outro lado esse controle é operado por critérios não jurídicos, voltados ao juízo consequencialista e pragmático, que não possui pretensão de universalidade ou coerência, voltando-se inclusive contra tais valores, ao pregar pela individualização de cada ação.

É importante ter em mente que o particularismo não é um problema exclusivo das decisões ditas unilaterais da Administração Pública, mas também aparece nos casos de acordos e contratos administrativos. Como visto, a ideia de administração consensual busca a solução dos problemas administrativos pela via não unilateral, o que envolve principalmente a celebração de contratos com particulares para o exercício das atividades públicas, bem como acordos e negociações em sentido mais amplo, que visam à horizontalidade das relações entre o Estado e seus cidadãos. Será elaborado um tópico à parte para discutir os limites conceituais e práticos deste modelo de "governança democrática" do Estado.[228] Nada obstante, aqui já é possível fazer algumas ressalvas internas a esse modelo teórico, enquadrando-o dentro da discussão geral sobre a tomada de decisões públicas, pois se a participação dos particulares é essencial a uma gestão democrática do Estado, é preciso avaliar as decisões de contratar ou celebrar acordos com alguém. Em primeiro lugar, serão analisadas a celebração de contratos com os particulares e posteriormente a realização de acordos e negociações.

Os pressupostos para a contratação de particulares estão na redução da legitimidade do Estado para decidir por si só como administrar a coisa pública e tomar decisões coletivas, devendo compartilhar essa tarefa com os destinatários dessas ações. Nesse sentido, o próprio fato de contratar um particular para a realização de atividade coletivamente relevante já daria maior legitimidade democrática à Administração Pública. Ainda, a Administração não baseia suas ações em busca de um "interesse público abstrato", mas tão somente decide com base em um "interesse público concreto" – que pode ser inclusive um interesse privado que prevalece naquela situação, o que deve ser verificado pela ponderação dos interesses em jogo e pela análise das consequências práticas decorrentes da decisão a ser tomada.

Pretende-se questionar alguns desses pressupostos a partir do seguinte exemplo. Uma empresa que está em situação financeira crítica, com chances grandes de falir, entrou em contato com a Administração

---

[228] Ver tópico 3.2.

Pública municipal propondo celebrar um contrato para prestação de serviço que estaria na previsão de metas municipais para execução e que, a princípio, seria exigível licitação. O representante da empresa afirma que, se não celebrar esse contrato com a Administração, a empresa irá à falência, tendo que demitir um enorme número de empregados. Ao levar a situação à autoridade competente para autorizar a contratação, o servidor do departamento técnico informa que os preços e condições de contratação seriam favoráveis à Administração. Pelos pressupostos teóricos expostos no parágrafo anterior, seria possível defender que haveria um interesse público concreto em jogo, condizente com o interesse privado, ou seja, preservar a empresa, que cumpriria uma função social (resguardando empregos), bem como executar um serviço que já teria de ser realizado em um futuro próximo pela Administração. Somados esses fatores às condições favoráveis, poderia se chegar à conclusão de que as consequências práticas da celebração desse contrato seriam adequadas à preservação do interesse público concreto, o que otimizaria os interesses (coletivos e individuais) em jogo, trazendo os melhores resultados para a Administração, o que deveria ser resguardado pelo direito administrativo.

O problema dessa linha de raciocínio é que ela não se compatibiliza com outros pressupostos dessa corrente teórica, em especial, a ideia de subsidiariedade do Estado, pois aqui se poderia defender sem grandes dificuldades que houve uma intervenção estatal no domínio econômico, uma vez que o próprio Estado agiu para favorecer um ator do mercado que estaria em situação desfavorável em termos concorrenciais. Não se está negando o interesse legítimo que existe em preservar empresas e resguardar o emprego da população, porém, caso o Estado pretenda atuar desta forma, deve criar uma política geral voltada a todos aqueles que se encontram na mesma situação, uma política geral e anterior ao caso, para não favorecer sujeitos determinados em detrimento dos demais. Ainda que se possa defender a alternativa de realizar essa intervenção pela via contratual, dever-se-ia abrir a possibilidade de outros participantes do mercado cobrirem a oferta de prestação dos serviços. Além disso, volta-se à questão da coerência das ações estatais. Mesmo nos casos de contratação, a Administração Pública não deveria atuar de forma completamente casuística, devendo conseguir justificar suas ações.

Quando se afirma que qualquer contratação torna a administração do Estado mais democrática, parece haver uma confusão conceitual. Existe uma diferença significativa na justificação de contratações com entidades do chamado terceiro setor, que não possuem finalidade lucrativa e representam parcelas da sociedade civil, com as demais contratações envolvendo pessoas privadas do mercado. De fato, é possível defender justificativas para a contratação do primeiro grupo baseadas em dar maior legitimidade democrática à gestão da coisa pública, deixando os destinatários do serviço público participarem da execução e da realização desses serviços.[229] No entanto, quando se fala em contratações com o mercado, o que se procura não é a legitimidade democrática dessa contratação, mas sim alguma condição de eficiência própria da iniciativa privada, seja de aportes financeiros, seja em termos de inovação, tecnologia ou mesmo capacidade técnica.[230] Em outras palavras, a "causa contratual" para a Administração Pública não é necessariamente a mesma nas duas hipóteses. Dessa forma, a contratação não é um fim em si mesmo, conferindo legitimidade à Administração Pública, mas é um instrumento que deve ser justificado em termos gerais, ainda que cada contratação em particular dependa de justificativas específicas para serem realizadas.

Uma consequência das contratações com a Administração Pública terem um caráter público, que transpassa cada contrato em particular e os interesses envolvidos em cada contratação. Ainda que se fale em um modelo negocial de administração por contratos – em que a Administração tem largos poderes para transigir de forma paritária sobre o conteúdo dos contratos, aceitando-o como regra vinculante no lugar de alterá-lo unilateralmente –, pode a Administração criar particularmente regras para contratos semelhantes, baseando-se na consensualidade e nas consequências da contratação?

Para ilustrar, imagine que a Prefeitura do Município X, com o fim de reformar os imóveis utilizados de sede dos órgãos da Administração Municipal, por exemplo, da Secretaria de Saúde e da Secretaria de Educação, realizou para tal duas licitações que culminaram na assinatura de dois contratos de obras bastante semelhantes, dado que os prédios tinham plantas e idades de construção bastante próximas. Posteriormente, a empresa contratada para reformar o prédio da

---

[229] A contratação com parcelas da sociedade civil, principalmente com entidades sem fins lucrativos que representam grupos vulneráveis, pode trazer vantagens democráticas como maior engajamento nas atividades públicas e maior proximidade entre a população e o Estado. Sobre esse ponto, ver OLIVEIRA, Gustavo Justino de. *Contrato de gestão*. São Paulo: RT, 2008. É importante destacar que mesmo nesses casos é possível também justificar a contratação em termos de eficiência.

[230] Sobre esse ponto, ver FERRAZ, Sérgio. Contrato administrativo de inovação tecnológica: uma aproximação. *Revista de Direito Administrativo e Infraestrutura – RDAI*, São Paulo, v. 4, n. 13, p. 23-43, 2020.

Secretaria de Educação solicitou a alteração da cláusula que previa o índice de reajuste do contrato, em razão do aumento dos custos de insumos para construção, justificando que o preço daqueles insumos teria aumentado acima da inflação, trazendo prejuízos à contratada. Fazendo um juízo de ponderação das consequências concretas do caso, o Município X entendeu ser válida a alteração e acolheu o pedido, alterando o contrato. Logo em seguida, a empresa contratada para reformar o prédio da Secretaria de Saúde faz a mesma solicitação de alteração para o seu contrato, porém, tem seu pedido negado, sob a justificativa de que tal alteração traria prejuízos para a Administração Pública, pois encareceria o valor do contrato.

O que se questiona aqui é se a atividade negocial da Administração Pública, em dimensão consensual, permitiria justificar situações em que acordos diferentes são firmados em casos semelhantes, ainda que se criem situações de desigualdade entre particulares com relação ao Estado.[231] É claro que seria possível verificar se há alguma justificativa que distingue os dois contratos – por exemplo: em um deles a empresa decide abrir mão de uma prerrogativa prevista contratualmente enquanto a outra empresa não –, mas o ponto é saber quais seriam os limites dessa atuação individualizada de negociação.

Para além da celebração de contratos, o modelo democrático de gestão pública envolveria adotar soluções consensuais e negociadas com a sociedade civil, em especial os cidadãos. Mas a questão que fica em aberto é quando e como celebrar acordos entre a Administração e os particulares. Se no âmbito das atividades regulatórias do Estado, das atividades das agências reguladoras, já existe amplo debate sobre esse assunto,[232] na esfera da Administração direta, que é o foco deste trabalho, não há grandes especificações para além das indicações de contraditório, consulta aos interessados e dever de verificar as consequências práticas da celebração de acordo em detrimento da adoção de medidas unilaterais. Ou seja, a busca pela consensualidade teria maiores condições de realizar de forma satisfatória as finalidades públicas.

---

[231] É importante deixar claro que se está falando de uma mesma modalidade de contrato, em situações semelhantes, e não buscando uniformizar o regime de contratações como um todo com base em princípios gerais abstratos, o que é objeto de críticas em SUNDFELD, Carlos Ari; CÂMARA, Jacintho Arruda. Uma crítica à tendência de uniformizar com princípios o regime dos contratos públicos. *Revista de Direito Público da Economia*, Belo Horizonte, v. 41, p. 57-72, 2013.

[232] GUERRA, Sérgio; BONACORSI DE PALMA, Juliana. Art. 26 da LINDB – Novo regime jurídico de negociação com a Administração Pública. *Revista De Direito Administrativo*, Rio de Janeiro, p. 135-169, 2018.

Como será discutido mais exaustivamente no próximo capítulo, uma "administração consensual" não implica necessariamente um modelo mais democrático de Estado.[233] De todo modo, há que se levantar questionamentos internos entre os pressupostos teóricos aqui expostos. Existe uma contradição entre haver discricionariedade para fazer acordos nos casos em que há direitos fundamentais envolvidos. Acordos são em alguma medida discricionários por definição – as partes transigem – fazem concessões, abrem mão de certos direitos ou interesses em prol da solução comum. Os casos envolvendo direitos fundamentais são aqueles em que, via de regra, haveria maior necessidade de ouvir as partes, mas, ao mesmo tempo, haveria maior espaço de discricionariedade do Estado para decidir por celebrar ou não acordos. Além disso, os casos envolvendo a consagração de direitos fundamentais seriam os casos exemplares de matéria indisponível a acordos. Se for matéria indisponível, a administração consensual perde substancialmente sua razão de ser, na medida em que seria justamente para dar tratamento mais democrático à decisão voltada sobre direitos que essa doutrina teria sido formulada. Por outro lado, caso se entenda que nesses casos há plena liberdade para celebrar acordos, há um problema em termos de como conciliar com a tese de que matérias de direitos há uma melhor decisão e que nesses casos não há espaço para discricionariedade administrativa.

Uma das propostas de mitigação do problema da individualização das ações administrativas negociais seria a participação de outras instituições públicas no controle e busca pela conciliação dos interesses em jogo. Isso seria o caso especialmente do Ministério Público, que não apenas realiza ações de natureza coletiva para assegurar a proteção de interesses/direitos difusos e transindividuais, como também celebra acordos com a Administração Pública para tentar garantir a proteção desses direitos e interesses. Aqui, mais do que mero "fiscal da lei", o Ministério Público é entendido como verdadeiro "representante da sociedade civil" – o que lhe daria legitimidade para participar das discussões em prol da melhor concretização das finalidades públicas.

Uma primeira crítica importante a essa linha de defesa se dá em termos de legitimidade democrática. É difícil defender que o Ministério Público seja um representante da sociedade civil, na medida em que quase não presta contas à sociedade civil, muito diferentemente dos

---

[233] MENEZES DE ALMEIDA, Fernando Dias. *Teoria do Contrato Administrativo*: Uma abordagem histórico-evolutiva com foco no direito brasileiro. Tese (Titularidade em Direito) – Faculdade de Direito, Universidade de São Paulo, São Paulo, 2010. p. 339-343.

órgãos públicos que ele "controla".²³⁴ Além disso, está muito menos sujeito a controles, como a pressão social e política, já que seus membros não são eleitos, muito menos sujeitos a penalidades e responsabilização pelas suas decisões, diferentemente dos órgãos públicos, que além da pressão da sociedade e da mídia, sofrem controle periódico no caso das eleições, bem como lidam com a possibilidade de retirada dos cargos (de comissão sem sequer necessidade de justificativa, e nos cargos de carreira, processos disciplinares, controles internos e responsabilização civil, administrativa e até criminal). Em outras palavras, é preciso refletir o quão democrático é esse "controle" de substituição da competência administrativa para tomar as decisões públicas.²³⁵

Para além das críticas comuns sobre o grau de "consensualidade" na atividade de controle, mesmo nos acordos celebrados pelo Ministério Público com a Administração, a grande questão é saber se a atuação do Ministério Público de fato traz grandes contribuições para a mitigação do problema do particularismo. Partindo do Ministério Público do Estado de São Paulo como referência, a instituição é separada por setores especializados em determinadas matérias de atuação. O foco, nesse momento, será em dois desses setores que atuam na capital paulista: (i) A Promotoria de Justiça de Habitação e Urbanismo (PJHURB) e (ii) a Promotoria de Justiça de Meio Ambiente da Capital (PJMAC). Não é preciso grande esforço para compreender que, em determinadas situações, haverá conflitos entre o centro do enfoque de proteção dos dois departamentos, em especial, a questão da garantia de habitação de um lado, e a proteção do meio ambiente de outro, por exemplo, a existência de ocupação consolidada por população de baixa renda em uma área de mananciais. As alternativas seriam, basicamente: (i) remover a população da área – ainda que sejam incluídas em programas habitacionais

---

[234] Para crítica semelhante, ver BARROS, Layra Mendes Amado de. O que fazer quando o Fiscalizador-controlador assume a gestão pública no lugar do Gestor? O acordo administrativo "situado" e o problema da ineficiência da Responsabilização na Administração pelo Ministério Público. In: OLIVEIRA, Gustavo Justino de (Coord.). *Acordos administrativos no Brasil*: teoria e prática. São Paulo: Almedina, 2020. p. 127-156.

[235] Tal crítica é comum aos órgãos de controle em geral, e não apenas ao Ministério Público. Especialmente aos tribunais de contas, em que se fala que as interferências desses órgãos, que possuem um ônus político muito menor do que aqueles controlados por eles, gera um verdadeiro risco de diminuição das possibilidades de atuação, um "apagão das canetas", pelo que se convencionou chamar de "direito administrativo do medo". Sobre tal, SANTOS, Rodrigo Valgas dos. *Direito Administrativo do Medo*: Risco e fuga da responsabilização dos agentes públicos. São Paulo: Revista dos Tribunais, 2020. Especificamente sobre o controle excessivo dos tribunais de contas, ver DUTRA, Pedro; REIS, Thiago. *O soberano da regulação*: O TCU e a infraestrutura. São Paulo: Singular, 2019.

existentes – para a realização de medidas de reconstituição da vegetação nativa, ou (ii) a manutenção da população no local, regularizando a ocupação, ainda que esta opção não seja possível pela legislação.[236] Nesse caso, dependendo de qual departamento do Ministério Público tratar do caso, a solução pode ser dada em um ou outro sentido, uma vez que não há unicidade dentro do próprio órgão, havendo autonomia não só entre os departamentos, mas entre os próprios promotores.

Pode-se defender que não haveria o risco de tal particularismo se, nesse caso, fosse realizada a ponderação proporcional, avaliando as consequências práticas da adoção de uma ou outra solução para garantir o grau otimizado de proteção aos direitos em jogo. Nessa linha de raciocínio, seria possível imaginar um cenário em que existissem parcelas de vegetação nativa nas regiões de mananciais como um todo que permitissem a manutenção da população no local, sem um prejuízo irreversível ao ecossistema. Dessa forma, pela ponderação realizada do caso concreto, chegar-se-ia à conclusão de que a solução que daria maior grau de implementação dos direitos fundamentais seria a da manutenção da população.

Imagine então que dois anos após tal decisão, surge outro caso de ocupação em área de mananciais, porém, agora, verificou-se que não seria possível manter a população no local sem prejuízos irreparáveis para o ecossistema em questão. Pela análise dos dois exemplos, verifica-se um tratamento distinto a situações semelhantes, aplicando-se o mesmo método, sem que os destinatários do segundo caso tenham tido influência na diferenciação dos tratamentos. Na verdade, foi a primeira escolha por manter aquela ocupação que criou uma situação em que não se poderia manter a segunda. Ou seja, foi uma escolha pública em caso concreto que maximizou a proteção dos interesses em um caso concreto que privou da mesma solução um segundo grupo de pessoas interessadas e que teriam os mesmos direitos. E esse é o problema de tratar *contextualmente* e de *forma individualizada* a tomada de decisões públicas, bem como a relativização das regras aplicáveis.

Não se pretende discutir o direito da organização administrativa (o caráter estrutural da Administração), ainda que se reconheça sua importância para a tomada de decisões públicas. Em outras palavras, não se pretende descrever ou elaborar um modelo de desenho

---

[236] Aqui, faço referência ao artigo 4º, §6º da Lei Municipal nº 17.734, de 04 de janeiro de 2022, a Lei de Regularização Fundiária Municipal, que expressamente veda a regularização de núcleos habitacionais implementados em área de mananciais.

institucional da Administração, apto a permitir melhores decisões, apesar de se reconhecer que a "forma administrativa" seja fundamental para elas, podendo incorporar procedimentos decisórios aptos a melhores decisões voltadas à consagração do interesse público e proteção dos direitos fundamentais. Também não se discute qual deve ser o modelo ideal de processo administrativo apto à tomada de decisões, mas, antes, tem por objetivo a discussão da própria função do processo administrativo, seu papel na tomada de decisões e no agir administrativo (no governar). O que se questiona é a lógica do processo administrativo ser voltado ao consenso entre a Administração Pública e seus cidadãos. Tal questionamento não implica dizer que não é melhor que os destinatários das decisões concordem com elas no lugar de simplesmente acolher por medo ou aceitação tácita. Para avaliar normativamente o consenso como finalidade do processo administrativo, é possível partir do seguinte exemplo: um indivíduo que perdeu todos os seus bens em um desastre procura a Administração Pública para verificar se há algo que o governo poderia fazer para lhe assistir. Em resposta, o governo municipal oferece um local para ficar abrigado por alguns meses e um valor para mudança. O indivíduo, que não esperava conseguir qualquer ajuda, aceita a oferta satisfeito. No entanto, o que o cidadão não sabia, nesse caso, é que a situação dele se enquadra em uma política municipal geral que concederia, além da verba para mudança e o abrigamento, retribuição financeira para auxílio de custos com moradia por prazo determinado, o que não lhe foi oferecido ou informado. Nesse caso, o consenso poderia servir de condição de legitimidade para privar cidadãos de seus direitos.

O consenso pode servir para legitimar tratamentos desiguais mediante uma retórica de convencimento dos destinatários do poder político a aceitar menos do que lhes é garantido, ou menos do que é oferecido a outras pessoas em situações semelhantes. Outro exemplo seria um político que exerça uma função pública em um município ser popular em determinada região da cidade e negociar um tratamento menos favorável aos moradores daquela região, simplesmente pelo fato deles terem uma maior propensão a confiar nele. Em outras palavras, as autoridades poderiam se valer da confiança que a população deposita nelas para convencer de que tal medida é a melhor, a despeito de dar tratamento diverso a outras pessoas na mesma situação. A questão que fica é se esse seria o modelo ideal de administração democrática que se pretende construir. Poder-se-ia defender que se as pessoas aceitaram tais condições e estão satisfeitas, não haveria o que discutir, porém – além de ser difícil imaginar tal argumento sendo dado de forma séria

– é sempre possível imaginar que um dia as pessoas podem descobrir o tratamento desigual que lhes foi dado e perderem a confiança no Estado.

O que se pretendeu fazer neste tópico foi dar um fechamento crítico acerca do conceito de governar, no sentido de como são tomadas as decisões públicas para essa corrente. O ponto central, aqui, foi destacar o caráter casuístico, particularista, da tomada de decisões. Mais importante que seguir as normas, ou buscar respostas coletivas e aceitáveis para toda a comunidade política, a tarefa de administrar o Estado estaria muito mais ligada à ideia de tomar as melhores decisões para cada situação, sendo a melhor decisão aquela que vá favorecer na maior medida possível todos os interessados envolvidos. Não há maiores preocupações com as decisões futuras ou pretéritas em casos semelhantes, mas tão somente com o caso em questão, pois assim teriam os melhores resultados concretos e a maior proteção dos direitos fundamentais envolvidos.

2.5 Considerações finais do capítulo

Antes de avançar para a exposição de outro modelo de administração do Estado e tomada de decisões públicas para o direito, vale fazer algumas considerações conclusivas acerca dos méritos e dos problemas identificados na Escola dos Direitos Fundamentais.

O primeiro mérito dessa perspectiva não é grande novidade. Na verdade, está em seus próprios propósitos e pressupostos de elaboração. Trata-se da defesa de uma preocupação por uma posição de democracia para a Administração Pública brasileira.[237] Nessa perspectiva, apesar das críticas feitas, é possível identificar críticas importantes que podem auxiliar a blindar a Administração Pública de certas ações ou práticas tendencialmente autoritárias, tais como um viés totalizante do Estado em relação aos indivíduos, em que seus interesses não se distinguem dos estatais. Além disso, um direito administrativo que garanta imunidade completa ao mérito administrativo, apenas observando as regras de competência, e que permita motivações genéricas para as ações estatais em termos de "interesse público" pode acarretar restrições significativas e injustificadas aos direitos fundamentais dos cidadãos, bem como uma falta de zelo e controle da gestão da coisa pública.

---

[237] Como será defendido no quarto capítulo, tratarei dessa preocupação como uma moralidade de aspiração a ser incorporada na Administração Pública e no próprio direito administrativo.

O segundo, e talvez principal mérito dentro dos propósitos deste trabalho, é tirar o direito administrativo de uma perspectiva estática do direito, voltado ao direito como norma ou como ordenamento jurídico. Ao tentar superar determinados problemas da teoria tradicional do direito administrativo, e as dificuldades que enxergam nas formas de ação da Administração Pública, principalmente em termos de eficiência e legitimidade democrática, a Escola dos Direitos Fundamentais insere o direito administrativo em um campo decisional, não apenas descrevendo as fontes do direito administrativo e atribuindo sentidos a elas, mas também colocando elementos para tomada de decisões da Administração Pública. Isso aparece nas críticas à noção de legalidade, considerada aqui como uma forma de legalismo, que seria visto como uma perspectiva enriquecedora da ação administrativa, bem como a incorporação e o destaque a conceitos como o processo administrativo e a atuação dialógica da Administração, o que já mostra uma visão dinâmica do direito público. O principal marco de uma teoria da ação no direito administrativo está no destaque dado à proporcionalidade e à ponderação, que tratam da tomada de decisões por parte do Poder Público, bem como na defesa do pragmatismo no direito administrativo, que se volta à tomada de decisões, com base nas consequências de cada ação, sendo diretamente relacionada com as próprias noções de ponderação e proporcionalidade.

Em outras palavras, já é possível identificar essa preocupação por parte da doutrina de sair de uma teoria da norma para uma teoria da ação, o que permite inserir o debate de direito público dentro de uma discussão contemporânea de teoria do direito, o que é um dos principais propósitos deste trabalho. A crítica à Escola dos Direitos Fundamentais será feita justamente pela escolha da teoria da ação a que esta vertente vincula-se. Pretende-se defender que não é a melhor forma de tratar o direito público, pois desconsidera certos elementos centrais à prática de administrar o Estado.

Há três problemas centrais dessa corrente. Primeiro, a do direito poder operar como um substituto da política, em que o Estado é governado inteiramente pela interpretação de normas legais e constitucionais. O segundo problema consiste no método de interpretação (ou seja, de tomadas de decisões públicas) proposto, pois este não se valeria propriamente de um raciocínio jurídico, mas de juízos alheios ao direito – de ordem política ou econômica, disfarçados de jurídicos para fins de controle dos atos. E do alinhamento desses problemas, juntamente com a relativização da legalidade, o que se verifica é uma subversão do ideal de Estado de Direito, pois são os juízos políticos pragmáticos que subordinam às regras jurídicas aplicáveis, no lugar do contrário. Por fim, verifica-se um particularismo na tomada de decisões, que são realizadas caso a caso muito mais preocupadas com as consequências de singulares dos atos que com a coerência da atividade administrativa como um todo, o que se defenderá como incompatível com o ideal de Estado de Direito. E visando dar um melhor tratamento a esses problemas, sem ignorar as críticas e ponderações relevantes feitas por esta doutrina é que será elaborado o argumento do próximo capítulo, especialmente a reformulação da ideia de legalidade administrativa.

CAPÍTULO 3

O INTERESSE PÚBLICO COMO TEORIA DO DIREITO ADMINISTRATIVO DA DIREÇÃO DO ESTADO

Este trabalho defendeu até aqui que existe uma relação importante entre a teoria do direito público em geral, que abrange o administrativo em especial, e o conceito jurídico de administrar o Estado, particularmente entendido aqui pela tomada de decisões públicas das autoridades ligadas à Administração Pública. O capítulo anterior procurou expor como uma dessas correntes, a dita *Escola dos Direitos Fundamentais*, elabora um modelo de administração do Estado que implica certa forma de tomar decisões públicas do ponto de vista jurídico. A discussão posta nesses termos permite colocar o debate do direito público nacional dentro de uma perspectiva de teoria do direito não adstrita à descrição das normas do ordenamento jurídico (uma teoria da norma), mas sim em um debate do direito como um campo da razão prática e de como os agentes decidem a partir do direito (uma teoria da decisão). E é justamente a partir da perspectiva da tomada de decisões jurídicas que foram realizadas as críticas à corrente anterior, na medida em que se entendeu que as decisões públicas seriam tomadas sempre de forma particular, o que seria oposto ao próprio conceito de direito aqui defendido, bem como seriam baseadas em razões não jurídicas, apesar da insistência em ampliar o controle jurídico dessas decisões.

Dando continuidade ao debate sobre o conceito de administrar para o direito público brasileiro, pretende-se agora explorar a segunda corrente teórica do direito administrativo brasileiro, a chamada Escola do Interesse Público, expondo criticamente seus pressupostos e seu modelo de administração do Estado. Como já foi apontado, essa corrente tem como argumento fundamental a centralidade do conceito de interesse público na atuação da Administração Pública nacional, bem como no desenvolvimento teórico do direito público brasileiro, em especial do direito administrativo. O propósito central deste capítulo é apresentar em que consiste administrar o Estado para essa corrente, ou seja, como devem ser tomadas as decisões públicas a partir dos pressupostos teóricos defendidos por essa linha de pensamento.

Não obstante, há de se reconhecer que foram feitas diversas críticas importantes a esse modelo teórico, notadamente em relação ao conceito de interesse público e sua relevância, ou mesmo compatibilidade, com a ordem jurídica em vigor e ao regime democrático existente. Nesse sentido, será essencial verificar se a parcela doutrinária que ainda defende a centralidade desse conceito conseguiu refutar as críticas ou, aproveitando-se destas, conseguiu reformular seus pressupostos teóricos para se adequar à ordem constitucional e democrática. Além disso, será necessário avaliar se o modelo proposto de tomada de decisões públicas consegue superar as críticas do modelo anterior, bem como avaliar quais críticas podem ser feitas a ele.

Assim, este capítulo será dividido em três partes. A primeira parte, à semelhança do que foi feito no segundo capítulo, tem por objetivo apresentar os pressupostos teóricos dessa corrente do direito público, desenvolvendo os principais argumentos em favor da supremacia do interesse público, bem como responder às críticas feitas pela Escola dos Direitos Fundamentais. O interesse público será tratado como uma necessidade de decidir conforme razões de Estado e não segundo interesses de sujeitos ou grupos em particular como condição de legitimidade do Estado de Direito. Ainda, pretende-se expor os argumentos de que não apenas o interesse público, como também a legalidade, consistem nos fundamentos jurídicos e democráticos estruturantes da ordem constitucional e administrativa brasileira, sem que para isso seja preciso abrir mão da proteção dos direitos fundamentais.

A segunda parte dará prosseguimento ao modelo de administração do Estado dessa corrente, tentando refutar as propostas de governança democrática e de administração dialógica. O ponto central é reafirmar o papel do Estado, da Administração Pública e das autoridades políticas na tomada de decisões públicas, defendendo que a exigência de uma dimensão centralizadora, ainda que se aceitem certos ideais participativos, para concretizar uma verdadeira gestão democrática da coisa pública. Não serão abordadas apenas as críticas comuns quanto à dificuldade de implementar uma verdadeira participação e das capacidades participativas, mas também será destacada a crítica de que os grandes grupos econômicos, que já possuem maior poder dentro da sociedade civil, também possuem maior influência nas tomadas de decisão participativas do poder público, o que implica a necessidade de o Estado manter um certo centro decisório para atender aos compromissos e finalidades previstas na Constituição. Caso contrário, haveria um maior déficit democrático nessa proposta de participação do poder do que na manutenção do modelo de Estado atual. Dessa forma, pretende-se reforçar o papel do Estado e das autoridades públicas na tomada de decisões de interesse coletivo.

Assim, chega-se ao ponto central deste capítulo que consiste em desenvolver uma teoria da decisão compatível com as premissas teóricas e institucionais da Escola do Interesse Público. Fala-se em desenvolver, pois diferente da primeira corrente apresentada, esta não possui uma teoria da decisão de forma elaborada e sistemática. Nesse sentido, será apresentado um argumento de que a legalidade oferece sentidos para a ação política e, por consequência, para as decisões da Administração Pública e suas autoridades. Esse sentido se dá em termos de "seguimento de regras" e estabelecimento de relações de justiça. O papel do direito na tomada de decisões será, portanto, oferecer uma forma de justificar as decisões das autoridades a partir de um tipo de linguagem, a jurídica, sem prejuízo de outras possibilidades de justificação das decisões, próprias da prática política.

Por fim, considerando a importância que será dada ao conceito de legalidade para o direito público, em especial para a tomada de decisões públicas para o direito, pretende-se responder às críticas existentes acerca da aplicação do conceito, que, por ter uma característica de universalidade, levaria a decisões singulares inadequadas, pois deixaria de considerar as particularidades dos casos concretos. Desse modo, pretende-se explorar como o direito pode lidar com a particularidade dos casos sem perder sua universalidade, reforçando a importância da legalidade como conceito central para o direito público.

3.1 O interesse público como fundamento das ações estatais

A reconstrução da teoria acerca do interesse público passa por responder às críticas feitas pela outra corrente para então avançar nos seus pressupostos. A primeira crítica a ser refutada consiste na ideia de haver uma origem autoritária no conceito de supremacia do interesse público, que contaminaria o direito público brasileiro com resquícios sobreviventes de regimes autoritários, que remontam, em última análise, ao Antigo Regime. Para além das colocações já feitas no capítulo anterior, há dois argumentos centrais que procuram responder às críticas sobre a origem autoritária da noção de interesse público. Em primeiro lugar, defende-se que, apesar de conviver, de fato, com aspectos negativos em termos de legitimação de poderes no período do surgimento do direito administrativo, não reconhecer os avanços em termos de liberdades e garantias individuais com o desenvolvimento do direito administrativo Pós-Revolução Francesa, principalmente de proteção dos indivíduos em face do Estado, consiste em grave equívoco histórico e anacronismo de aplicar expectativas democráticas atuais em tempos anteriores.[238] O segundo argumento defende não ser adequado remeter o conceito contemporâneo de interesse público a períodos tão distantes, pois sua delimitação conceitual, tal como é entendido na atualidade, teria sido desenvolvida ainda no século passado.[239] De todo modo, conforme já defendido no segundo capítulo, mais importante que discutir sobre a *genealogia* do interesse público aqui ou no exterior,[240] o importante é avaliar sua pertinência teórica e normativa no atual regime jurídico brasileiro.

Antes de passar às teses centrais sobre a defesa da supremacia do interesse público enquanto categoria jurídica essencial do direito público brasileiro e para a atuação da Administração Pública, pretende-se expor duas posições intermediárias. A primeira, defendida por Emerson Moura, reconhece a existência do "interesse público" enquanto elemento fundamental do direito administrativo que orienta normativamente a atividade da Administração Pública, porém, concorda com a corrente contrária ao afirmar que não existe, no modelo atual de Estado Democrático de Direito, o atributo da "supremacia" como

---

[238] GABARDO, Emerson. *Interesse público e subsidiariedade*: o Estado e a Sociedade Civil para além do bem e do mal. Belo Horizonte: Fórum, 2009. p. 251-263. Ver FIORAVANTI, Maurizio. *Los derechos fundamentales*: apuntes de historia de las constituciones. 5. ed. Madrid: Trotta, 2007. p. 36 e ss.

[239] GABARDO, Emerson; HACHEM, Daniel Wunder. O suposto caráter autoritário da supremacia do interesse público e das origens do Direito Administrativo – uma crítica da crítica. In: DI PIETRO, Maria Sylvia Zanella; RIBEIRO, Carlos Vinícius Alves (Orgs.). *Supremacia do Interesse Público e outros temas relevantes do direito administrativo*. São Paulo: Atlas, 2010. p. 13-67. Ver também GABARDO, Emerson. O princípio da supremacia do interesse público sobre o interesse privado como fundamento do Direito Administrativo Social. *Revista de Investigações Constitucionais*, Curitiba, v. 4, n. 2, p. 95-130, maio/ago. 2017. Aqui, o autor atribui a Marcelo Caetano e Michel Waline o conceito contemporâneo de interesse público.

[240] Sobre o tema, ver GIACOMUZZI, José Guilherme. Uma genealogia do interesse público. In: WALD, Arnold; JUSTEN FILHO, Marçal; PEREIRA, César Guimarães (Org.). *O Direito Administrativo na Atualidade*: Estudos em Homenagem ao Centenário de Hely Lopes Meirelles. São Paulo: Malheiros, 2017.

um componente do princípio jurídico voltado à satisfação do interesse público.²⁴¹ Nesse sentido, o interesse público enquanto valor deveria ser ponderado com os demais valores constitucionais, em especial os ligados à garantia dos direitos fundamentais e à dignidade humana para se chegar ao correto e democrático exercício das atividades públicas. Entende-se que a proteção dos direitos fundamentais dos cidadãos não é a única das funções do Estado, que também deve buscar atender a outras finalidades públicas, como perseguir interesses coletivos da população. E, nesse sentido, utilizando para tal uma série de prerrogativas necessárias à realização desses interesses, bem como da satisfação dos direitos fundamentais. Desse modo, defende-se que exista, na verdade, um "princípio da persecução do interesse público" no lugar do princípio da supremacia do interesse público, sendo o conteúdo do primeiro uma orientação normativa para que as ações da Administração Pública sejam voltadas à realização das finalidades públicas do Estado.²⁴²

Outra posição que se autointitula intermediária é de Luís Roberto Barroso, que entende que somente o "interesse público primário", entendido como interesse geral da coletividade, poderia se sobrepor aos interesses particulares, enquanto os interesses públicos secundários (interesses da Administração Pública, das pessoas jurídicas de direito público) não o poderiam. O que definiria essencialmente o interesse público primário seria a matéria, destacando o autor duas questões como centrais: a justiça e a segurança pública.²⁴³ Cabem, aqui, duas colocações. Primeiro, não há grandes divergências quanto ao fato de que apenas os chamados "interesses públicos primários", e não os interesses da Administração Pública, que gozam de superioridade.²⁴⁴ Segundo, é inadequado colocar a segurança pública como critério distintivo da superioridade do interesse público, pois é justamente em nome dela que as maiores ofensas a direitos humanos costumam ser realizadas.²⁴⁵ Pretende-se, portanto, adotar outro critério distintivo, como será exposto abaixo.

---

[241] MOURA, Emerson Affonso da Costa. *Um fundamento do Regime Administrativo*: o princípio da persecução do interesse público. Rio de Janeiro: Lumen Juris, 2014. p. 179-194.

[242] *Ibid.*, p. 195-211.

[243] BARROSO, Luís Roberto. O Estado Contemporâneo, os direitos fundamentais e a Redefinição da Supremacia do Interesse Público sobre o Particular. In: SARMENTO, Daniel (Org.). *Interesses Públicos vs Interesses Privados*: desconstruindo o princípio da Supremacia do interesse público. Rio de Janeiro: Lumen Juris, 2005.

[244] Essa ideia foi desenvolvida em Renato Alessi. ALESSI, Renato. *Diritto Amministrativo*. Milano: Giufrè, 1949. p. 181 e ss. Trata-se de ideia bastante difundida por aqueles que defendem uma supremacia do interesse público.

[245] Nesse sentido, HAEBERLIN, Mártin. *Uma Teoria do Interesse Público*: Fundamentos do Estado Meritocrático de Direito. Porto Alegre: Livraria do Advogado, 2017. p. 163-164.

Respondendo às críticas sobre a indeterminação do conceito de interesse público e da impossibilidade de uma "determinação objetiva" do que seria, Emerson Gabardo defende que se trata de um conceito jurídico indeterminado tal qual diversos outros, como a justiça, a eficiência ou a moralidade, que não perdem sua relevância em razão da indeterminação.[246] A indeterminação ou flexibilidade conceitual seria, na verdade, essencial para sua manutenção nas sociedades plurais, de forma que, antes de uma determinação exaustiva e rígida, o conceito precisa de um debate público consciente e um posicionamento institucional adequado.[247] Aqui, percebe-se uma resposta também às críticas decorrentes do pluralismo social, na medida em que a abertura normativa do princípio da supremacia do interesse público, antes de ser um problema, consiste em uma solução normativa, que busca dar conta dos diversos interesses e objetivos das sociedades contemporâneas. Tal ideia estaria de acordo com a defesa de um interesse público plural, no lugar de uma pluralidade de interesses públicos independente de um conceito amplo e abstrato.[248]

Há um equívoco conceitual em defender que o "interesse público", isoladamente, poderia ser um princípio, mas a "supremacia do interesse público" não, pois esta não permitiria a ponderação com os demais princípios do ordenamento jurídico, uma vez que teria prevalência *prima facie*. O primeiro equívoco consiste em afirmar que o princípio do interesse público reivindica prevalência em relação a outros princípios jurídicos, quando apenas está tratando da comparação do interesse público com os interesses privados. Além disso, ainda que exista casos em que o interesse privado prevalece sobre o público, não há qualquer problema lógico em alegar a supremacia como ponto de partida. O mesmo ocorre com o princípio da publicidade, que em certos casos cede espaço para a proteção de outros valores, como a segurança nacional ou a proteção da intimidade ou privacidade dos cidadãos. Não é porque existem exceções que se possa defender que exista também um "princípio do sigilo" que rege a atividade da Administração Pública e que é ponderado com o da publicidade e os demais princípios.[249] Em outras palavras, o fato de que em alguns casos o interesse privado se sobrepõe ao público não acarreta a inexistência do princípio da supremacia do interesse público.

---

[246] GABARDO, Emerson. *Interesse público e subsidiariedade*: o Estado e a Sociedade Civil para além do bem e do mal. Belo Horizonte: Fórum, 2009. p. 287.

[247] *Ibid.*, p. 288.

[248] Ver tópico 2.1.

[249] *Ibid.*, p. 293-294.

Nesse sentido, o princípio da supremacia do interesse público sobre os interesses particulares consiste em um pressuposto normativo, o qual estabelece que, via de regra, havendo conflito entre o interesse público e os interesses individuais, o ponto de partida para a tomada de decisão da Administração Pública é a prevalência do público sobre o privado.[250] Esse pressuposto não implica dizer que haja um caráter absoluto e que nunca os interesses particulares irão prevalecer, bem como não isenta a responsabilidade da Administração de respeitar os outros limites e garantias estabelecidas no ordenamento.[251] Em outras palavras, tal afirmação não retira a normatividade do princípio, pois é próprio dos sistemas jurídicos a existência de exceções.[252] Nessa mesma linha, o suposto caráter autoritário do conceito de supremacia do interesse público, que afirma permitir decisões arbitrárias, que restringem direitos sem justificação, decorrem da aplicação prática inadequada do conceito, e não de sua existência ou incompatibilidade com a ordem jurídica nacional.[253]

A ideia de que interesses públicos e privados não conflitam é inadequada, inclusive pelos próprios pressupostos teóricos contrários à ideia de interesse público. Quando se defende a grande fragmentação social e o pluralismo, afirma-se que a sociedade é diversa demais para se definir um interesse comum a ela. Se é certo que as pessoas possuem os mais variados interesses, também é evidente que muitos desses interesses são conflitantes. Da mesma forma que os interesses entre os indivíduos não são necessariamente convergentes, os interesses dos indivíduos em relação aos interesses públicos também não o são. Se não houvesse necessidade de composição de interesses na sociedade, tampouco haveria necessidade do Estado ou do próprio direito.[254]

---

[250] GABARDO, Emerson. *Interesse público e subsidiariedade*: o Estado e a Sociedade Civil para além do bem e do mal. Belo Horizonte: Fórum, 2009. p. 293-294.

[251] *Ibid.*, p. 296. No mesmo sentido, DI PIETRO, Maria Sylvia Zanella. O Princípio da Supremacia do interesse Público: Sobrevivência diante dos ideais do Neoliberalismo. In: DI PIETRO, Maria Sylvia Zanella; RIBEIRO, Carlos Vinícius Alves (Orgs.). *Supremacia do Interesse Público e outros temas relevantes do direito administrativo*. São Paulo: Atlas, 2010. p. 92-93.

[252] No capítulo 4, será discutido com mais vagar a questão das exceções em matéria de tomada de decisões jurídicas.

[253] GABARDO, Emerson. *Op. cit.*, p. 293. Do mesmo autor, GABARDO, Emerson. O princípio da supremacia do interesse público sobre o interesse privado como fundamento do Direito Administrativo Social. *Revista de Investigações Constitucionais*, Curitiba, v. 4, n. 2, p. 115-116, maio/ago. 2017. No mesmo sentido, BORGES, Alice Maria Gonzalez. Supremacia do interesse público: desconstrução ou reconstrução. *Revista Brasileira de Direito Público – RBDP*, Belo Horizonte, n. 01, p. 57, abr./jun. 2003.

[254] GABARDO, Emerson. *Op. cit.*, p. 289-290. O princípio da supremacia do interesse público sobre o interesse privado como fundamento do Direito Administrativo Social, p. 101-102.

Nesses casos, pode-se falar em supremacia do interesse público sobre o particular. Não significa que não possa haver interesses convergentes, mas simplesmente que havendo divergência, a princípio, prevalece o público e não o privado.

Há um problema conceitual importante que é ignorado ou relativizado pela doutrina contrária ao interesse público, que consiste na diferença entre direitos e interesses, em especial direitos individuais e interesses privados, tratando ambos como fundamentos para a ação estatal, quando muito fazendo uma distinção de "grau" a ser considerada no momento da tomada de decisão.[255] Em outras palavras, os interesses privados também são considerados fundamentos para a ação estatal, e ponderados mediante o exame de proporcionalidade para verificar se a decisão foi legítima e otimizou os direitos e interesses (públicos e privados) em jogo.[256] No entanto, interesses e direitos não são categorias jurídicas equivalentes.[257] Interesses estão ligados a necessidades humanas, e dessa forma são potencialmente infinitos, tendo em vista que as necessidades humanas também o são.[258] Os direitos, por outro lado, poderiam ser tratados como interesses reconhecidos pelo direito, ou seja, aos quais o direito atribui relevância jurídica. Mais do que simples reconhecimento pela ordem jurídica, os direitos seriam interesses para os quais o direito atribui ao seu titular certas pretensões com relação aos demais membros da comunidade política e para com o próprio Estado.[259]

No mesmo sentido, NOHARA, Irene Patrícia. Reflexões críticas acerca da Tentativa de Desconstrução do Sentido da Supremacia do Interesse Público no Direito Administrativo. In: DI PIETRO, Maria Sylvia Zanella; RIBEIRO, Carlos Vinícius Alves (Orgs.). *Supremacia do Interesse Público e outros temas relevantes do direito administrativo*. São Paulo: Atlas, 2010. p. 135. Ver também JUSTEN FILHO, Marçal. Conceito de interesse público e a personalização do Direito administrativo. *Revista Trimestral de Direito Público*, São Paulo, Malheiros, n. 26, 1999.

[255] O melhor exemplo é BINENBOJM, Gustavo. *Uma Teoria do Direito Administrativo*: direitos fundamentais, democracia e constitucionalização. 3. ed. Rio de Janeiro: Renovar, 2014. p. 33-38 e p. 105-111., em que o autor defende que direitos (principalmente os fundamentais) têm prioridade sobre os interesses. No entanto, todos são ponderados no momento da aplicação da proporcionalidade.

[256] Ver tópico 2.3. Sobre as críticas à utilização de "interesses" para as decisões mediante o método da proporcionalidade, ver o tópico 2.4.

[257] Daniel Sarmento até reconhece tal distinção ao afirmar que "ocorre que nem todo interesse particular pode ser qualificado como direito fundamental", em SARMENTO, Daniel (Org.). *Interesses Públicos "Versus" Interesses Privados*: desconstruindo o princípio da supremacia do interesse público. Rio de Janeiro: Lumen Juris, 2005. p. 111. No entanto, como afirma Emerson Gabardo, na verdade *"apenas alguns interesses privados podem ser qualificados mesmo como simples direitos"*, em GABARDO, Emerson. *Interesse público e subsidiariedade*: o Estado e a Sociedade Civil para além do bem e do mal. Belo Horizonte: Fórum, 2009. p. 304.

[258] *Ibid.*, p. 304.

[259] *Ibid.*, p. 304 e ss. Tal entendimento decorre de ROSS, Alf. *Direito e justiça*. Tradução de Edson Bini. Bauru: Edipro, 2003. p. 409 e ss.

Em síntese, a ordem jurídica confere ao titular de direito a possibilidade de exigir determinadas posturas dos demais, para fins de respeitar seu direito. Os demais interesses não possuem tal prerrogativa. Como exemplo, um cidadão ou uma empresa possui, dentro dos limites do ordenamento jurídico, o direito à livre iniciativa, ou seja, direito de exercer determinada atividade econômica dentro dos limites da lei. Nesse caso, poderia exigir inclusive do Estado que se abstenha de tomar medidas que impeçam ou interfiram no exercício legal de sua atividade. No entanto, essa pessoa ou empresa, ao exercer essa atividade, não possui um direito ao lucro, apesar de certamente ter esse interesse. Nesse sentido, não é possível exigir do Estado ou dos demais membros da comunidade que garantam à sua atividade a lucratividade que almeja. A perseguição do interesse "obtenção de lucro" é inclusive disciplinada por regras que regulam a concorrência no mercado e a defesa dos consumidores, o que remete à ideia anteriormente defendida de que a própria função do direito é conciliar os interesses dos membros da sociedade, que muitas vezes são conflitantes entre si. O ponto central aqui é distinguir direitos de interesses, defendendo que aos direitos a própria ordem jurídica confere proteção e tratamento diferenciado, de forma que ao titular de direitos são atribuídas certas prerrogativas, diferentemente do titular de interesses, que ainda que sejam legítimos, quando não ofenderem à ordem jurídica, não conferem por si só prerrogativas para exigir do Estado ou de outros particulares qualquer atitude específica. Assim, a base comparativa que enseja a dimensão normativa da superioridade do interesse público não é em relação aos direitos, muito menos os fundamentais, mas tão somente aos interesses privados.

Os interesses, em linha relativamente semelhante, porém conceitualmente mais adequada com relação aos pressupostos teóricos deste trabalho, estão associados mais diretamente a bens, em um sentido clássico do termo, ou seja, a finalidades as quais as pessoas almejam.[260] O interesse público e os interesses privados possuem uma diferença ontológica de constituição, que não se resume a uma dimensão quantitativa, ou seja, não é simplesmente o número de pessoas que possuem um determinado interesse que confere a atribuição de "público" a esse interesse.[261] O interesse público deve ser entendido como interesse da

---

[260] Nesse sentido, HAEBERLIN, Mártin. *Uma Teoria do Interesse Público*: Fundamentos do Estado Meritocrático de Direito. Porto Alegre: Livraria do Advogado, 2017. p. 147-152.
[261] *Ibid.*, p. 153-162.

comunidade política, e não da soma dos interesses individuais de seus membros. Nesse sentido, o interesse público volta a ser defendido por parte da doutrina como uma acepção de "bem comum".[262] O bem comum consiste no conjunto de condições ou circunstâncias necessárias à vida em comunidade,[263] pressupondo que a vida em comunidade é algo não apenas desejável, mas a razão de ser do Estado e do próprio direito, sendo, assim, como uma condição para a realização dos demais bens individuais.

As críticas ao interesse público enquanto bem comum giram em torno de não existir um bem ou interesse unitário em sociedades plurais, de tal forma que a imposição de um interesse público seria um exercício autoritário do Estado.[264] Mas a defesa do interesse público como bem comum não depende de uma concepção perfeccionista de bem comum, em que o Estado e o direito estariam se propondo a impor concepções de "bem" enquanto boa vida aos cidadãos da comunidade política. Ou seja, não se pretende que o Estado imponha valores às pessoas ou decida como elas devem viver suas vidas para serem boas e terem um melhor desenvolvimento pessoal acerca de alguma concepção do que é melhor para todos. Pelo contrário, o Estado e o direito se propõem a estabelecer condições gerais para que cada um possa buscar a realização de suas próprias concepções de bem.[265] Em outras palavras, pela

---

[262] DI PIETRO, Maria Sylvia Zanella. O Princípio da Supremacia do interesse Público: Sobrevivência diante dos ideais do Neoliberalismo. In: DI PIETRO, Maria Sylvia Zanella; RIBEIRO, Carlos Vinícius Alves (Orgs.). *Supremacia do Interesse Público e outros temas relevantes do direito administrativo*. São Paulo: Atlas, 2010. p. 90-92. HAEBERLIN, Mártin. *Op. cit.*, p. 242 e ss. NOHARA, Irene Patrícia. Reflexões críticas acerca da Tentativa de Desconstrução do Sentido da Supremacia do Interesse Público no Direito Administrativo. In: DI PIETRO, Maria Sylvia Zanella; RIBEIRO, Carlos Vinícius Alves (Orgs.). *Supremacia do Interesse Público e outros temas relevantes do direito administrativo*. São Paulo: Atlas, 2010. p. 131-132. José Reinaldo de Lima Lopes já havia trazido essa perspectiva de conceber o interesse público como bem comum da tradição da filosofia clássica em seu "A definição do interesse público". LOPES, José Reinaldo de Lima. A definição do interesse público. In: SALLES, Carlos Alberto de (Org.). *Processo civil e interesse público*. São Paulo: Revista dos Tribunais, 2003. p. 91-111.

[263] MACCORMICK, Neil. *Institutions of law*. Oxford/New York: Oxford University Press, 2007. p. 105 e 173. Em um mesmo sentido, John Finnis define o bem comum como *"um conjunto de condições que permite aos membros de uma sociedade alcançar por si mesmos objetivos razoáveis, ou realizar razoavelmente por si mesmos os valores em razão dos quais possuem motivos para colaborar uns com os outros (positiva e/ou negativamente) em uma comunidade"*. FINNIS, John. *Natural law and natural rights*. Oxford: Oxford University Press, 1992. p. 155. Há uma diferença entre as concepções de bem dos dois autores. Sobre essa diferença, ver MACCORMICK, Neil. Natural Law and the Separation of Law from Morals. In: GEORGE, Robert (Ed). *Natural Law Theory*. Oxford: Clarendon Press, 1992. p. 105-133.

[264] Ver tópico 2.1.

[265] RAZ, Joseph. *The Morality of Freedom*. Oxford: Oxford University Press, 1988. p. 110-133 e, em especial, p. 124-129.

ideia de realização do bem comum, ou persecução do interesse público não se pretende impor pelo direito uma forma de vida moralmente adequada, mas sim estabelecer relações de justiça entre os membros da comunidade política.[266] O interesse público enquanto bem comum, finalidade geral a ser buscada pela Administração Pública, é tratado como uma "razão de Estado", no sentido de servir de fundamento e justificação das ações estatais.[267] Em outras palavras, defende-se que o Estado e a Administração Pública não podem agir por qualquer razão, devendo sempre justificar suas ações em termos de interesse público.

O Estado deve, portanto, justificar suas ações em termos da garantia da vida em comum. Nesse ponto, é preciso explorar como justificar ações em termos de convivência e realização da vida em sociedade, ou seja, em termos de garantia da cooperação social.[268] Essa forma de justificação por parte do Estado depende de compreender a "lógica da ação coletiva".[269] Para além dessa definição, é possível dar uma dimensão mais palpável dos bens comuns. É o que faz José Reinaldo de Lima Lopes, mostrando em que situações podemos dizer que alguém está diante de um bem comum.[270] Assim, bens comuns

---

[266] Nesse mesmo sentido, MACCORMICK, Neil. A moralistic case for a-moralistic law. *Valparaiso University of Law Review*, v. 20, n. 1, p. 1-41, 1985. Aqui, o autor reforça a ideia de que a moralidade possível no direito, aquilo que pode ser considerado vinculante e impositivo pelo direito, diz respeito apenas aos deveres morais de justiça – ao que se pode exigir de condutas de uma pessoa para com outras para fins de organização da vida em sociedade. O direito não pretende, portanto, tornar as pessoas boas ou caridosas.

[267] HAEBERLIN, Mártin. *Uma Teoria do Interesse Público*: Fundamentos do Estado Meritocrático de Direito. Porto Alegre: Livraria do Advogado, 2017. p. 241-256. Em sentido semelhante, LOUGHLIN, Martin. *The Idea of Public Law*. Oxford: Oxford University Press, 2003. p. 149, define a razão de Estado como o método do direito público que exige do Estado não só a promoção do bem comum, como também requerimentos de moralidade e justiça. O autor está preocupado aqui com a própria justificação do poder político pelo direito público. HACHEM, Daniel Wunder. *O Princípio Constitucional da Supremacia do Interesse Público*. Belo Horizonte: Fórum, 2011. p. 350-358. Critica o uso da expressão razão de estado para definir o interesse público, pois entende que o conceito estaria associado à forma de justificação do poder em períodos não democráticos, o que corroboraria com as críticas ao interesse público. No entanto, a concepção de interesse público como forma de justificação das ações estatais propostas pelo autor é semelhante ao que se está defendendo.

[268] Sobre as razões jurídicas em termos de bem comum para a convivência social, ver MACCORMICK, Neil. *Practical Reason in Law and Morality*. Oxford: Oxford University Press, 2008. p. 137 e ss.

[269] Tiro essa expressão de OLSON, Mancur. *The logic of collective action*. Cambridge: Harvard University Press, 1971. p. 14 e ss. No mesmo sentido, tratando da relação entre a cooperação e bens comuns, ver OSTROM, Elinor. *Governing the Commons*. Cambridge: Cambridge University Press, 1990. p. 30 e ss.

[270] LOPES, José Reinaldo de Lima. *Direitos sociais*: teoria e prática. São Paulo: Método, 2006. p. 142-146. O autor também desenvolve essa ideia em "o conceito de interesse público". Por fim, também aparece em LOPES, José Reinaldo de Lima. *Curso de Filosofia do Direito*: o Direito como Prática. São Paulo: Atlas, 2021. p. 360-363.

podem ser entendidos como coisas comuns, (tangíveis ou intangíveis), sendo elas: (i) aquelas que não foram produzidas por ninguém – "o mundo da natureza" – aquilo que nos é dado pronto ao nascimento (o céu, a terra), e que deveriam permanecer acessíveis a todos (incluindo as futuras gerações); (ii) aquelas que forem produzidas pela "ação humana coletiva" – tendo a língua como grande exemplo; (iii) aquilo que pertencer à finalidade de um grupo – pela comunhão do grupo tira-se uma coisa comum, como em uma aula que necessita de certas condições (sala, alunos, professores) e que buscam algo em comum – educação, um curso, a aula em si – que deve ser prezada por todos; (iv) aquilo que necessitamos para realizar ações coletivas ou comuns,[271] que teriam como exemplos o respeito à dignidade humana e o pluralismo político.

Os próprios direitos fundamentais possuem uma dimensão tanto privada quanto pública. Privada, porque são fruídos individualmente por pessoas determinadas, porém, pública porque a eles é reconhecida uma essencialidade para toda a comunidade política.[272] Dessa forma, pode-se colocar os direitos fundamentais como uma dimensão do bem comum.[273] Ainda que os interesses privados possam ter alguma vinculação à proteção de direitos, essa relação é meramente contingente, pois não há um compromisso normativo intrínseco à satisfação das necessidades de cada um, com a proteção dos direitos fundamentais de todos os cidadãos. O interesse público, por outro lado, seria intrinsecamente vinculado à proteção dos direitos fundamentais sob pena de desnaturação, ou seja, não é de interesse público que o Estado suprima os direitos fundamentais, muito menos de forma arbitrária e desproporcional.[274] É preciso reconhecer o valor de permitir que cada indivíduo busque sua própria concepção de bem de forma autônoma, busque seus interesses privados. No entanto, a tomada de decisões públicas

---

[271] LOPES, José Reinaldo de Lima. *Curso de Filosofia do Direito*: o Direito como Prática. São Paulo: Atlas, 2021. p. 362. O autor explica como o pluralismo político e a dignidade humana "não dão em árvores", mas dependem de um arranjo social.

[272] GABARDO, Emerson. *Interesse público e subsidiariedade*: o Estado e a Sociedade Civil para além do bem e do mal. Belo Horizonte: Fórum, 2009. p. 314-315. SANTIAGO NINO, Carlos. *Ética y derechos humanos*: Un ensayo de fundamentacion. 2. ed. Buenos Aires: Editorial Astrea, 1989. p. 34-40.

[273] SANTIAGO NINO, Carlos. *Op. cit.*, p. 35.

[274] GABARDO, Emerson. *Interesse público e subsidiariedade*: o Estado e a Sociedade Civil para além do bem e do mal. Belo Horizonte: Fórum, 2009. p. 320-321. No mesmo sentido, NOHARA, Irene Patrícia. Reflexões críticas acerca da Tentativa de Desconstrução do Sentido da Supremacia do Interesse Público no Direito Administrativo. In: DI PIETRO, Maria Sylvia Zanella; RIBEIRO, Carlos Vinícius Alves (Orgs.). *Supremacia do Interesse Público e outros temas relevantes do direito administrativo*. São Paulo: Atlas, 2010. p. 134-135.

não pode ser baseada na satisfação individual de qualquer pessoa em particular,[275] mas tão somente os interesses públicos, da coletividade, que é o que permite a autonomia de cada cidadão.[276]

O ponto central que se pretende destacar aqui é considerar o interesse público como uma forma de justificar as decisões públicas de forma universal,[277] ou seja, considerando condições gerais de decisão, e não a realização de interesses particulares ou mesmo de direitos de cidadãos ou grupos de forma individualizada.[278] Com esse argumento, o objetivo não é apresentar uma concepção substantiva de interesse público ou de bem comum,[279] ou uma defesa da melhor forma de uma comunidade política chegar ao bem comum ou estruturar suas formas de governo e aparato administrativo para tal. O objetivo é apresentar um pressuposto geral do direito administrativo que servirá à análise da tomada de decisões públicas por parte das autoridades. Esse modelo geral de justificação em termos de interesse público não exclui a exigência de outras justificativas mais elaboradas em determinados casos, em especial quando se tratar da restrição a direitos fundamentais e quando houver imposições legais para tanto,[280] o que reforça a ideia

---

[275] GABARDO, Emerson. O princípio da supremacia do interesse público sobre o interesse privado como fundamento do Direito Administrativo Social. *Revista de Investigações Constitucionais*, Curitiba, v. 4, n. 2, p. 116-118, maio/ago. 2017.

[276] Sobre a relação entre o bem comum e a autonomia, ver RAZ, Joseph. *Ethics in the Public Domain*: Essays on Law and Politics. Oxford: Clarendon Press, 1996. p. 121-122.

[277] HACHEM, Daniel Wunder. *O Princípio Constitucional da Supremacia do Interesse Público*. Belo Horizonte: Fórum, 2011. p. 178-179. GABARDO, Emerson. *Interesse público e subsidiariedade*: o Estado e a Sociedade Civil para além do bem e do mal. Belo Horizonte: Fórum, 2009. p .305.

[278] No mesmo sentido, Joseph Raz defende que as obrigações do governo em realizar o bem comum são relativas a toda a comunidade e não a satisfação de direitos individualizados. RAZ, Joseph. *Op. cit.*, p. 34-35.

[279] Não se trata de um trabalho sobre interesse público. Dessa forma, o propósito é tratar o interesse público como um pressuposto teórico para a tomada de decisões públicas. Assim sendo, buscou-se elaborar uma visão mais abrangente de interesse público. Propósito semelhante é desenvolvido por Cass R. Sunstein e Adrian Vermeule em *Lei & Leviatã: Resgatando o Estado Administrativo*, em que os autores buscam discutir condições gerais de legitimidade do Estado Administrativo sem entrar no modelo ideal de administração do Estado que cada autor defende para alcançar o bem comum. SUNSTEIN Cass R.; VERMEULE, Adrian. *Lei & Leviatã*: Resgatando o Estado Administrativo. São Paulo: Editora Contra Corrente, 2021. Para uma visão mais substancial do interesse público, inclusive não restrita à concepção jurídica, ver HAEBERLIN, Mártin. *Uma Teoria do Interesse Público*: Fundamentos do Estado Meritocrático de Direito. Porto Alegre: Livraria do Advogado, 2017. p. 256-295.

[280] Essa é a distinção feita por Daniel Wunder Hachem entre interesse público em sentido amplo e interesse público em sentido estrito no capítulo 2 de seu *Princípio Constitucional da Supremacia do Interesse público*. HACHEM, Daniel Wunder. *O Princípio Constitucional da Supremacia do Interesse Público*. Belo Horizonte: Fórum, 2011. O primeiro trataria dos

que será exposta mais adiante acerca da relação entre a legalidade e o interesse público.[281]

Questiona-se, por fim, a quem beneficiaria a "desconstrução" do interesse público e qual modelo de Estado e sociedade resultaria dessa realização desconstrutiva. Os adeptos à supremacia do interesse público enxergam as críticas ao princípio como uma adoração ou construção de um modelo de Estado neoliberal,[282] em que se defende um modelo de cidadania voltada à participação no mercado, e em que o Estado atua de forma apenas subsidiária.[283] Para os fins deste trabalho, e para não recair em um argumento vazio de taxar a outra corrente de "neoliberal", que possui muitos sentidos, preocupa-se com o que se pode chamar de "neoliberalismo moral", ou seja, os princípios da razão prática que servem para justificar o neoliberalismo enquanto modelo de organização da sociedade.[284] E, nesse sentido, a teoria política por trás seria, na verdade, a política libertária.[285] O próximo tópico tem por objetivo

---

interesses gerais da coletividade, de maneira semelhante ao que foi desenvolvido aqui como interesse público. Já o segundo caso (interesse público em sentido estrito) diz respeito a uma imposição de maior ônus argumentativo para justificar a existência de interesse público nos casos concretos. São os casos em que a lei exige tal justificativa (cujo principal exemplo são as desapropriações, em que se especifica que casos são de interesse público para qualificar um bem como de utilidade pública ou interesse social e se exige a demonstração dessas qualidades), ou pelo tipo de atividade, como no caso da aplicação de sanções, que devem ter uma justificação mais exigente.

[281] DI PIETRO, Maria Sylvia Zanella. O Princípio da Supremacia do interesse Público: Sobrevivência diante dos ideais do Neoliberalismo. In: DI PIETRO, Maria Sylvia Zanella; RIBEIRO, Carlos Vinícius Alves (Orgs.). *Supremacia do Interesse Público e outros temas relevantes do direito administrativo*. São Paulo: Atlas, 2010. p. 93-94. NOHARA, Irene Patrícia. Reflexões críticas acerca da Tentativa de Desconstrução do Sentido da Supremacia do Interesse Público no Direito Administrativo. In: DI PIETRO, Maria Sylvia Zanella; RIBEIRO, Carlos Vinícius Alves (Orgs.). *Supremacia do Interesse Público e outros temas relevantes do direito administrativo*. São Paulo: Atlas, 2010. p. 130 e ss.

[282] DI PIETRO, Maria Sylvia. *Op. cit.*, p. 94-102. NOHARA, Irene Patrícia. *Op. cit.*, p. 141-144. Ver também GABARDO, Emerson. *Interesse público e subsidiariedade*: o Estado e a Sociedade Civil para além do bem e do mal. Belo Horizonte: Fórum, 2009. p. 220-221. HACHEM, Daniel Wunder. *O Princípio Constitucional da Supremacia do Interesse Público*. Belo Horizonte: Fórum, 2011. p. 294-310. O último autor prefere tratar de um liberalismo de matriz utilitária a se referir ao que outros chamam de neoliberalismo, mas as críticas são semelhantes.

[283] Como afirma Fernando Atria *et. al.*, a cidadania nesse modelo de privatização do público é fundada na negociação entre os indivíduos, e a ideia de interesse geral se perde, sobrando apenas os interesses individuais dos "cidadãos". ATRIA, Fernando *et. al. El otro modelo*. Santiago: Random House Mondadori, 2013.

[284] Adoto essa posição de VITA, Álvaro de. *A justiça igualitária e seus críticos*. São Paulo: Editora Unesp, 2000. p. 43-44.

[285] Daniel Sarmento chega a assumir tal posição em SARMENTO, SARMENTO, Daniel (Org.). *Interesses Públicos "Versus" Interesses Privados*: desconstruindo o princípio da supremacia do interesse público. Rio de Janeiro: Lumen Juris, 2005. p. 69. Criticando especificamente

justamente questionar essa ideia de subsidiariedade estatal, buscando reforçar o papel do Estado e das autoridades públicas.

Pode-se perceber que este trabalho não se debruçou sobre um aspecto fundamental acerca da administração do Estado, inclusive na esfera da tomada de decisões públicas, que consiste na função administrativa de regulação do mercado. De fato, reconhece-se que tal elemento da administração do Estado não foi explorado neste trabalho, e com a introdução da discussão sobre subsidiariedade, tema correlato à regulação, parece importante justificar a escolha por essa abstenção.[286] Entretanto, não se pode deixar de reconhecer que a regulação possui características específicas e complexidades próprias que justificariam uma pesquisa autônoma para a tomada de decisões públicas nessa área. Como se pretende neste trabalho discutir os pressupostos teóricos para o direito administrativo como um todo, abordar um tema com especificidades de difícil generalização com o restante do arcabouço teórico poderia comprometer a pesquisa. Por fim, o objeto de atuação da regulação não é exatamente o mesmo que o proposto no restante da pesquisa, pois o campo da regulação seria o campo da subsidiariedade da atuação estatal, em que o Estado não atua diretamente prestando os serviços e realizando as atividades de interesse coletivo, mas sim ajustando a atuação privada.

É aqui que seria possível falar em algum modelo legítimo de subsidiariedade e governança pública. Entendido que existem certos bens públicos que poderiam ser mais bem geridos e distribuídos pela iniciativa privada que pelo Poder Público,[287] escolhe-se uma outra forma de atuação do Estado, que atuaria não para realizar as atividades voltadas à gerência e distribuição desses bens diretamente, mas tão somente para mediar e fiscalizar essa atuação da iniciativa privada. E,

---

esse referencial teórico, GABARDO, Emerson. *Interesse público e subsidiariedade*: o Estado e a Sociedade Civil para além do bem e do mal. Belo Horizonte: Fórum, 2009. p. 309 ss. Essa discussão sobre a "moralidade neoliberal" e a crítica ao libertarianismo seguirá no próximo tópico.

[286] Antes, é preciso fazer uma ressalva de que as decisões públicas realizadas pelas agências reguladoras também deverão seguir, em alguma medida, o modelo de legalidade que será proposto nos últimos tópicos deste trabalho. Dessa forma, não se pode falar em uma completa falta de preocupação com tal atividade.

[287] OSTROM. Elinor. *Governing the Commons*. Cambridge: Cambridge University Press, 1990. p. 1-28. A autora expõe os modelos de gestão e distribuição de bens comuns pelo Poder Público e pela iniciativa privada, questionando a utilização apenas de um deles sem maiores reflexões, de forma a defender ser possível optar por um outro, ou por modelos mistos a depender do bem e da situação.

para tais atividades, já foi realizada a escolha política de criar estruturas administrativas voltadas ao exercício dessa função reguladora das atividades de interesse coletivo realizadas por entidades privadas.[288] O problema reside em pensar a subsidiariedade não apenas nas esferas que já foram escolhidas para regulação, e sim para toda a ação estatal. Não há problemas em discutir a questão do governo dos comuns, expondo que há certos bens que podem ser mais bem distribuídos pelos particulares, e aí o Estado ter um papel de regulador, corrigindo apenas as falhas de mercado.[289] Essa discussão faz parte da própria organização do Estado e dos projetos e modelos de intervenção como um todo. No entanto, pretende-se falar de subsidiariedade até para as atividades que seriam propriamente estatais. Faz parte do próprio âmbito de discussão política discutir os âmbitos de atuação do Estado, em quais setores e para quais bens é possível delegar as atividades à sociedade civil, mas isso não significa que o Estado deva abrir mão de tomar decisões nos demais casos.

Contrapondo-se à ideia de subsidiariedade do Estado, o interesse público se justifica não pela impossibilidade de os particulares realizarem seus próprios interesses, de forma que dependam do Estado, mas por uma avaliação moral sobre ser ou não adequado permitir que aqueles interesses sejam todos realizados. Em outras palavras, não é uma mera impossibilidade técnica que afasta a subsidiariedade e reafirma a supremacia do interesse público, mas uma escolha político-moral de organização da sociedade.[290] No lugar de subsidiariedade, coloca-se como conceito subordinante do Estado, e relacionado com a noção de interesse público, o conceito de desenvolvimento, na medida em que ligaria o Estado e suas ações aos indivíduos como um todo,

---

[288] Para esses casos, poder-se-ia aceitar o argumento de Floriano de Azevedo Marques Neto, em *Regulação Estatal e Interesses Públicos*, ao falar da relação entre subsidiariedade da atuação estatal e regulação dos interesses públicos. MARQUES NETO, Floriano Peixoto de Azevedo. *Regulação Estatal e Interesses Públicos*. São Paulo: Malheiros, 2002. O importante é deixar claro que não haveria uma preferência pela regulação sobre as demais formas de atuação do Estado, ainda que se trate de assuntos econômicos. Como dito, trata-se de um debate político para avaliar e decidir se para execução de determinadas atividades, prestação de certos serviços ou para a distribuição de determinados bens seria o caso de o Estado intervir diretamente ou deixar maior atribuição à iniciativa privada, restringindo as atuações estatais à esfera da regulação. Contrariamente à regulação econômica e administrativa, ver BERCOVICI, Gilberto. *Constituição Econômica e Desenvolvimento*. 2. ed. São Paulo: Almedina, 2021. p. 33-45.

[289] Sobre o tema, ver COUTINHO, Diogo Rosenthal. *Direito e Economia na Regulação de Serviços Públicos*. São Paulo: Saraiva Jur, 2014.

[290] GABARDO, Emerson. *Interesse público e subsidiariedade*: o Estado e a Sociedade Civil para além do bem e do mal. Belo Horizonte: Fórum, 2009. p. 318.

ou seja, funcionaria como uma justificativa para as ações estatais.[291] O desenvolvimento como finalidade estatal e componente substantivo do interesse público consiste em um avanço substancial forte, que envolveria discussões aprofundadas de filosofia política e moral, bem como de economia.[292]

Como dito, não se pretende elaborar ou adotar uma concepção forte de interesse público ou de bem comum, mas tão somente colocar dois pressupostos centrais para uma teoria do direito administrativo, que servirá de base para a tomada de decisões públicas: (i) o interesse público possui uma relação de precedência sobre os interesses individuais, na medida em que é voltado à garantia dos interesses gerais da comunidade política e às condições para o exercício dos interesses individuais de seus cidadãos, e (ii) as ações da Administração Pública e seus agentes e autoridades devem ser justificadas em termos de interesse público, ou seja, não se consideram razões de Estado aquelas que não possam remeter a uma concepção razoável de interesse público, ainda que as autoridades lancem mão de critérios não jurídicos para chegar à conclusão de que se trata do interesse público.

3.2 Administração democrática e os limites da participação social

Assim como no segundo capítulo, após desenvolver os pressupostos teórico-conceituais mais gerais, que envolvem os ideais normativos dessa corrente, pretende-se dar maior concretude a essa abordagem teórica, contrapondo-a ao modelo dito alternativo de administração do Estado. Dessa forma, o propósito deste tópico é responder criticamente

---

[291] *Ibid.*, p. 325-336. No mesmo sentido, HAEBERLIN, Mártin. *Uma Teoria do Interesse Público*: Fundamentos do Estado Meritocrático de Direito. Porto Alegre: Livraria do Advogado, 2017. p. 275 e ss.

[292] Desde que se entenda a economia como um campo da razão prática ou uma própria decorrência da filosofia moral. Nesse sentido, ver Michael Sandel, *O que o dinheiro não compra*, em que o autor questiona justamente o papel da economia enquanto discussão política e moral da sociedade. SANDEL, Michael. *O que o dinheiro não compra*. Tradução de Clovis Marques. Rio de Janeiro: Civilização Brasileira, 2012. Um exemplo de teoria econômica que se propõe a esse debate é de Amartya Sen, *Desenvolvimento como liberdade*, autor inclusive que é base para a teoria do desenvolvimento de Martin Haeberlin e, em alguma medida, também Emerson Gabardo. SEN, Amartya. *Desenvolvimento como liberdade*. Tradução de Laura Teixeira Motta. São Paulo: Companhia das Letras, 2000. Dentre economistas brasileiros que adotam tal perspectiva, ver Celia Lessa Kerstenetzky, *O Estado de Bem-estar social na Era da Razão*, que também adota como base de sua teoria a concepção de desenvolvimento de Amartya Sen. KERSTENETZKY, Célia Lessa. *O Estado do Bem-estar social na Era da Razão*. Rio de Janeiro: Elsevier, 2012.

ao modelo de administração consensual e à estruturação da Administração Pública brasileira a partir da ideia de governança, reafirmando o papel das autoridades públicas e das instituições políticas na gestão efetivamente democrática da República.

O que tornaria o modelo alternativo mais democrático seria a consideração de que não há um interesse público unitário, mas sim uma multiplicidade de interesses públicos decorrentes das sociedades complexas, de forma que não caberia ao Estado (exclusivamente ou de forma privilegiada) definir e implementar o interesse público, devendo a gestão desses interesses públicos ser compartilhada com a sociedade civil. O que se pretende questionar, além das possibilidades e limites desse modelo, consiste no quão democrática seria essa alternativa.

Um primeiro argumento a ser refutado consiste no fato de que transferir parcelas decisórias do Estado por si só seria mais democrático. Ou seja, sempre que alguma parcela da sociedade influencia ou auxilia na decisão, ou mesmo realiza diretamente as atividades de interesse coletivo no lugar da Administração Pública, haveria um incremento democrático. O poder político, ou a distribuição dos bônus e ônus dos esforços coletivos da sociedade, não deveriam, portanto, ficar a cargo do Estado, mas seriam sempre mais bem realizadas pela própria sociedade civil.

A afirmação de que o Estado substituir as decisões sobre os interesses gerais e a produção e distribuição de bens públicos para os particulares configura um modelo mais democrático de administração do Estado implica dizer que deixar essa distribuição a cargo da sociedade civil, sem maiores intervenções ou direção exaustiva do Estado, configura um ganho democrático. Isso pressupõe que essa distribuição seria mais bem realizada pela sociedade civil, ou que, moralmente, seria mais justificado do ponto de vista de ideal normativo de sociedade que esta realize tais decisões sem a necessidade de interferência ou direção do Estado, e do direito público. O Estado, no máximo, colaboraria com essa distribuição como um dos agentes dentro desse jogo democrático de exercício compartilhado de poder. Esse seria possivelmente o modelo libertário de organização da sociedade de Robert Nozick, exposto por John Rawls, em que não haveria um direito público uniforme para todas as pessoas e associações, mas sim uma rede de acordos privados, e o Estado seria tratado como uma associação privada à qual os demais indivíduos e associações se vinculam voluntariamente, tendo por função a proteção contra o uso da força e a garantia de cumprimento dos acordos gerais da sociedade. A justiça nessa sociedade estaria, portanto, na manutenção dos acordos de aquisição e transferência de posse que, uma vez justos nas condições iniciais e sem a interferência externa (de um Estado forte), manteriam as condições de justiça.[293]

Como bem defendido por Rawls, o Estado não pode ser tratado como uma outra associação privada, pois uma sociedade democrática justa, em que os cidadãos possam participar da vida em comunidade para buscar seus próprios objetivos, não acontece de forma espontânea e duradoura, sem a intromissão do Estado, através dos acordos celebrados dentro da própria sociedade. Ela precisa de certos arranjos institucionais, o que depende de certas condições que só podem ser desenvolvidas dentro de um projeto coletivo.[294] Não se pretende discutir quais os princípios de justiça mais adequados para organizar uma comunidade política, no entanto, é preciso reconhecer que a Constituição brasileira faz compromissos substantivos com a justa ordenação da estrutura básica da sociedade para fins de assegurar seu ideal de Estado Democrático de Direito. Trata-se de uma manifestação normativa para que o Estado seja alocado para fins de promoção dos objetivos republicanos previstos no artigo 3º da Constituição.[295]

Ainda que se reconheça o último argumento, é possível fazer a objeção de que a defesa de uma administração paritária e participativa em nada afasta os deveres do Estado de intervir na estrutura social da comunidade política. Pelo contrário, daria melhores condições de realizar essa tarefa, aproximando a Administração Pública de seus

---

[293] RAWLS, John. *Political Liberalism*. Oxford: Oxford University Press, 2005. p. 262-266. Rawls tira tal interpretação de Robert Nozick. NOZICK, Robert. *Anarchy, State, and Utopia*. New York: Basic Books, 1974. Em sentido próximo, Emerson Gabardo defende que o mercado, ainda que regulado, muitas vezes não apresenta as condições de eficiência prometidas, muito menos as de justiça, reforçando a importância do papel do Estado na sociedade. GABARDO, Emerson. *Interesse público e subsidiariedade*: o Estado e a Sociedade Civil para além do bem e do mal. Belo Horizonte: Fórum, 2009. p. 321.

[294] RAWLS, John. *Op. cit.*, p. 265-278. Sobre a posição da necessidade de arranjos institucionais para uma teoria baseada nos direitos, própria do liberalismo igualitário, garanta que cada pessoa possa buscar seus próprios objetivos, ver VITA, Álvaro de. *A justiça igualitária e seus críticos*. São Paulo: Editora Unesp, 2000. p. 56 e ss. Vita está rebatendo a teoria de Nozick, argumentando que a concepção de direitos do autor preocupa com a esfera de não interferência alheia, ou seja, que os direitos dizem respeito a deveres dos demais indivíduos e, principalmente, do Estado, de não intervir na parcela de proteção atribuída aos direitos individuais, de tal forma que cada um poderia buscar, assim, seus objetivos. Não há preocupação com os direitos dos demais indivíduos, ou mesmo com a incapacidade de cumprimento de seus deveres por falta de capacidade (por exemplo, pela pobreza). Em uma teoria liberal igualitária, os direitos não são meras restrições, mas são estados de realização, interesses reconhecidos como centrais a todos por toda a comunidade para que cada um possa realizar seus objetivos, assim, devem ser tratados a partir de um esforço coletivo.

[295] Nesse sentido, GABARDO, Emerson. *Interesse público e subsidiariedade*: o Estado e a Sociedade Civil para além do bem e do mal. Belo Horizonte: Fórum, 2009. p. 292.

destinatários, e permitindo que estes possam escolher quais são seus interesses, a serem garantidos pelo Estado em conjunto com a própria sociedade civil. Em outras palavras, defender que existe uma "preferência pelo consenso" não iria restringir os deveres gerais do Estado com a população, em especial a mais vulnerável, mas fortaleceria esses deveres ao alterar a lógica de poder e de tomada de decisões, procurando o consenso no lugar da imposição, e dividindo as possibilidades de escolha com os destinatários, o que fortaleceria o caráter democrático da ação pública.[296] Dessa linha argumentativa, sustenta-se a superação de uma divisão entre autoridades públicas e sociedade, pois ambas convergiriam para o mesmo objetivo.

Há diversas dificuldades e limitações para estabelecer processos participativos dentro da Administração Pública, tais como a falta de estrutura dentro das burocracias estatais para modelos participativos, o preparo dos agentes do Estado para dialogar com a população e com certos setores; bem como o distanciamento que existe entre a população e as autoridades do Estado.[297] No entanto, o propósito não é discutir tais limitações em geral, principalmente porque se poderia argumentar que sabendo das limitações é possível aprimorar os modelos de governança e participação. A questão a ser levantada é o quão desejável, normativamente, é esse modelo participativo e o quanto tal argumento permite justificar a implantação de um modelo de direito público que não faça distinções entre o público e o privado, ou entre o Estado e a sociedade civil.

Já que todos os interesses privados são legítimos e não podem deixar de ser levados em consideração, como estabelecer prioridades? Como não permitir que quem participe efetivamente seja apenas os que já detém maior poder (ao menos econômico e social) na comunidade política? Esse é o papel do Estado e de suas instituições políticas. Criar mecanismos de diálogo com a sociedade é fundamental, mas o caráter de planejamento e definição de prioridades ainda deve ser estatal, ao menos em grande medida, para fins de superar as desigualdades que não vão se resolver sozinhas.[298]

---

[296] São as linhas defendidas pelos adeptos da administração consensual, discutidas no tópico 2.2 deste trabalho.

[297] WARREN, Mark E. Governance-Driven Democratization. In: GIGGS, Steven; NORVAL, Aletta; WAGENAAR, Henk (Coords.). *Practices of Freedom*: decentred governance, conflict and democratic participation. New York: Cambridge University Press, 2014. p. 38-59.

[298] Nesse sentido, BERCOVICI, Gilberto. *Constituição Econômica e Desenvolvimento*. 2. ed. São Paulo: Almedina, 2021. p. 220-226.

Um exemplo bastante ilustrativo das limitações democráticas desse modelo de administração participativa dentro do direito público e da gestão democrática do Estado está nos modelos de política urbana previstos tanto na Constituição quanto na legislação nacional, em especial no Estatuto das Cidades e, por consequência, nos planos diretores municipais.[299] Não é exagero dizer que foi criada uma série de mecanismos e institutos jurídicos voltada justamente à gestão compartilhada das cidades, a dita "gestão democrática das cidades",[300] o que envolve tanto a participação de agentes privados na elaboração e execução no desenvolvimento urbano, como um verdadeiro regime

---

[299] Para ilustrar, seguem os dispositivos previstos na Lei Federal nº 10.257, de 10 de julho de 2001 (o Estatuto das Cidades) que tratam da participação social na atividade de desenvolvimento urbano:
Art. 2º A política urbana tem por objetivo ordenar o pleno desenvolvimento das funções sociais da cidade e da propriedade urbana, mediante as seguintes diretrizes gerais:
II – *gestão democrática por meio da participação da população e de associações representativas dos vários segmentos da comunidade na formulação, execução e acompanhamento de planos, programas e projetos de desenvolvimento urbano;*
Art. 4º Para os fins desta Lei, serão utilizados, entre outros instrumentos:
III – planejamento municipal, em especial:
((...).)
f) gestão orçamentária participativa;
(...)
§3º Os instrumentos previstos neste artigo que demandam dispêndio de recursos por parte do Poder Público municipal devem ser objeto de controle social, garantida a participação de comunidades, movimentos e entidades da sociedade civil.
Art. 32. Lei municipal específica, baseada no plano diretor, poderá delimitar área para aplicação de operações consorciadas.
§1º Considera-se operação urbana consorciada o conjunto de intervenções e medidas coordenadas pelo Poder Público municipal, com a participação dos proprietários, moradores, usuários permanentes e investidores privados, com o objetivo de alcançar em uma área transformações urbanísticas estruturais, melhorias sociais e a valorização ambiental.
Art. 40. O plano diretor, aprovado por lei municipal, é o instrumento básico da política de desenvolvimento e expansão urbana.
§4º No processo de elaboração do plano diretor e na fiscalização de sua implementação, os Poderes Legislativo e Executivo municipais garantirão:
I – *a promoção de audiências públicas e debates com a participação da população e de associações representativas dos vários segmentos da comunidade;*
Art. 44. No âmbito municipal, a gestão orçamentária participativa de que trata a alínea f do inciso III do art. 4o desta Lei incluirá *a realização de debates, audiências e consultas públicas sobre as propostas do plano plurianual, da lei de diretrizes orçamentárias e do orçamento anual,* como condição obrigatória para sua aprovação pela Câmara Municipal.
Art. 45. Os organismos gestores das regiões metropolitanas e aglomerações urbanas incluirão *obrigatória e significativa participação da população e de associações representativas dos vários segmentos da comunidade, de modo a garantir o controle direto de suas atividades e o pleno exercício da cidadania.* (Grifos nossos)
[300] OLIVEIRA, Celso Maran de; LOPES, Dulce; SOUSA, Isabel Cristina Nunes de. Direito à participação nas políticas urbanísticas: avanços após 15 anos de estatuto da cidade. *Revista Brasileira de Gestão Urbana*, Curitiba, v. 10, n. 2, p. 322-334, maio/ago. 2018.

jurídico positivado voltado ao fomento e obrigatoriedade da participação social para a formulação e implementação das políticas urbanas. Os instrumentos de direito urbanístico servem, em grande medida, para fazer a ponderação e a conciliação dos diversos interesses públicos e privados na esfera de atuação e desenvolvimento urbano.[301]

No entanto, há um grande problema nos processos participativos de desenvolvimento das cidades brasileiras, que consiste na captura do Poder Público e dos processos decisórios por determinados grupos, socialmente privilegiados, em especial os grandes agentes econômicos.[302] Esses grupos acabam por se apropriar dos esforços coletivos que deveriam ser voltados à satisfação do bem-estar da coletividade por meio do desenvolvimento urbano adequado para a realização dos próprios interesses.[303] Dessa forma, quem efetivamente mais se aproveita da abertura participativa dos processos decisórios são aqueles que já possuem maior poder, influência e capacidade de agir por conta própria dentro da sociedade.

Em outras palavras, mesmo no caso em que o próprio ordenamento estabelece exigência de participação na administração (inclusive como requisito de validade) o processo de tomada de decisões públicas ainda é pouco democrático e aberto ao público em geral, o que mais fomenta a apropriação dos esforços coletivos por certa parcela da sociedade que efetivamente contribui para a construção de uma sociedade civil participativa e a consagração dos direitos fundamentais dos cidadãos, sobretudo os mais necessitados. A participação efetiva e a influência na tomada de decisões é, portanto, capturada por determinados grupos, sobretudo os de maior destaque no setor econômico, ficando a população em geral, e os mais vulneráveis em especial, à margem desses processos. Em síntese, a ponderação entre interesses públicos e privados nesse modelo participativo de administração pode acabar por dar mais poder aos grupos que já estão no topo da esfera social, não contribuindo na realidade para alcançar os fins constitucionalmente previstos de inclusão social e redução das desigualdades.

---

[301] Sobre esse ponto, ver APPARECIDO JÚNIOR, José Antonio. *Direito urbanístico aplicado*: os caminhos da eficiência jurídica nos projetos urbanísticos. Curitiba: Juruá, 2017. p. 61-68.

[302] DOWBOR, Ladislau. Políticas urbanas e participação: o resgate da democracia pela base. In: BALBIM, R. (Org.). *Geopolítica das cidades*: velhos desafios, novos problemas. Brasília: Ipea, 2016. p. 25-54.

[303] MASSONETTO, Luís Fernando. Pontos cegos da regulação urbanística: notas sobre uma articulação programática entre o Direito Econômico e o Direito Urbanístico. *Revista Fórum de Direito Financeiro e Econômico – RFDFE*, Belo Horizonte, ano 4, n. 6, p. 141-154, set./fev. 2015.

Se, como vem sendo defendido, é preciso existir condições gerais da estrutura básica da sociedade para permitir que certas parcelas da população tenham possibilidade de participar efetivamente da vida política e, assim, aprimorar a legitimidade democrática das atividades públicas, o tratamento supostamente neutro dos interesses privados que existem na sociedade civil pode fragilizar o caráter democrático da sociedade. Isso porque pode-se atribuir ainda mais influência aos grupos que possuem maior poder e controle na sociedade, fortalecendo as desigualdades e, consequentemente, enfraquecendo o caráter democrático do Estado.[304] Ademais, quando o Estado se relaciona de forma desigual com seus cidadãos, principalmente deixando transparecer que certos grupos são favorecidos em detrimento do restante da população, fragilizam-se as bases de legitimidade do próprio de Estado de Direito, e com isso a capacidade de dar cumprimento ao ordenamento jurídico como um todo, ou seja, prejudicam-se as bases da cooperação social.

Esse argumento não nega a ideia de que a participação na atividade administrativa não possa trazer maior legitimidade democrática à Administração Pública, principalmente na tomada de decisões públicas, mas também na execução das tarefas de interesse coletivo. O que se está afirmando é que a transferência de poder político à sociedade civil por si só não implica esse acréscimo de legitimidade, podendo ter, inclusive, efeitos contrários. Aqui se chega ao segundo argumento contrário ao modelo de administração consensual, ao menos para fins de reafirmação da importância das autoridades públicas, que efetivamente participa dos processos de decisão, e que modelo de sociedade democrática é desenvolvida por essa delegação do poder político, ou do manejo do interesse público? É preciso evitar arbitrariedades na gestão pública, bem como permitir que seja verificado se tal decisão tem justificativa pública defensável, já que se está abandonando a norma geral aplicada a todos para utilizar de um acordo concreto e individual que só vincula sujeito determinado e pode comprometer os esforços sociais (desvio da distribuição de recursos política e previamente estabelecida).[305]

Se a tomada de decisões coletivas deve passar pela escuta atenta dos interesses e direitos dos membros da comunidade política, não sendo tomada de forma completamente vertical, também é certo que não é qualquer interesse que deve ser levado em consideração pelo Estado,

---

[304] ATRIA, Fernando. *Razón Bruta*. Santiago, 2018. p. 129-144. Disponível em: https://media.elmostrador.cl/2018/05/Atria_Razon_bruta.pdf. Acesso em: 13 jan. 2023.

[305] Sobre o tema, já expunha FULLER, Lon. The Forms and Limits of Adjudication. *Harvard Law Review*, v. 92, n. 2, p. 353-409, dez. 1978.

ou ao menos não deve ser dado prioridade. Como bem coloca António Manuel Hespanha, considerar que exista uma pluralidade de formas de vida na sociedade que se organizam e buscam sua manutenção e autorregulação para a realização de seus mais variados objetivos não implica dizer que se deve tratar tais fatores como imposições exteriores à ordem jurídica, mas sim como agentes capazes de produzir estímulos internos ao sistema jurídico e às organizações formais do Estado de Direito.[306]

Para pensar em modelos de Estado cooperativo, ainda é preciso solucionar alguns problemas de legitimação democrática e normativa.[307] Primeiro, é preciso estabelecer com quem o Estado vai cooperar. O crime organizado é uma parcela da sociedade civil, o que não justifica que o Estado trabalhe em conjunto ou negocie com estas organizações para tomar decisões coletivas. Na mesma linha do que vem sendo colocado, há também o problema de como definir e lidar com as assimetrias de poder nas participações. Além disso, é preciso deixar claro qual será a reserva de autoridade, principalmente para os casos em que a negociação não obtiver o consenso adequado ou para os casos em que o Estado deve buscar soluções unilaterais no lugar do consenso, principalmente quando tratar de distribuição de bens e poderes sociais. Por fim, a estratégia de governança pode levar a uma despolitização do Estado em um certo sentido, em que se dá mais atenção à negociação dos grupos diretamente envolvidos com a tomada de decisão que com os interesses daqueles que não estão participando diretamente desse diálogo. Em outras palavras, o Estado perde o caráter de representação e atendimento geral à toda a comunidade política, o que pode levar à priorização de certos grupos de forma não justificada.

A governança ou a administração participativa, consensual, não são fins em si mesmos, assim como não trazem, por definição, um incremento democrático da sociedade. Como vem sendo defendido, é possível que esses modelos possam fragilizar o modelo democrático no lugar de contribuir para seu fortalecimento. Tais afirmações não implicam negar a importância de qualquer participação popular na esfera administrativa, em especial na tomada de decisões, pelo contrário, o que se está defendendo é que existem prioridades constitucionalmente estabelecidas para que seja dada maior relevância a determinadas formas de participação no lugar de outras, ou seja, que grupos mais

---

[306] HESPANHA, António Manuel. *Pluralismo Jurídico*. São Paulo: Annablume, 2013. p. 228-233.
[307] OFFE, Claus. Governance an "empty signifier"? *Constellations*, v. 16, n. 4, 2009.

vulneráveis ou mesmo a população em geral tenham prevalência para participar de forma eficaz, com capacidade de influência, sobre outros grupos que já são histórica e continuamente favorecidos pelo poder constituído e pela configuração da sociedade.[308]

É nesse contexto que se reafirma a ideia do papel do Estado e do direito público na realização de um interesse público, ou do bem comum, como uma função integradora e diretora do direito de criar condições gerais para o convívio da comunidade política. Mesmo que se fale de "múltiplos interesses públicos", ou em interesses privados que sejam coletivamente valiosos, não se pode dizer que não exista qualquer tipo de hierarquia de interesses dentro da Constituição e que esse modelo de neutralidade de todos os interesses privados, que seria sempre resolvido caso a caso, atende aos anseios democráticos. Na verdade, existe uma priorização de bens e valores constitucionais, que são inclusive elencados como dever do Estado. Nesse sentido, não se trata de demonizar o mercado e a iniciativa privada, mas sim de atribuir ao poder público um papel diretor e, sobretudo, distribuidor da vida em sociedade. Ainda que seja feito por base da participação, o Estado deve estabelecer preferências e articular os interesses para fins de garantir que aqueles fins previstos sejam atingidos como um todo. Em síntese, volta-se à questão do direito e do Estado, por meio de suas instituições e agentes, estabelecer as relações gerais entre os casos particulares e os interesses gerais.

Como já foi afirmado, não se está negando que podem ter bens públicos que seriam mais bem distribuídos pela atividade do mercado, desde que haja uma atuação normativa e coordenadora, *reguladora*, por parte do Estado (que aqui seria possível falar em subsidiariedade). No entanto, a escolha de quais seriam esses bens e atividades em relação aos quais o Estado exerceria seu controle e direção de forma diversa, e mitigada por assim dizer, também consiste em decisão política, que envolve critérios gerais e, sempre que possível, o debate com a sociedade civil. O que se discutiu neste tópico, e no trabalho como um todo, não são esses bens e essas atividades, mas o exercício direto do poder político pelo Estado. Nesse sentido, tratando-se do centro da discussão sobre o papel do Estado e da Administração Pública, pretendeu-se questionar o modelo participativo de gestão do Estado classificado por seus adeptos como mais democrático, bem como reforçar o papel

---

[308] Essa discussão voltará no capítulo 4 para expor o caráter aspiracional de tal modelo participativo de administração do Estado.

das autoridades públicas na tomada de decisões envolvendo os interesses da coletividade. Entendidos os pressupostos e o "modelo" de administração do Estado que se está propondo, volta-se ao problema central desta pesquisa: o conceito jurídico de administrar o Estado, concretizado na tomada de decisões públicas para o direito.

3.3 O direito administrativo e os sentidos da ação pública

Uma vez compreendidos os pontos de partida da Escola do Interesse Público e as pressuposições de fundo as quais as instituições públicas deverão assumir ao agir, pode-se passar para o ponto central deste trabalho, que consiste em analisar como deverão ser as tomadas de decisão públicas para o direito. É importante destacar que diferente da outra corrente, que possui métodos mais determinados de tomada de decisão, aqui não há algo semelhante, ao menos não em nível de detalhamento. Parte dessa falta de métodos mais detalhados de tomada de decisões talvez decorra da própria relação feita entre as ações estatais voltadas ao interesse público e a legalidade administrativa, que concebe certa discricionariedade para que os administradores possam realizar esses interesses com os poderes a eles conferidos. No entanto, esse modelo ainda está sujeito às críticas da arbitrariedade e possibilidades de autoritarismo por parte da Administração Pública, ficando os cidadãos à mercê dos governantes e demais agentes do Estado. Como o direito lida com essas questões, ou seja, qual o papel do direito na tomada de decisões públicas, que possa não recair nas críticas feitas à corrente alternativa e nem nas críticas que aquela doutrina imputa aos defensores de uma supremacia do interesse público? Responder a essas questões consiste no objetivo central deste tópico e do próprio trabalho. Considerando não haver um método específico já explicitado por aqueles que defendem a supremacia do interesse público, o presente tópico terá um caráter mais propositivo que os demais, partindo de posições filosóficas para apresentar e defender a posição a ser proposta.

Se, como vem sendo defendido, este trabalho pretende discutir as decisões públicas para o direito, tal objeto está dentro de um campo mais amplo que consiste nas decisões jurídicas. É preciso, pois, entender em que consiste uma decisão jurídica e se há alguma diferença entre as decisões jurídicas e as políticas, ou seja, se o conteúdo como um todo da decisão pública pode ser dado, e controlado, pelo direito, ou em que medida se daria essa relação. Como já se adiantou, defende-se a manutenção do conceito de discricionariedade administrativa das autoridades públicas, o que implica dizer que há uma margem de ação política que não será preenchida pelo direito, mas sim por outros elementos e critérios a cargo dos administradores. Dessa forma, os próximos passos consistem em explicar tais diferenças entre o jurídico e o político, focando no papel e limite do direito nessas decisões. Além disso, serão discutidas as possíveis relações entre o direito e a economia na tomada de decisões públicas, estabelecendo um modelo possível de pragmatismo dentro do direito administrativo – as possibilidades de ação pragmática na Administração Pública reconhecidas pelo direito.

Ao longo deste capítulo, defendeu-se um papel central da figura da autoridade pública na tomada de decisões, e que estas devem ter um caráter generalizante, voltada direta ou indiretamente à comunidade política como um todo. Elaborar uma teoria da decisão, ou diretrizes para uma teoria da decisão, que atenda a esses pressupostos envolve responder a alguns desafios. O primeiro destes desafios é de ordem conceitual. Todas as decisões públicas, em última instância, são realizadas por pessoas. Alguém decide sobre a concessão ou não de benefício, expede atos normativos, aplica multas, assina contratos, e assim por diante. Todas essas decisões são ações humanas. E as ações humanas são sempre individuais, no sentido de que ocorrem em um tempo e espaço determinados.[309] Em outras palavras, será necessário lidar com essa característica "particular" da tomada de decisões. O segundo desafio consiste no fato de que decisões públicas produzem consequências fáticas no mundo, ou seja, causam alterações na realidade externa. Sendo mais específico, as ações da Administração Pública afetam direta ou indiretamente a vida das pessoas. A própria ideia de supremacia do interesse público ou mesmo de persecução do interesse público pressupõe que a ação da Administração Pública interfere na vida das pessoas e que, por tal razão, deve agir de determinadas formas. Nesse sentido, defende-se porque não se deve realizar um raciocínio consequencialista no direito para fins de avaliar as decisões públicas, uma vez que essas decisões em última análise vão produzir consequências reais no mundo material e na vida das pessoas.

A proposta dada pela corrente alternativa consiste em encarar as decisões públicas como atos sempre singulares, de forma que é possível apreciar cada caso como único, e, desse modo, tomar a melhor decisão para cada situação. Tal modelo levaria a uma Administração

---

[309] LOPES, José Reinaldo de Lima. *Curso de Filosofia do Direito*: o Direito como Prática. São Paulo: Atlas, 2021. p. 75 e ss.

Pública mais eficiente, de melhores resultados, o que corresponderia ao melhor alcance dos objetivos do Estado Democrático de direito, além de permitir respostas inovadoras frente aos desafios existentes, e as possibilidades de melhor conciliar os interesses diversos nas sociedades plurais. A tomada de decisões públicas, aqui, se opõe a esse modelo, apresentado no segundo capítulo, que tinha como principais críticas levantadas o particularismo das decisões e a subordinação do direito a métodos não jurídicos de decisão. O modelo proposto aqui deve, sem recair nas demais críticas, responder a estes desafios, o que passa por tentar entender como as decisões públicas poderiam não ser particulares.

A primeira questão a ser tratada é discutir qual é a relação entre o direito e as ações humanas em geral, para então passar à relação entre o direito público e as ações/decisões das autoridades públicas em particular. Essa discussão só pode fazer algum sentido se for aceita alguma ideia de razão prática, ou seja, de que as ações humanas podem ser orientadas por algum tipo de normatividade. Em outras palavras, não tem por que defender qualquer relação entre o direito e as ações humanas se não houver uma possibilidade de justificar normativamente, dar respostas em termos avaliativos, o porquê de as ações terem sido realizadas. A razão prática envolve, portanto, dizer que existe algum tipo de objetividade na realização das ações humanas. Como bem aponta Carlos Santiago Nino, os céticos acerca da razão prática defendem que essa relação não existe, e que algo só poderia ser considerado racional se fosse empiricamente verificável.[310] Nessa perspectiva, afirma Martha Nussbaum, os céticos defendem que as pessoas simplesmente agem e após a ação é possível defender qualquer justificativa para ação, ou seja, é possível explicar por que agiu em um sentido, da mesma forma como é possível justificar a ação dando razões diametralmente opostas.[311] As ações seriam, portanto, espontâneas, baseadas em relações causais dentro do organismo de cada indivíduo. Tal visão tornaria completamente inútil qualquer tentativa de se estabelecer uma relação entre direito e ações. No entanto, essa visão não dá conta de explicar por que as pessoas escolhem agir por essa ou por aquela razão, ou seja, não explicam como as pessoas deveriam considerar as razões opostas como tendo o mesmo "peso" na decisão.[312]

---

[310] SANTIAGO NINO, Carlos. *Ética y derechos humanos*: Un ensayo de fundamentacion. 2. ed. Buenos Aires: Editorial Astrea, 1989. p. 51-52.
[311] NUSSBAUM, Martha. Skepticism about practical reason in literature and the law. *Harvard Law Review*, v. 107, n. 3, p. 714-744, 1994.
[312] *Ibid.*, p. 730 e ss.

Ações não devem ser tratadas como meros movimentos, elas possuem uma intencionalidade, que consiste na possibilidade de se perguntar os porquês de tal ato ter sido realizado, e a pessoa que o realizou têm condições de explicar. Nesse sentido, a ação precisa ter uma finalidade, uma razão de ser, ou seja, deve ser possível dar razões para justificar a ação. E as razões que se está falando aqui não são as sinapses que ocorrem dentro do cérebro de cada indivíduo e permitem que ações sejam realizadas. Trata-se de oferecer explicações compreensíveis sobre o porquê de se realizar uma ação. Ou seja, justificar as ações com base em razões pressupõe a existência de sentidos compartilhados entre os interlocutores, que permite que alguém explique sua ação e outra pessoa compreenda sua explicação.[313] Nessa linha, o direito deve ser visto como parte da razão prática, dando razões para as pessoas agirem.[314]

Ainda que seja possível defender que existam situações em que ações ou decisões possam ser realizadas sem que haja deliberações prévias, sem a necessidade de justificativas por razões, esses contextos dizem respeito a situações de foro íntimo, pessoal, em que as ações seriam voltadas ao próprio desenvolvimento do indivíduo, um aprimoramento pessoal,[315] o que não é aplicado para contextos públicos e institucionais. Para entender este ponto, é preciso compreender o que são as instituições, que podem ser entendidas como "sistemas estabelecidos e incorporados de regras sociais duráveis, que estruturam as interações sociais".[316] É certo que as instituições existem, ainda que esta existência não seja empiricamente verificável como a de outros fatos da natureza, fatos brutos.[317] Para que existam são necessárias algumas

---

[313] Nesse sentido, ANSCOMBE, Gertrude Elizabeth Margareth. *Intention*. 2. ed. Cambridge/London: Harvard University Press, 1963. p. 80-83, e WINCH, Peter. *The Idea of Social Science and its Relation to Philosophy*. 2. ed. London: Routledge, 1990. p. 75-83.

[314] RAZ, Joseph. *Practical reason and norms*. 2. ed. Princeton: Princeton University Press, 1990. p. 58-59. BANKOWSKI, Zenon. *Vivendo Plenamente a Lei*. Rio de Janeiro: Elsevier, 2007. p. 170 e ss. LOPES, José Reinaldo de Lima. *Curso de Filosofia do Direito*: o Direito como Prática. São Paulo: Atlas, 2021. p. 84 e ss. Não pretendo entrar na discussão nesse momento de qual a natureza das razões dadas pelo direito, se são excludentes ou não. Sobre esse tema, ver MACCORMICK, Neil. *Practical Reason in Law and Morality*. Oxford: Oxford University Press, 2008. p. 12 e ss. Por ora, basta estabelecer essa relação entre direito e razão prática.

[315] MICHELON JR., Cláudio. *Being apart from reasons*. The role of reasons in public and private moral decision-making. Dordrecht: Springer, 2006. p. 36-50.

[316] HUDGSON, Geoffrey. M. What are institutions. *Journal of Economic Issues*, v. XL, n. 1, p. 13, 2006.

[317] ANSCOMBE, Gertrude Elizabeth Margareth. On Brute facts. *Analysis*, v. 18, n. 3, p. 69-72, jan. 1958. LOPES, José Reinaldo de Lima. *Curso de Filosofia do Direito*: o Direito como Prática. São Paulo: Atlas, 2021. p. 46 e ss. Essa posição também aparece em seu *As palavras e a Lei*, 2004, p. 28-30, valendo-se de John Searle, para compreender o direito, assim como outras instituições.

condições. Em relação a esse aspecto, será adotada a posição de John Searle sobre como se constroem as realidades institucionais. O autor defende que as instituições são formadas por uma atribuição intersubjetiva de sentido, aquilo que chama de uma *intencionalidade coletiva*.[318] Mas isso não basta para compreender as instituições. Voltando a tratar das regras, Searle faz uma importante distinção entre o que denomina "regras regulativas" – que disciplinam e ordenam uma determinada prática, e aquilo que entende por "regras constitutivas" – que não só regulamentam a prática, mas são responsáveis por sua própria existência.[319] Compreender uma instituição depende, portanto, de entender como as diferentes regras que a compõem estão articuladas em um determinado contexto, de tal modo que a elas seja atribuído um sentido.

No contexto das instituições públicas, em especial da Administração Pública, ações não podem ser tratadas como questões de aprimoramento pessoal ou voltadas para bens pessoais. A Administração Pública, assim como as demais instituições públicas, ou mesmo organizações no geral, existem para cumprir certos objetivos, que são diversos das pessoas físicas que atuam por essas instituições. Além da finalidade externa às pessoas que agem por essa instituição, há outro ponto central para exigir a necessidade de justificação: a Administração Pública possui um dever de agir e de decidir, uma obrigação de tomar determinadas decisões ou de deixar de realizar outras ações. Em síntese, nas instituições públicas em geral, e na Administração Pública em particular, os agentes públicos, as autoridades públicas principalmente, têm a obrigação de agir em diversas situações e de tomar determinadas decisões, e essas ações e decisões são realizadas em razão dos objetivos institucionais da Administração Pública e do Estado, e não de preferências e objetivos próprios da pessoa que realiza a ação.[320]

---

[318] SEARLE, John. *The construction of social reality*. New York: The Free Press, 1995. p. 37-47. Aqui, a intencionalidade é coletiva em contrapartida a uma intencionalidade individual. Grupos (humanos) atribuem coletivamente determinado sentido a alguma coisa, tornando-o um sentido compartilhado por este grupo. É o caso da moeda, a comunidade entende que um pedaço de papel possui determinadas funções que, em um primeiro momento, não teria por suas características físicas.

[319] SEARLE, John. *Mente, Linguagem e Sociedade*: filosofia do mundo real. Rio de Janeiro: Rocco, 2000. p. 110-117. Aqui, como exemplo, cabe diferenciar as regras do trânsito das regras de xadrez, sendo que as primeiras apenas ordenam a forma como as pessoas dirigem e interagem no trânsito, não sendo alguma delas necessárias para a direção, enquanto as regras de xadrez, mais do que regular o jogo, permitem que se jogue xadrez. Em outras palavras, ou eu sigo as regras do xadrez, ou estarei jogando outro jogo.

[320] MICHELON JR., Cláudio. *Being apart from reasons*. The role of reasons in public and private moral decision-making. Dordrecht: Springer, 2006. p. 56 e ss.

Não se pode perder de vista o objetivo central dessa discussão, que é o papel do direito na tomada de decisões públicas da Administração Pública e suas autoridades. E, ao se afirmar que o direito pode controlar tais ações, ou mesmo dizer que essas ações são jurídicas (realizadas pelo direito), defende-se uma pretensão de correção dessas ações, ou seja, pelo direito seria possível afirmar se tais ações são corretas ou incorretas. Caso contrário, não haveria sentido elaborar uma teoria jurídica sobre como as decisões públicas devem ser tomadas. A questão passa a ser como o direito pode chegar a tais conclusões. O direito deve ter uma pretensão de conformação das ações políticas. Se essas ações possuem significados compartilhados e existe a possibilidade de serem justificadas com base em razões, a questão é saber que tipo de razões o direito oferece para essas ações.

Dois exemplos simples podem ajudar a ilustrar a situação. No primeiro, imagine que, na época do carnaval, um indivíduo fantasiado de guarda de trânsito tente aplicar uma multa. No segundo caso, um agente de trânsito devidamente investido no cargo multa um pedestre por excesso de velocidade. No primeiro caso, percebe-se que nem sequer se trata de uma decisão estatal, porque a pessoa que praticou o ato não tem competência para tanto, não pode justificar sua decisão com base em uma regra que lhe atribui esses poderes. Já no segundo caso, o agente de trânsito poderia justificar sua ação com base em alguma regra que lhe dê poderes de aplicação de multa à população. Porém, apenas essa justificativa não seria o bastante. Dentro de um eventual contencioso administrativo, também poderia ser questionada não apenas a competência genérica para a aplicação das multas, como também se haveria uma regra específica que qualifica aquela conduta realizada pelo indivíduo como uma infração. Em outras palavras, não bastaria o agente defender que ele entende que a conduta do indivíduo era irregular e por essa razão deveria receber uma multa. Ele deve justificar com base no ordenamento jurídico, caso contrário o ato seria ilegal. No primeiro caso, a pessoa não recebeu uma multa, porque não houve uma ação estatal, enquanto, no segundo, houve uma ação estatal que pode ser considerada ilegal.

O direito cria uma realidade institucional em que determinados atos são considerados atos do Estado e não simplesmente exercício arbitrário de poder.[321] Nos exemplos dados, percebe-se que as regras

---

[321] MACCORMICK, Neil. Law as Institutional Fact. In: MACCORMICK, Neil; WEINBERGER, Ota (Orgs.). *An Institutional Theory of Law*. Dordrecht: Springer, 1986. p. 49-76.

jurídicas dão condição de inteligibilidade para a ação do agente público. Sem elas, a multa não passa de um pedaço de papel sem valor. No segundo caso, explora-se como os agentes do Estado podem justificar suas ações segundo regras. O problema nesse exemplo é que não haveria uma regra que habilitasse o agente de trânsito a dar uma multa por andar muito rápido. No entanto, dentro dessa lógica de justificação com base em regras, seria possível que o agente tentasse justificar com uma regra genérica de aplicação de multas. O problema dessa justificativa é que esbarra em outros elementos do ordenamento jurídico ao se aplicar regras. Em primeiro lugar, na aplicação de sanções e penalidades exige-se tipicidade, ou seja, a conduta deve ser suficientemente definida de forma prévia para que as pessoas possam evitar agir daquela forma. Em segundo lugar, mas na mesma linha, quando a ação da Administração Pública esbarra em direitos dos cidadãos, no caso o de propriedade e de restrição à liberdade de locomoção, as restrições devem ser prévia e devidamente estabelecidas, não sendo adequadas restrições por analogia.

Desse exemplo é possível explorar mais um pouco sobre a relação entre as regras jurídicas e as ações administrativas. As regras servem como medidas da ação, ou seja, padrões comparativos que guiam a tomada de decisões. As regras também servem para avaliar criticamente as ações, permitindo julgar ações como corretas ou incorretas, funcionando assim como critérios de correção (de retitude) das ações dos indivíduos.[322] Mas as regras por si só não bastam para justificar as ações dos indivíduos, pois somente é possível dizer que uma regra sirva como guia e como critério de correção da ação, se for possível defender que existe um jeito certo de *seguir a regra*, ou seja, deve ser possível afirmar que se segue a regra corretamente e quem define tal acerto não pode ser o próprio agente que aplica a regra. Depende, portanto, de um critério externo. Por tal razão, seguir uma regra não pode ser algo que é feito uma única vez por uma única pessoa. Deve ser uma atividade constante ou, constantemente possível. Em outras palavras, seguir uma regra é uma prática,[323] entendendo como *prática*

---

[322] LOPES, José Reinaldo de Lima. Entre a teoria da norma e a teoria da ação. In: STORCK, Alfredo Carlos; LISBOA, Wladimir Barreto (Orgs.). *Norma, moralidade e interpretação*: temas de filosofia política e direito. Porto Alegre: Linus Editores, 2009. p. 43-80. Esta ideia também aparece em HART, Herbert Lionel Adolphus. *The Concept of Law*. 2. ed. Oxford: Clarendon Press, 1994. p 55-61, tirada de WINCH, Peter. *The Idea of Social Science and its Relation to Philosophy*. 2. ed. London: Routledge, 1990. p. 52-65.

[323] WITTGENSTEIN, Ludwig. *Investigações Filosóficas*. Tradução de Marcos G. Montagnoli. 9. ed. Petrópolis: Editora Vozes, 2014. §202.

"qualquer forma de atividade especificada por meio de um sistema de regras que definem funções, papéis, movimentos, penalidades, defesas, etc., e que dá à atividade sua estrutura".[324] Práticas são *"formas de vida"*.[325] Existe uma multiplicidade delas, que são organizadas em formas diferentes, em circunstâncias específicas, e cumprem funções distintas na sociedade.

Os melhores exemplos de práticas são os jogos, que são atividades regradas, cooperativas e que possuem um certo sentido, um direcionamento sobre como deve se dar tal atividade.[326] Em um jogo de futebol, pode-se perguntar por que determinado jogador fez certa jogada, bem como defender ou criticar tal opção de ação. Mas essa explicação da jogada ou crítica da ação somente pode ser feita se houver certas compreensões compartilhadas do que é uma partida de futebol, e de quais objetivos existem dentro do jogo de futebol, bem como de quais ações são permitidas. Dessa forma, práticas são contextos normativos compartilhados, panos de fundo, segundo os quais ações singulares podem ser justificadas. Em outras palavras, são condições de inteligibilidade das ações singulares.[327] Não basta, porém, apenas dominar as regras do futebol, como no caso saber que não se pode jogar com as mãos, ou que existe a posição de impedimento que impediria o passe a outro jogador em determinadas circunstâncias. Justificar uma ação no jogo depende de entender seu objetivo, qual seja, fazer mais gols que o time adversário. Da mesma maneira, explicar determinadas ações de médicos depende de entendimento sobre em que consiste a medicina, qual sua razão de ser. As práticas precisam, portanto, de um sentido, de uma finalidade geral que as oriente.[328]

---

[324] RAWLS, John. Two concepts of rules. *The philosophical review*, v. 64, n. 1, p. 3, 1955.

[325] WITTGENSTEIN, Ludwig. *Investigações Filosóficas*. Tradução de Marcos G. Montagnoli. 9. ed. Petrópolis: Editora Vozes, 2014. §23.

[326] *Ibid.*, §7 e §23. Sobre esse ponto, ver BLOOR, David. *Wittgenstein, rules and institutions*. London: Routledge, 2002. p. 37 e ss.

[327] TAYLOR, Charles. *Argumentos Filosóficos*. São Paulo: Edições Loyola, 2014. p. 183-184. Nesse sentido, MACINTYRE, Alasdair. *After Virtue*. Notre Dame: Notre Dame University Press, 1984. p. 206. LOPES, José Reinaldo de Lima. *Curso de Filosofia do Direito*: o Direito como Prática. São Paulo: Atlas, 2021. p. 110-115.

[328] No mesmo sentido para o direito e dando os exemplos expostos, LOPES, José Reinaldo de Lima. *Op. cit.*, p. 107-109. Aqui se adota a posição de Alasdair MacIntyre, que define as práticas como: *"qualquer forma coerente e complexa de atividade humana cooperativa instituída socialmente por meio da qual bens internos àquela forma de atividade se atualizam no processo de tentar atingir os padrões de excelência apropriados e em parte definidores daquela forma de atividade, de forma que as capacidades humanas de atingir excelência e as concepções humanas dos fins e objetivos envolvidos são sistematicamente ampliados"*. MACINTYRE, Alasdair. *After Virtue*. Notre Dame: Notre Dame University Press, 1984. p. 187.

No entanto, diferente de outras práticas, o direito consiste em uma "prática aberta" ou abrangente. Isso quer dizer que o direito não possui um ponto de chegada, um fim determinado, um momento em que o jogo termina (tal como ocorre com jogos lúdicos). Ao contrário, o direito busca estabelecer condições para que as demais práticas possam existir, para que outras formas de vida, outros jogos de linguagem, sejam possíveis, ou seja, para que pessoas e grupos possam buscar seus próprios objetivos. Pelo direito, pode-se fazer diversas coisas e não coisas determinadas, pois o direito tem um propósito de manutenção da vida social, da vida em comunidade.[329] Mas se o direito é uma prática, e toda prática precisa de um sentido que a oriente, como dar sentido a uma atividade que engloba todas as formas de vida humana dentro de uma comunidade política? Justamente por ser essa prática abrangente que tem por objetivo organizar a comunidade política e dar as condições de continuidade da vida em comum, garantir os termos de cooperação social, que o sentido do direito consiste na justiça.[330] Pela justiça se estabelece a distribuição dos ônus e os benefícios da cooperação social, dentre os quais estão os poderes que disciplinam a vida em comum – que são as questões relativas às autoridades,[331] que é o objeto central deste trabalho.

A justiça estabelece relações entre pessoas, que podem ser medidas pelos atos que são devidos entre elas.[332] Mas não é qualquer tipo de relação. São relações de igualdade. Essas igualdades são constituídas a partir dos tipos de relação que as pessoas têm umas com as outras dentro de uma comunidade política. Nesse sentido, seguindo o exemplo de José Reinaldo de Lima Lopes, defende-se a utilização das formas clássicas de separar a justiça, pois tratam das formas segundo as quais as pessoas se relacionam umas com as outras. A primeira forma da justiça é a justiça geral ou justiça legal, que estabelece relações entre todos os membros da comunidade política (ou entre um membro e a comunidade política

---

[329] LOPES, José Reinaldo de Lima. *Curso de Filosofia do Direito*: o Direito como Prática. São Paulo: Atlas, 2021. p. 133.
[330] Esse é o argumento geral de José Reinaldo de Lima Lopes em seu *Curso de Filosofia do Direito*, em especial no capítulo 6, intitulado "A justiça é o sentido do direito". A ideia de sentido é tratada como implicação, condição lógica de inteligibilidade da prática jurídica. LOPES, José Reinaldo de Lima. *Op. cit.*, p. 285-292. Um resumo do argumento pode ser encontrado em sua *Aula Inaugural*. LOPES, José Reinaldo de Lima. Aula inaugural. *Revista da Faculdade de Direito*, São Paulo, Universidade de São Paulo, v. 110, p. 907-917, 2015.
[331] LOPES, José Reinaldo de Lima. *Curso de Filosofia do Direito*: o Direito como Prática. São Paulo: Atlas, 2021. p. 293 e ss.
[332] BARZOTTO, Luis Fernando. Razão de lei contribuição a uma Teoria do Princípio da Legalidade. *Revista Direito GV*, [S.l.], v. 3, n. 2, p. 233, jul. 2007.

como um todo). De outro lado, existe a justiça particular, que trata das relações entre pessoas determinadas. Esta forma de justiça também se divide em duas: a comutativa e a distributiva.

A justiça legal é a justiça da comunidade política e mais: é a justiça que organiza as instituições políticas para agirem conforme a organização da sociedade, de tal forma que se seja possível criar os termos equitativos de cooperação.[333] Para organizar a ação das instituições públicas e das autoridades que atuam em nome destas, a lei deve ter como estrutura lógica o papel de medida das ações, ou seja, é por meio da lei que as ações das instituições e das autoridades públicas são inteligíveis. Para que seja tratada como medida, ela deve possuir três características essenciais: (i) a igualdade, (ii) a universalidade e (iii) a objetividade.[334] Como dizia Wittgenstein, *"seguir uma regra está entrelaçado com a ideia de igual"*.[335] A igualdade, que é o atributo ligado à virtude da justiça, envolve como estabelecer certas relações em determinadas situações, que são criadas entre os membros da comunidade política. Em outras palavras, os governantes, ao seguir as leis, devem ser capazes de garantir situações de igualdade entre os membros da comunidade política. Por essa razão, a lei deve ser universal, por definição, pois para permitir a criação de relações de igualdade dentro da sociedade, ela não pode descrever detalhadamente acontecimentos do presente, mas sim lidar com tipos abstratos de situações que podem vir a ocorrer no futuro.[336] É justamente pela sua generalidade que ela pode servir de medida para as ações, pois somente assim se pode criar igualdade entre situações futuras. A subordinação das autoridades públicas à lei significa dizer que estas devem conseguir justificar suas ações segundo à medida trazida pela lei, ou seja, deve-se enquadrar os casos particulares aos sentidos universais que são legalmente previstos e socialmente compartilhados, ao menos com aqueles que agem dentro da prática jurídica. Chega-se à ideia de objetividade da lei. Sendo a lei uma medida, não pode jamais ser subjetiva, caso contrário não serve

---

[333] LOPES, José Reinaldo de Lima. *Op. cit.*, p. 304-314. O autor identifica essa forma de justiça com a "justiça social" de RAWLS, John. *A Theory of Justice*. Oxford: Oxford University Press, 1971. p. 7-9.

[334] BARZOTTO, Luis Fernando. Razão de lei contribuição a uma Teoria do Princípio da Legalidade. *Revista Direito GV*, [S.l.], v. 3, n. 2, p. 222-233, jul. 2007.

[335] WITTGENSTEIN, Ludwig. *Investigações Filosóficas*. Tradução de Marcos G. Montagnoli. 9. ed. Petrópolis: Editora Vozes, 2014. §225.

[336] Essa é a "justiça do legislador" de que fala José Reinaldo de Lima Lopes em seu *Curso de Filosofia do Direito*. LOPES, José Reinaldo de Lima. *Curso de Filosofia do Direito*: o Direito como Prática. São Paulo: Atlas, 2021. p. 309-313. BARZOTTO, Luis Fernando, *Op. cit.*, p. 226-230.

de critério de avaliação. Desse modo, o sentido da lei não é dado pelo aplicador, mas está dentro de contextos compartilhados de sentidos, de tal forma que se pode questionar o tratamento igualitário que foi dado a cada caso singular.[337]

O centro da ideia de legalidade que vem sendo desenvolvida e está intimamente ligada à isonomia e à impessoalidade[338] é a da justiça formal, ou natural, que consiste na ideia de igualdade perante à lei, ou seja, pela aplicação uniforme da lei cria-se igualdades entre todos que se submetem a ela.[339] Por essa razão, a própria essência do Estado de direito exige que as autoridades tratem os casos semelhantes de forma semelhante e, assim, criem igualdades institucionais.[340] A justiça formal é a razão de agir das autoridades dentro do Estado de Direito. A legalidade está sendo tratada, aqui, como a maneira de ver a lei enquanto dotada de uma estrutura lógica de medida, ou seja, pela lei a Administração Pública e suas autoridades estabelecem relações de igualdade para a comunidade política por meio de regras previamente estabelecidas. Há, ainda, outra exigência para entender a relação entre o direito, a justiça e as autoridades públicas. Se a lei procura estabelecer relações de igualdade de forma universal, a aplicação da lei não pode ser

---

[337] BARZOTTO, Luis Fernando, *Op. cit.*, p. 230-233. Aqui se está preocupado com o tipo de legitimidade que o direito oferece às autoridades públicas do Estado, tal como tenta explicar, não exatamente nos mesmos termos, RAZ, Joseph. *Between Authority and Interpretation*: On the theory of law and practical reason. New York: Oxford University Press, 2011. p. 150-165.

[338] No direito nacional, Fernando Dias Menezes de Almeida apresenta um argumento semelhante a este em "O princípio da impessoalidade". MENEZES DE ALMEIDA, Fernando Dias. O princípio da impessoalidade. In: MARRARA, Thiago (Org.). *Princípios de Direito Administrativo*: legalidade, segurança jurídica, impessoalidade, publicidade, motivação, eficiência, moralidade, razoabilidade, interesse público. São Paulo: Atlas, 2012.

[339] Agnes Heller contrasta esse modelo com o de justiça dinâmica, em que a situação é, antes de dar tratamento uniforme às situações, alterar o estado de coisas existente, ou seja, alterar as relações de justiça ora estabelecidas por se entender que não devem mais continuar. HELLER, Agnes. *Beyond justice*. Oxford: Basil Blackwell, 1991. Como se pretende trabalhar ao longo deste capítulo, apesar de não ser o foco deste trabalho discutir a justiça dinâmica, não há incompatibilidades, inclusive haveria congruência com o que vem sendo defendido enquanto papel do Estado.

[340] LOPES, José Reinaldo de Lima. *Curso de Filosofia do Direito*: o Direito como Prática. São Paulo: Atlas, 2021. p. 365-367. BARRY, Brian. *Justice as Impartiality*. Oxford: Oxford University Press, 1995. p. 191-232. O autor busca justificar a importância conceitual da imparcialidade enquanto integrante das condições de legitimidade das instituições públicas de um Estado e suas autoridades. Apesar de questões empíricas que podem ser verificadas ao se analisar casos concretos e que podem impactar na imparcialidade das decisões, a necessidade de conceber a imparcialidade não apenas para os juízes, mas também para a burocracia estatal é condição essencial para pensar a atuação do Estado e sua relação com todos os cidadãos, exigindo assim certas pretensões de universalidade próprias de uma teoria da justiça.

exercida de maneira arbitrária e casuística. A imparcialidade envolve, portanto, a universalização das razões para decidir.[341]

Essa ideia de imparcialidade como forma da tomada de decisão é o que liga o interesse público à legalidade, que nada mais é que a relação entre justiça e bem comum, que são pressupostos da prática jurídica.[342] Esse é o ponto central do controle que o direito pode fazer sobre o mérito das decisões políticas e discricionárias que seriam voltadas à realização do interesse público. Por essa razão, não se pode aceitar juridicamente que determinada ação é voltada ao interesse público "concreto", porque naquele caso específico foi feita a ponderação dos interesses e as consequências concretas são as melhores apenas para aquela situação, sem haver qualquer comprometimento com situações futuras semelhantes. Se agir de determinada forma, sempre considerando as condições do caso concreto, é melhor para a realização dos objetivos do Estado, não há justificativas para um caso futuro semelhante ser tratado de forma diferente, o que seria inclusive contraditório com a ideia de boa administração e a administração por resultados. A imparcialidade não quer dizer neutralidade no sentido de não haver compromissos político normativos a serem assumidos[343] pelo Estado e pela Administração Pública. Pelo contrário, justamente por existirem esses compromissos que se exige o tipo de argumentação imparcial, que não se vincula ao interesse de nenhuma pessoa em particular, e sim aos interesses coletivos juridicamente tutelados, que remetem às condições de sociabilidade, que podem ser justificados em termos universais. Nesse sentido, a legalidade e o interesse público dão condições de inteligibilidade para as decisões, dão critérios para torná-las compreensíveis no presente e replicáveis no futuro.

Não se trata simplesmente de dizer que a Administração Pública não possui uma "vontade" para além da lei, como faz parcela considerável da doutrina,[344] mas entender que a Administração Pública não existe

---

[341] NAGEL, Thomas. The foundations of impartiality. In: SEANOR, Douglas; FOTION, Nicholas (Eds.). *Hare and Critics*: Essays on "Moral Thinking". Oxford: Oxford Univeristy Press, 1988. Ver também MICHELON JR., Cláudio. *Being apart from reasons*. The role of reasons in public and private moral decision-making. Dordrecht: Springer, 2006. p. 53-60.

[342] MACCORMICK, Neil. *Institutions of law*. Oxford/New York: Oxford University Press, 2007. p. 263-264.

[343] MICHELON JR., Cláudio. *Op. cit.*, p. 101-108.

[344] A exemplo BANDEIRA DE MELLO, Celso Antônio. *Discricionariedade e Controle judicial*. 2. ed. São Paulo: Malheiros Editores, 2010. p. 41-48. O argumento geral nesses casos é contrapor a ideia de vontade e autonomia das pessoas naturais, que poderiam fazer qualquer coisa que não fosse pro*ibida* por lei, da vontade da Administração que só poderia fazer aquilo que a lei a autoriza. Ricardo Marcondes Martins já desenvolvia tal teoria de forma mais

para além da legalidade. Em outras palavras, a legalidade é constitutiva da Administração Pública e sem ela não há condições de inteligibilidade para suas ações. Voltando à relação entre o direito e as decisões públicas, o objetivo do direito deve ser encarado como dar condições de inteligibilidade à ação política por meio de uma certa linguagem: a justiça.[345] Além disso, a ideia central de justiça institucionalmente criada e trabalhada no direito público, especialmente pensando aqui no direito administrativo e nas ações da Administração Pública enquanto uma instituição, é a ação fundada em regras.

Argumentar que o direito exige que as ações da Administração Pública e seus agentes sejam justificadas segundo regras não implica dizer que todo caso de tomada de decisão baseado em regras possa ser resolvido por dedução. Dentro da prática jurídica, existem outras formas de argumentação que vão além da lógica formal, e envolvem a coerência e a consistência das decisões tomadas com base em regras com o restante do ordenamento jurídico, em especial a Constituição.[346] É aqui que aparecem os princípios e os direitos fundamentais como razões de decidir, como argumentos lançados para justificar aplicar ou não determinada regra, e a forma de sua aplicação no caso concreto. Todavia, a existência de outros elementos dentro do direito que são considerados no momento de tomar decisões não altera o que vem sendo defendido, ou seja, de que a Administração Pública enquanto instituição não existe por si só e seus atos só são inteligíveis se puderem ser respaldados em regras.[347]

---

elaborada e próxima ao posicionamento do trabalho, ao entender os atos administrativos como prescrição, sendo a vontade dos agentes irrelevantes. No entanto, ainda vincula a vontade da Administração à "vontade do direito". MARTINS, Ricardo Marcondes. Teoria do ato administrativo nos trinta anos da Constituição de 1988: o que mudou? *Revista de Investigações Constitucionais*, Curitiba, v. 6, n. 2, p. 451-452, maio/ago. 2019.

[345] Em um mesmo sentido, DWORKIN, Ronald. *Law's Empire*. Cambridge, MA: Harvard University Press, 1986. p. 93 e ss. Nas palavras de Ronaldo Porto Macedo Júnior: Para Dworkin, a tarefa da teoria do direito é tornar inteligível, por meio do direito, a exigência de legitimidade do exercício do poder. A questão jurídica por excelência é: como entender as práticas de poder que denominamos "direito"? Para explicá-las, é necessário considerar que a intencionalidade que unifica tais práticas se reporta a uma exigência de legitimidade e justiça cujo significado é essencialmente interpretativo. MACEDO JÚNIOR, Ronaldo Porto. *Do Xadrez à Cortesia*: Dworkin e a teoria do direito contemporânea. São Paulo: Saraiva, 2013. p. 73.

[346] Essas são as justificações de segundo grau de que fala Neil MacCormick, em MACCORMICK, Neil. *Legal reasoning and legal theory*. 2. ed. Oxford/New York: Oxford University Press, 2003. p. 100-128.

[347] Não se está negando que a Constituição também tenha regras que possam dar sentidos para a ação da Administração Pública. No entanto, o que se está discutindo são dispositivos constitucionais com caráter abertos demais para servirem por si só como medidas para a ação administrativa.

Além disso, dizer que seguir regras envolve agir com igualdade e que existem argumentos e outras fontes de normatividade envolvidas na aplicação das regras não implica dizer que sempre existirá uma resposta certa no direito e que sempre será possível dar soluções por meio do direito. As regras muitas vezes são abertas e dão diferentes possibilidades de ação e resposta dentro do direito,[348] e são essas possibilidades de escolha dentro da abertura dada pelo direito que tradicionalmente se chama de discricionariedade. A abertura não é um defeito da regra, mas uma característica intrínseca[349] do ordenamento, que não poderia prever todas as possibilidades de situação. Assim, muitas vezes de forma proposital, se dá abertura para que os agentes decidam como agir dentro das possibilidades delimitadas em lei. O direito, nesses casos, apenas serve de justificativa parcial da decisão, ou seja, apenas permite justificar em termos de condição de inteligibilidade, salvo se houver outro elemento que permita refutar o entendimento sobre a regra, exigindo aplicação diversa.

É verdade que o direito cria possibilidades de ação política. Mas ele também limita essas possibilidades. Existem, portanto, margens para a atuação política. Esta é a ideia clássica de discricionariedade que vem sendo contestada por aqueles que defendem que as autoridades devem sempre proferir as melhores decisões nos casos concretos para fins de garantir uma boa Administração Pública a todos os cidadãos, e que o direito público deveria ser o instrumento para garantir esse objetivo.[350] Mas, quando uma autoridade for demandada do porquê realizou determinada ação dentre outras alternativas legalmente previstas, salvo situações bastante específicas, ela não irá responder que adotou apenas a melhor interpretação jurídica do caso concreto ou que o direito lhe impôs agir daquela maneira. E a autoridade não responderá dessa forma não por ser ininteligível, mas porque não é a resposta que se espera para tal pergunta. Como vem sendo defendido, dentro de cada prática, há um contexto normativo compartilhado entre os agentes que atribui certos significados para ações concretas. Na política, quando as autoridades são questionadas por suas ações, muitas vezes não se está

---

[348] MACCORMICK, Neil. Direito, interpretação e razoabilidade. In: MACEDO JÚNIOR, Ronaldo Porto; BARBIERI, Catarina Helena Cortada. (Orgs.). *Direito e interpretação*: racionalidade e instituições. São Paulo; Saraiva, 2011. Aqui, o autor defende que pode existir mais de uma resposta razoavelmente aceita pelo direito, ainda que seja possível encontrar respostas objetivamente equivocadas do ponto de vista jurídico.

[349] LOPES, José Reinaldo de Lima. Hermenêutica e completude do ordenamento. *Revista de informação legislativa*, Brasília, v. 26, n. 104, p. 237-246, out./dez. 1989.

[350] Ver capítulo 2, em especial os tópicos 2.2 e 2.3.

preocupado com o direito por trás da decisão, mas com outra ordem de justificativas, que serão dadas por questões econômicas, técnicas ou mesmo morais. Em outras palavras, se existem diferentes possibilidades de ação política dentro dos limites legalmente estabelecidos, o objeto da política é justamente obter sucesso ao implementar seus projetos e realizar seus objetivos mediante o uso dos poderes públicos estabelecidos dentro desses limites impostos pelo direito. Assim, o direito pode ajudar ou facilitar a atividade política, porém ele não a substitui.[351]

A atividade de governar envolve, portanto, mais que seguir regras jurídicas, e exige das autoridades públicas habilidades que estão além da simples aplicação ou interpretação do direito. Não há como o direito dar respostas para todos os problemas da vida em sociedade, até pelo fato de existirem respostas conflitantes e não consensuais, que ficam a cargo das autoridades resolverem, sob pena de prejudicar o princípio da representatividade democrática. Nesse sentido, a atividade de governar ou administrar o Estado também pode ser considerada como uma prática,[352] porém não a mesma prática do direito, de forma que não possui o mesmo sentido e nem a mesma racionalidade. Ao contrário do direito, que tem por sentido a justiça e exerce sua racionalidade mediante o seguimento de regras, a atividade política própria da prática administrativa dos governantes está voltada para a realização do bem comum, da satisfação dos interesses gerais da coletividade e da criação das condições de vida em comum, mediante uma racionalidade estratégica, prudencial, de tomar as melhores decisões voltadas para o futuro dentro de condições específicas.[353]

---

[351] MACCORMICK, Neil. *Institutions of law*. Oxford/New York: Oxford University Press, 2007. p. 178 e ss.

[352] Nesse sentido, ver LOUGHLIN, Martin. *The Idea of Public Law*. Oxford: Oxford University Press, 2003. p. 29 e ss. Ver também WEGENAAR, Hendrik. *Meaning in action*: Interpretation and dialogue in policy analysis. New York: Routledge, 2011. O autor coloca a política como uma prática social, em que são atribuídos às ações um sentido compartilhado através dos agentes que participam dessa atividade. O argumento central do livro consiste em como conceber a atividade de governo enquanto dialógica permite melhores possibilidades de análise das ações governamentais, em especial das políticas públicas.

[353] SUNSTEIN Cass R.; VERMEULE, Adrian. *Lei & Leviatã*: Resgatando o Estado Administrativo. São Paulo: Editora Contra Corrente, 2021. p. 21-22. RAZ, Joseph. *Ethics in the Public Domain*: Essays on Law and Politics. Oxford: Clarendon Press, 1996. p. 34-36. MACINTYRE, Alasdair. *After Virtue*. Notre Dame: Notre Dame University Press, 1984. p. 25 e ss, defende que a racionalidade política empregada nas burocracias dos Estados modernos são as estratégicas, voltadas a juízos de meios e fins e de eficiência. Em sentido semelhante, José Reinaldo de Lima Lopes, em "Decidindo sobre recursos escassos: raciocínio jurídico e economia". LOPES, José Reinaldo de Lima. *Direitos sociais*: teoria e prática. São Paulo: Método, 2006. p. 265-303, mostra as diferenças de sentido e racionalidade do direito com a economia. Martin Loughlin em *The Idea of Public Law*,

Aqui, pode parecer que existe uma contradição no que vem sendo defendido, pois se as decisões políticas são tomadas em termos de suas consequências, por que essas consequências não podem ser adotadas como critérios jurídicos para a tomada de decisão? Sendo mais específico, se uma das alternativas legalmente previstas para resolver um caso é economicamente preferível, a Administração Pública não poderia ser juridicamente obrigada a adotar essa solução? O papel do direito público não deveria ser garantir que a Administração Pública realize suas atividades da melhor forma, e decida, portanto, da melhor maneira? A resposta é que o direito não oferece essa perspectiva de consequências. Se pode haver discordância entre os economistas sobre uma linha de ação, como o direito pode obrigar os administradores a agir de uma forma específica sem que haja uma regra anterior para tal?[354] Uma possibilidade de resposta seria a de que os administradores devem realizar projeções sobre as consequências futuras a depender das possibilidades de escolha, devendo optar pela que produz as melhores consequências práticas.[355] Acontece que o direito não oferece esse tipo de raciocínio. O raciocínio jurídico voltado às consequências trata-se de uma avaliação lógica das consequências, mais bem entendidas como os efeitos jurídicos da decisão. Em outras palavras, o raciocínio consequencialista possível no direito não consiste em avaliar as relações causais produzidas pela decisão, mas sim avaliar a possibilidade de

---

concorda que a racionalidade da tomada de decisões políticas ocorra mediante o método prudencial. LOUGHLIN, Martin. *The Idea of Public Law*. Oxford: Oxford University Press, 2003. p. 148 ss. No entanto, ele entende que a prática do governar é, na verdade, o próprio objeto do direito público. Essa não é a visão defendida neste trabalho, que se filia à posição de Neil MacCormick apresentada acima e que discorda explicitamente de Martin Loughlin sobre esse ponto. MACCORMICK, Neil. *Institutions of law*. Oxford/New York: Oxford University Press, 2007. p. 178. Não há uma completa incompatibilidade entre as posições. A partir de como foi defendida a criação da nossa realidade institucional, é possível entender o direito como um contexto institucional sob o qual recai a atividade política. Ou seja, ainda que não se trate da mesma atividade nos Estados de direito, a prática jurídica é um pressuposto da prática política.

[354] A mesma objeção é feita por MACCORMICK, Neil. *Op. cit.*, p. 175-178. Não se está negando com isso que exista uma relação entre direito e economia, que pode ocorrer em ao menos dois sentidos. Um sentido é mais amplo, que consiste na interrealção entre os campos, e como um interfere no outro, modificando a médio e longo prazo. Nesse sentido, MacCormick vale-se de aportes da teoria dos sistemas Luhmann e Teubner para mostrar que o sistema jurídico e o sistema econômico funcionam, estruturam-se, por diferentes discursos e linguagens que estão em contato e muitas vezes acarretam a alteração entre eles. MACCORMICK, Neil. *Op. cit.*, p. 209-215. No entanto, este não é o objetivo deste trabalho. O foco é avaliar essa relação na tomada de decisões públicas, ou seja, a segunda relação é mais importante está no raciocínio jurídico e no raciocínio econômico, que será brevemente exposto abaixo.

[355] Tal modelo de tomada de decisões foi exposto com mais vagar no tópico 2.3.

universalizar aquela decisão a todos os possíveis casos semelhantes, ou avaliar as implicações jurídicas – quais os efeitos jurídicos deverão recair – para todos os passíveis de serem afetados por aquela decisão.[356]

É preciso levar em consideração que há casos em que o direito pode exigir algum tipo de justificação em termos de consequências práticas por parte dos administradores. É o caso do artigo 20 da Lei de Introdução às Normas do Direito Brasileiro, Decreto-Lei nº 4.657 de 4 de setembro de 1942.[357] Nesses casos, o ordenamento jurídico coloca restrição às decisões administrativas, para que não sejam realizadas de forma completamente inconsequente, valendo-se de valores abstratos ou normas excessivamente abertas, que possam dar uma margem de escolha quase ilimitada para as decisões. O direito positivo não funcionaria bem como medida para ações nesse caso, o que apontaria para uma necessidade de ordem de justificativas, ou seja, por consequências. Essa imposição iria complementar a motivação das decisões administrativas, permitindo a sindicância e pelos órgãos de controle e a eventual correção de arbitrariedades.[358] De todo modo, é importante destacar que o direito não poderá exigir a adoção da *melhor* decisão em termos de consequências, mas sim obrigar a autoridade pública a levar em consideração essas consequências em sua tomada de decisão. Trata-se

---

[356] MACCORMICK, Neil. *Legal reasoning and legal theory*. 2. ed. Oxford/New York: Oxford University Press, 2003. p .129-151. Do mesmo autor, ver MACCORMICK, Neil. Direito, interpretação e razoabilidade. In: MACEDO JÚNIOR, Ronaldo Porto; BARBIERI, Catarina Helena Cortada. (Orgs.). *Direito e interpretação*: racionalidade e instituições. São Paulo: Saraiva, 2011. No mesmo sentido, ver LOPES, José Reinaldo de Lima. *Curso de Filosofia do Direito*: o Direito como Prática. São Paulo: Atlas, 2021. p. 320-322. Em linha semelhante, para pensar a interpretação do direito administrativo, mais especificamente o artigo 20 da Lei de Introdução às Normas do Direito Brasileiro, que fala da necessidade das autoridades levarem em consideração as consequências práticas das decisões, ver ALVES, Francisco Sérgio Maia. O novo paradigma da decisão a partir do art. 20 da LINDB: análise do dispositivo segundo as teorias de Richard Posner e Neil MacCormick. *Revista De Direito Administrativo*, v. 278, n. 3, p. 113-144, set./dez. 2019.

[357] "Art. 20. Nas esferas administrativa, controladora e judicial, não se decidirá com base em valores jurídicos abstratos sem que sejam consideradas as consequências práticas da decisão. (Incluído pela Lei nº 13.655, de 2018)
Parágrafo único. A motivação demonstrará a necessidade e a adequação da medida imposta ou da invalidação de ato, contrato, ajuste, processo ou norma administrativa, inclusive em face das possíveis alternativas. (Incluído pela Lei nº 13.655, de 2018)".

[358] Nesse sentido, VITORELLI, Edilson. A Lei de Introdução às Normas do Direito Brasileiro e a ampliação dos parâmetros de controle dos atos administrativos discricionários: o direito na era do consequencialismo. *Revista De Direito Administrativo*, Rio de Janeiro, v. 279, n. 2, p. 79-112, 2020. É importante fazer a ressalva de que o autor adota uma postura mais abrangente em termos de aplicação consequencialista que a defendida neste trabalho. Apesar disso, deve-se fazer a concessão de que o autor busca estabelecer critérios gerais do que deveria ser considerado em termos de consequências, o que ao menos favorece a universalização das decisões.

de uma demanda por justificações que possam explicitar as razões de decisão quando essas não forem possíveis de serem tiradas do próprio direito. Além disso, mantém-se a necessidade de universalização das decisões para os casos semelhantes, pois se uma decisão produziria as melhores consequências, de modo a ser a escolha realizada, os casos semelhantes devem, a princípio, seguirem o mesmo modelo.

Dessa forma, defender que, ainda que as decisões políticas possuam um caráter consequencialista, ou seja, que em grande medida essas decisões partem do que se espera como consequências futuras dessas decisões, o direito não atua com a mesma lógica, com a mesma racionalidade. Caso contrário, o direito público não teria diferenças da própria política. Um argumento central é verificar que o próprio direito estabelece casos em que deverá ser dada preferência ao raciocínio econômico ou casos em que este poderá ser utilizado como critério preferencial por parte das autoridades políticas. O raciocínio jurídico subordina, portanto, o econômico em um certo sentido, mas as decisões públicas, mesmo que juridicamente vinculantes, também estão em certos casos adstritas aos juízos valorativos da economia, da avaliação de custos. Casos exemplares são as contratações, o que é uma oferta vantajosa para a Administração não é dada pelo direito. A mesma coisa está no equilíbrio econômico-financeiro dos contratos e das alterações de tarifa e prazos nos contratos de concessão.[359] E será justamente nos casos em que o direito determina a exigência de parâmetros de eficiência que haverá um controle nesses termos. Aqui, os órgãos de controle terão a maior possibilidade de intervir nas decisões.[360] O que se está tentando destacar é o valor da legalidade vinculada à ideia de seguir regras e estabelecer relações de igualdade institucional entre os indivíduos e a atuação por parte do direito e o controle das instituições jurídicas.

No entanto, há uma visão contrária ao que vem sendo defendido sobre a legalidade e que não decorre apenas do particularismo consequencialista. Por essa visão, somente seria possível descobrir o sentido das normas jurídicas após o processo de interpretação, o que é feito nos casos concretos. Em consequência, somente seria possível dizer o que é a legalidade – como seguir o direito – nas situações reais e específicas,

---

[359] LOPES, José Reinaldo de Lima. *Direitos sociais*: teoria e prática. São Paulo: Método, 2006. p. 285-291.

[360] Sobre o tema, ver ROSILHO, André Janjácomo. *Controle da Administração Pública pelo Tribunal de Contas da União*. Tese (Doutorado em Direito) – Faculdade de Direito, Universidade de São Paulo, São Paulo, 2016. p. 201-270.

nos casos concretos, após a realização da interpretação.[361] Essa forma de particularismo ocorre, sobretudo, nos casos envolvendo direitos fundamentais e, pensando na Administração Pública, nos casos envolvendo direitos sociais. Muitos casos são levados ao Judiciário e decididos como se fossem únicos, e que a cada situação deve ser avaliado se o direito daquela pessoa individual não deve prevalecer e ser atendido naquele momento. Todos os Poderes da República, principalmente pensando neste trabalho no Executivo como um todo e nos agentes da Administração Pública particularmente, são intérpretes da Constituição e aplicadores do direito. Todavia, como já adverte José Reinaldo de Lima Lopes, não são aplicadores de casos concretos necessariamente, mas sim a tipos de casos, ou seja, situações mais gerais de enquadramento dessas ações/decisões.[362] Quando os agentes do Estado ou o Judiciário passam a decidir cada caso como se fosse o único, deixam de adotar a lei como a medida das ações do Estado, que confere as condições de igualdade entre todos e dá, assim, inteligibilidade às ações da Administração Pública para que essa dê o mesmo tratamento a todos que estejam na mesma situação. Em síntese, esses agentes falham em seguir o direito, ofendendo o princípio da legalidade.[363] O direito estabelece a relação entre o particular do caso concreto e da decisão singular da autoridade e o universal da lei e das demais regras jurídicas que condicionam a atividade da Administração Pública e suas autoridades.

Ainda que os princípios e os direitos deem razões para as autoridades agirem, eles, por si sós, não dão condição de inteligibilidade para uma ação, pois não dão medidas para a ação. O Estado não pode revelar o nome e endereço de todos os seus cidadãos, alegando aplicar o princípio da publicidade, assim como não pode fornecer aleatoriamente um imóvel para algum indivíduo sob pretensão de atender ao direito à moradia. Na mesma linha, a eficiência não é condição primária de atuação da Administração Pública, ou seja, não pode substituir a

---

[361] Um caso exemplar que defende essa posição de interpretação é Eros Grau. GRAU, Eros. *O direito posto e o direito pressuposto*. 8. ed. São Paulo: Malheiros, 2011. p. 282 e ss. O autor destaca que os sentidos das normas só ocorrem após o processo de interpretação dos textos legislativos. Gustavo Binenbojm adota postura semelhante, defendendo que os sentidos reais da juridicidade somente são verificados na aplicação dos casos concretos. BINENBOJM, Gustavo. *Uma Teoria do Direito Administrativo*: direitos fundamentais, democracia e constitucionalização. 3. ed. Rio de Janeiro: Renovar, 2014. p. 151-158.

[362] LOPES, José Reinaldo de Lima. Em torno da reserva do possível. In: SARLET, Ingo Wolfgang; TIMM, Luciano Benetti (Orgs.). *Direitos fundamentais, orçamento e reserva do possível*. Porto Alegre: Livraria do Advogado Editora, 2008. p. 188.

[363] BARZOTTO, Luis Fernando. Razão de lei contribuição a uma Teoria do Princípio da Legalidade. *Revista Direito GV*, [S.l.], v. 3, n. 2, p. 219-260, jul. 2007. p. 225-226.

exigência de uma ação segundo regras. Imagine se um gestor buscasse comprar drogas ilícitas para distribuir aos servidores, alegando que o uso da substância aumentaria o rendimento do serviço e, por consequência, ampliaria a eficiência da Administração Pública. Ainda que hipoteticamente fosse possível que existissem estudos que comprovassem as alegações do administrador quanto à eficiência da medida, não seria juridicamente aceitável a adoção de tal medida. Da mesma forma, o Estado não pode comprar armas nucleares, ainda que estejam em ótimo preço. Volta-se à questão da legalidade, do seguimento de regras, como forma do direito buscar igualar os cidadãos, e de dar as condições de inteligibilidade às decisões públicas, permitindo que essas sejam controladas pelo direito em termos de justiça.

Dizer que a justiça é o sentido do direito não significa que todas as decisões jurídicas serão justas, porém, impõe uma pretensão de justiça inerente à da prática jurídica sem a qual essa não seria compreensível. Dentro das relações de igualdade institucionalmente estabelecidas pelo direito que será possível o controle jurídico das decisões. Pelo direito são estabelecidas as relações de justiça (ou seja, de igualdade) dentro da comunidade política, podendo ser igualdades em relação a toda comunidade, a parcela da comunidade ou a uma pessoa determinada. Essa última hipótese trata dos casos de comutação, ou troca, em que existem obrigações específicas do que uma determinada pessoa deve a outra dentro da relação existente entre as duas acerca de um determinado bem.[364] No caso do direito público, pode-se pensar nas obrigações decorrentes de contratos administrativos e outros acordos específicos realizados entre a Administração Pública e particulares.

Ao lado das trocas, existem relações de partilha, de distribuição. Os critérios de distribuição devem levar em conta o bem que está sendo distribuído e as pessoas para as quais se distribui esse bem. Nisso, cria-se uma relação de igualdade entre pessoas que pertencem a uma mesma categoria, uma coletividade. Ou seja, a essas pessoas será dado um mesmo tratamento, uma vez consideradas pertencentes à mesma categoria, e esse tratamento poderá ou deverá ser distinto dos demais membros da comunidade política, pois essa distinção permitirá a realização do interesse geral da coletividade.[365] Tornando mais concreto, a moradia é um direito previsto na Constituição, o que implica dizer

---

[364] WEINRIB, Ernest. Corrective justice. *Iowa Law Review*, v. 77, 1992. p. 403-425.
[365] Michael. *Spheres of Justice* WALZER, Michael. *Spheres of Justice*. New York: Basic Books, 1983. p. 3-30. LOPES, José Reinaldo de Lima. *Curso de Filosofia do Direito*: o Direito como Prática. São Paulo: Atlas, 2021. p. 317-318.

que garantir o acesso dos cidadãos à moradia digna é uma condição geral da vida em comum, que beneficia toda a comunidade política. Porém, como os recursos do Estado são escassos, não podendo fornecer moradia a todos os cidadãos ao mesmo tempo, e como o acesso a esse bem dentro da própria sociedade é distinto, há necessidade de realizar ações específicas para a distribuição desse bem, o que exigirá escolher certas pessoas para serem atendidas e outras não. Por meio de critérios gerais de escolha, serão igualadas certas pessoas (que entre si estão na mesma situação) e desigualadas dos demais membros da comunidade política (aqueles que não receberão a moradia pelo Estado), ao menos naquele momento. Nesse caso, há duas possibilidades de controle judicial. Primeiro, se a distinção entre as parcelas da comunidade política e os demais é justificável e, em segundo lugar, se dentro daquela parcela escolhida foi respeitada a igualdade criada. No exemplo dado, se fossem oferecidas a pessoas com determinadas características uma modalidade de atendimento habitacional, caso certa pessoa apresente tais características, ela não poderá ser privada do atendimento.

E quanto ao critério de escolha? Como o direito pode controlar tais decisões em termos de justiça? Imaginem que um grupo de pessoas foi removido de suas residências por uma intervenção pública que visava à construção de um empreendimento habitacional para atender a essa mesma população. No entanto, não há vagas para todas as pessoas nesse empreendimento, de tal forma que parte delas terá que esperar a entrega do próximo empreendimento ou outra política similar para ser reassentada. Para escolher quem seria atendido no local, o Poder Público adota o critério de votação, permitindo que os próprios interessados decidam quem vai ficar no empreendimento e quem terá que ir para outro lugar. À primeira vista, pode parecer solução aceitável da Administração Pública, pois daria autonomia e poder de decisão aos cidadãos diretamente afetados, o que seria compatível com a ideia de "administração participativa", e daria certa legitimidade democrática à decisão. Porém, a primeira questão que fica é se a popularidade poderia ser um critério válido de alocação de bens dentro de um Estado Democrático de Direito. Além disso, tal critério, antes de incentivar os termos equitativos de cooperação entre os membros da comunidade política, poderia fomentar a discórdia e a concorrência entre aquela parcela da população. Passando ao teste da universalização da decisão, percebe-se qual seria o maior problema dessa suposta solução democrática. O que aconteceria, ou ao menos poderia acontecer, se em todas as seleções de demanda em empreendimentos habitacionais fosse utilizado o método da votação? É muito possível que os grupos mais marginalizados, que gozam de menos prestígio social, sejam sempre excluídos da seleção.[366] Nesse exemplo, percebe-se que se constituiu uma institucionalização da exclusão, o que não pode ser admitido no Estado de Direito, permitindo um controle da decisão. Mudando um pouco o exemplo, e se o critério de escolha para atendimento habitacional dentro de um Município fosse o sorteio, seria possível intervenção jurídica? Aqui, depende dos termos em que seria realizado este sorteio. Não parece razoável pressupor que qualquer pessoa da comunidade poderia participar do sorteio, por exemplo, pessoas que já tivessem um imóvel para morar, ou pior, tivessem mais de um imóvel em seu nome, de tal forma que, caso ganhe o sorteio, a pessoa utilizaria o imóvel concedido pelo Município para fins de investimento. Haveria, nesse caso, um desvio de finalidade da política, em que os esforços coletivos estariam sendo apropriados para finalidades particulares e não para fins públicos. Por outro lado, um sorteio que fosse realizado dentro de certos requisitos, ou seja, somente determinados grupos de pessoas que preencherem certos requisitos, tais como critérios de renda e falta de moradia em seu nome, poderiam participar. Nesse caso, o sorteio beneficiaria pessoas que precisam do bem em questão, mantendo a relação entre a ação política – a distribuição dos esforços coletivos – e a realização do bem geral da população. Além disso, o critério não daria atendimento a pessoas ou grupos determinados, uma vez que seria aleatória a entrega, garantindo a impessoalidade. Pode-se dizer que haveria uma razoabilidade no critério adotado, entendendo a razoabilidade para o direito como sendo medida em termos de justiça.[367]

Aqui, reforça-se o papel dos direitos fundamentais como razões jurídicas das decisões, pois eles envolvem a igualdade de cada membro da comunidade política com relação a todos os outros, na medida em que são condições para a própria vida em comunidade. Isso vale tanto para a distribuição dos bens coletivos, quanto para a organização dos esforços do coletivo. Há bens que devem ser universalizados a todos

---

[366] Tome, como exemplo, a população LGBTQIA+. Seria possível que a votação fosse usada como uma oportunidade para deixar de conviver com essas pessoas, o que reforçaria preconceitos e exclusões contra essas pessoas. Outro exemplo de grupo marginalizado que poderia ser excluído seriam pessoas com antecedentes criminais. A lógica da exclusão poderia ser a mesma.

[367] Esse é o argumento de LINARES, Juan Francisco. *Razonabilidad de las leyes*: el debido denominado como denominad innominada en la Constitución Argentina. 2. ed. Buenos Aires: Editorial Astrea, 1989. p. 107-158.

os membros da comunidade política.[368] Na mesma linha, por serem parcelas do que cada um deve ter, o Estado não pode interferir de qualquer maneira nessa esfera para satisfazer aos interesses de toda a comunidade. Por tal razão, são reconhecidos pelo direito e impõem restrições ao poder estatal. Essa é a justificativa para que seja possível invocar direitos como razões de aplicação das regras. O papel do direito na tomada de decisões públicas consiste, portanto, em dar sentido para a ação política, permitindo justificar essas ações segundo razões jurídicas, ou seja, justificar em termos de regras e em termos do porquê tal regra pode ser seguida daquela forma, da forma que se pretende agir. E essa justificação da ação não se dará singularmente, deve ser feita em termos universais, de tal sorte que outras situações semelhantes também seriam decididas da mesma forma. Uma vez sendo possível justificar as ações nesses termos, é possível dar outras razões para agir, que terão caráter político e pragmático, voltadas a dar as melhores soluções a problemas concretos da realidade social segundo parâmetros econômicos, políticos e morais.

Mas ainda se pode questionar que com o tempo um determinado entendimento tratado como universal que na teoria e num primeiro momento pareceu ser adequado, na prática produziu efeitos contrários aos pretendidos, trazendo consequências negativas aos destinatários da ação administrativa. Nesse sentido, seria possível argumentar que a pretensão de coerência e universalidade, continuar a dar o mesmo tratamento (a seguir a regra uniformemente) seria ruim, não permitir a alteração do entendimento pelas consequências práticas da decisão criaria apenas um apego formal ao direito em prejuízo aos cidadãos. Não se pode ignorar tal possibilidade. Pelo contrário, é bem provável que tais situações aconteçam na prática administrativa, e o direito deve ser capaz de lidar com esses problemas e permitir mudanças de entendimento. Se, por um lado, são as consequências práticas da decisão que levam à mudança de entendimento, por outro lado, essa alteração não decorre de uma mudança de interpretação jurídica, não é o direito que exige tal mudança de entendimento, mas sim a política. O administrador, no exercício da discricionariedade, altera a forma de agir *nesses casos*. Não se trata de uma alteração do caso particular marcado pelas consequências práticas da decisão, mas sim de uma mudança

---

[368] Em sentido semelhante, RAZ, Joseph. *Ethics in the Public Domain*: Essays on Law and Politics. Oxford: Clarendon Press, 1996. p. 44-59, especialmente p. 52-55. Esses são os bens primários de que fala John Rawls em RAWLS, John. Justice as fairness: political, not metaphysical. *Philosophy and Public Affairs*, v. 14, n. 3, p. 223-251, 1955.

de direção política em relação ao tratamento de todos os casos semelhantes (daquele tipo de caso).[369] Se houver fundamento jurídico para o entendimento antigo e o novo, o direito não irá se opor à nova forma de decisão, apenas exigirá que essa seja justificada universalmente e aplicada da mesma forma aos casos semelhantes. Além disso, não se pode alterar o entendimento a todo momento, sob pena de desnaturação do sentido de seguir regras enquanto estabelecimento de condições de igualdade, uma violação à moralidade interna do direito, condição de legitimidade das ações políticas.[370]

Uma questão a ser levantada seria se o direito apenas permite mudanças de decisões caso as regras sejam alteradas, não cabendo alterações de entendimento jurídicas com o passar do tempo. Para dar uma resposta a essa questão deve-se voltar ao fato de que o direito é uma prática aberta, ou seja, ele tem continuidade (não tem um final determinado) e vai se alterando com o tempo. A forma segundo a qual os agentes da prática a alteram, para além das mudanças explícitas nas regras, é a partir dos conceitos. Novos conceitos surgem e conceitos antigos vão sendo alterados. Isso permite novas formas de agir dentro do direito, novas possibilidades de seguir as regras.[371] Dessa forma, o direito pode também contribuir com a atividade política, dando novos caminhos de ação. Não há qualquer incoerência desse argumento com o que vem sendo dito, ou seja, as possibilidades de criação de novos conceitos não implicam uma criação subjetiva e *ad hoc* do direito para cada decisão pública, pois os conceitos não são criados individualmente, o que os faz ser considerados conceitos são seu sentido compartilhado pelos participantes do jogo, de forma que as alterações são graduais e não arbitrárias.

Se o papel do direito na tomada de decisões públicas é dar inteligibilidade à ação política, fazendo a relação entre o particular e o universal, existem conceitos e categorias que auxiliam nessa tarefa. Em outras palavras, tais conceitos dão possibilidades de justificativas para decisões particulares, mediante razões generalizantes. Esses conceitos não são apenas jurídicos, mas também políticos, o que também ajuda

---

[369] Em sentido semelhante sobre a relação entre a discricionariedade e a vinculação às ações anteriormente realizadas, ver MARRARA, Thiago. A boa-fé do administrado e do administrador como fator limitador da discricionariedade administrativa. *Revista de Direito Administrativo*, Rio de Janeiro, v. 259, p. 223-235, 2012.

[370] Essa é a ideia geral de FULLER, Lon. *The morality of law*. New Haven: Yale University Press, 1964.

[371] LOPES, José Reinaldo de Lima. *Curso de Filosofia do Direito*: o Direito como Prática. São Paulo: Atlas, 2021. p. 338-339.

a estabelecer a interdisciplinaridade tão cobrada no direito público. Trata-se dos conceitos de políticas públicas e de planejamento.

Dentro do direito público, uma das formas de dar maior concretude ao que se entende por interesse público são as políticas públicas, entendidas como um "processo ou conjunto de processos que culmina na escolha racional e coletiva de prioridades para a definição dos interesses públicos reconhecidos pelo direito".[372] O próprio conceito aqui apresentado demonstra bem o que se está defendendo, pois as políticas públicas, enquanto categoria jurídica, buscam justamente reconhecer pelo direito as prioridades políticas desenvolvidas por meio de um processo de escolha que não é apenas jurídico. A vantagem das políticas públicas enquanto categoria é que permitem dar publicidade e normatividade a escolhas políticas, que, por si sós, são consideradas decisões públicas gerais, mas que permitem também servir de referência para decisões públicas individuais e concretas, com as autoridades competentes podendo justificar suas ações nos casos concretos com base no estabelecido em uma política geral que vale para uma universalidade de casos.[373] Além disso, as políticas públicas permitem criar critérios gerais de participação da sociedade civil, dos setores sociais mais vulneráveis, dos destinatários e interessados diretos pela política, e mesmo da iniciativa privada como um todo que pretenda participar da execução dessas políticas – podem-se criar critérios de quando e como será permitida ou mesmo exigida essa participação,[374] sem prejuízos do que já se afirmou da preocupação que deve existir para que as decisões políticas não sejam capturadas por determinados setores, e que interesses individuais e de grupos determinados se sobreponham ao da população. Por fim, cabe ainda apontar como vantagem a

---

[372] BUCCI, Maria Paula Dallari. *Direito Administrativo e Políticas Públicas*. São Paulo: Saraiva, 2002. p. 264.

[373] Aqui, defende-se que as políticas públicas, apesar de terem uma ação voltada a um público específico, não podem ser consideradas como algo meramente setorial, voltadas apenas para grupos específicos que serão atingidos pelas medidas, mas sim que têm íntima relação com a organização geral do governo e suas escolhas políticas para alcançar objetivos previstos na Constituição. Nesse sentido: BUCCI, Maria Paula Dallari. Método e aplicações da abordagem DP. *Revista Estudos Institucionais*, Rio de Janeiro, v. 5, n. 3, p. 814-816, dez. 2019. KERSTENETZKY, Célia Lessa. *O Estado do Bem-estar social na Era da Razão*. Rio de Janeiro: Elsevier, 2012. p. 1-9. SOUZA, Celina. *Coordenação de políticas públicas*. Brasília: ENAP, 2018. Dessa forma, as políticas públicas funcionam como forma de justificação geral semelhante à estrutura do interesse público que vem sendo defendida.

[374] CLUNE, William H. Um modelo político de implementação para as políticas públicas: os papéis do direito e dos juristas. *Revista Brasileira de Políticas Públicas*, Brasília, v. 11, n. 1, p. 26-42, 2021. Ver também BUCCI, Maria Paula Dallari. *Fundamentos para uma teoria jurídica das políticas públicas*. 2. ed. São Paulo: Saraiva Educação, 2021. p. 53 e ss.

existência de uma agenda de pesquisa na área do direito e das políticas públicas,[375] não apenas para fins de auxiliar na elaboração, execução e participação, como também existe hoje uma vasta literatura que discute as possibilidades de controle das políticas públicas pelo Judiciário,[376] o que possibilita criar compreensões comuns dentro da prática jurídica, que pode inibir os controles inadequados por parte das instituições, mesmo reconhecendo as limitações entre a relação do que se estuda na academia e o que acontece na prática.

O planejamento, por sua vez, consiste em outra forma de relacionar as ações políticas individuais com decisões gerais que transpassam o caso particular, e realiza tal tarefa na medida em que se propõe a organizar a atividade estatal em termos de fins a serem concretizados no futuro. Em outras palavras, pelo planejamento, o Estado irá estruturar seus objetivos futuros, de forma a dirigir e instrumentalizar os meios necessários à realização desses objetivos.[377] A ideia de planejamento enquanto categoria jurídica também tem ganhado relevo.[378] O planejamento urbano[379] é um dos exemplos em que isso acontece. Escolhas políticas, quando institucionalizadas e tomadas com base em algum tipo de racionalidade e justificativas baseadas no interesse público, desde

---

[375] BUCCI, Maria Paula Dallari. *Op. cit.*, p. 802-816. Essa tendência de explorar a relação entre direito e políticas públicas no caso do direito público também foi observada por MENEZES DE ALMEIDA, Fernando Dias. *Formação da teoria do direito administrativo no Brasil*. São Paulo: Quartier Latin, 2019. p. 395.

[376] Dentre todos, no direito administrativo, ver MARTINS, Ricardo Marcondes. Políticas públicas e Judiciário: uma abordagem neoconstitucional. *A&C – Revista de Direito Administrativo & Constitucional*, Belo Horizonte, ano 18, n. 71, p. 145-165, jan./mar. 2018.

[377] BERCOVICI, Gilberto. *Constituição Econômica e Desenvolvimento*. 2. ed. São Paulo: Almedina, 2021. p. 227-230. Nesse sentido, o planejamento é o que busca dar unidade à intervenção estatal (p. 227). Nesse sentido, ver COMPARATO, Fábio Konder. Planejar o Desenvolvimento: a Perspectiva Institucional. In: COMPARATO, Fábio Konder. *Para Viver a Democracia*. São Paulo: Editora Brasiliense, 1989. p. 102 ss.

[378] BERCOVICI, Gilberto. *Op. cit.*, p. 230-234. O autor mostra como a discussão sobre o planejamento vem ganhando força no Brasil de forma semelhante ao que acontece com o Orçamento Público, apesar de a Constituição apenas prever certas diretrizes para o planejamento governamental e ainda faltarem leis específicas que deem conta de disciplinar a matéria. Aponta também problemas na esfera administrativa como estruturas pouco coesas e integradas dentro da Administração Pública, o que limita as capacidades de elaboração e realização de planejamentos. Outro problema seria tratar a burocracia estatal como algo puramente técnico e apolítico, o que dificulta as possibilidades de planejamento. *Ibid.*, p. 237-239.

[379] LACERDA, Norma. O campo do Planejamento Urbano e Regional: da multidisciplinaridade à transdisciplinaridade. *Revista Brasileira de Estudos Urbanos e Regionais*, Rio de Janeiro, v. 15. n. 1, p. 77-93, 2013. José Antonio Apparecido Júnior também aponta a relação entre os projetos urbanísticos singulares e o planejamento que os orienta. APPARECIDO JÚNIOR, José Antonio. *Direito urbanístico aplicado*: os caminhos da eficiência jurídica nos projetos urbanísticos. Curitiba: Juruá, 2017. p. 42.

que atendam aos requisitos apresentados, podem permitir justificar ações que desigualam em alguma medida parcelas da população, fazendo referência a esse planejamento, sem que perca a inteligibilidade da decisão. Um exemplo seriam obras de infraestrutura, urbanização ou saneamento. Em muitas situações, não há recursos financeiros ou materiais para atender a todos os necessitados por intervenção do Estado no mesmo momento. Nesse sentido, deverão ser feitas priorizações, ou seja, escolhas políticas baseadas em diversos elementos, que variam desde promessas eleitorais, condições das regiões para receber as obras, os custos, e o número de pessoas a serem atendidas. Sem querer entrar nos detalhes de como devem ser elaborados os planejamentos, o que envolve questões específicas para os diferentes objetos de decisão, o ponto a ser levantado consiste no que é possível posteriormente justificar determinadas ações.

As decisões constitutivas desse planejamento, e que servirão de fundamento para determinadas decisões futuras, também precisam seguir os padrões de legalidade de interesse coletivo que vem sendo propostos. Mas, uma vez concluída a etapa de planejamento, cria-se uma condição de universalidade, previsibilidade e controle que permite justificar certas ações futuras. Isso não significa que o planejamento não possa ser objeto de questionamento. Não se pode aceitar planejamento que exclua determinadas parcelas da população de serviços que deveriam estar disponíveis a todos. Por exemplo, o governo de um Município com a população majoritariamente branca que tentasse restringir os investimentos em infraestrutura urbana nos poucos bairros que tradicionalmente fossem resididos por uma população negra estaria agindo de forma irregular. Há uma diferença entre priorizar a política de inclusão e excluir deliberadamente parcelas da população do acesso ao produto do esforço coletivo. Esse seria um caso de questionamento dos critérios distributivos. O planejamento também possui características importantes que vêm sendo defendidas neste trabalho, além da generalidade é a publicidade, o que permite o controle democrático por parte da população e, em determinados casos, o controle jurídico pelos órgãos responsáveis, quando se pode questionar o porquê das escolhas realizadas, e eventualmente invalidar atos por desvio de finalidade.

Volta-se ao debate sobre a ponderação e a proporcionalidade, que, como dito, não pode ser compreendida como única condição de legitimidade das decisões públicas e como critério definidor do controle jurídico dos atos de autoridade. Em primeiro lugar, deve-se distinguir a proporcionalidade entendida como aplicação do método de interpretação da razoabilidade, que consiste em uma condição tanto jurídica quanto política de inteligibilidade das ações baseadas em princípios compartilhados que podem ser seguidos pelos participantes daquela prática. Decisões não razoáveis não podem ser consideradas como juridicamente aceitáveis ou compatíveis com alguma versão satisfatória de interesse público. Nesse sentido, seria possível adotar o controle por meio de ações de desvio de finalidade ou de excesso de poder.[380]

Um exemplo comum dado pela doutrina como uma licença ou autorização que é dada por autoridade incompetente ou concedida em desconformidade com o ordenamento jurídico em vigor, de forma que a revogação do ato (licença ou autorização) poderia causar prejuízos ao cidadão de boa-fé, que não contribuiu para o erro da Administração e que muitas vezes organizou sua vida em função daquele ato administrativo. A solução geralmente dada é a de ponderar a legalidade com a segurança jurídica, entendida aqui como proteção da confiança legítima dos cidadãos em relação ao Estado e verificar no caso concreto qual valor deverá prevalecer.[381] No entanto, não é a única possibilidade, e nem a melhor em termos jurídicos. Outra possibilidade de pensar esse caso em termos de legalidade é a própria ideia de autovinculação da Administração Pública a suas próprias decisões e à "jurisprudência administrativa" como fatores de limitação da discricionariedade.[382] A ideia de boa-fé, aqui, não seria propriamente um princípio a ser ponderado com a legalidade, mas a própria leitura razoável de aplicação da legalidade, em que a Administração Pública deve agir com coerência com os cidadãos, não alterando suas decisões de forma injustificada.[383] Em casos de erro da Administração Pública que causem dano ao particular, é possível ainda utilizar raciocínios em termos de responsabilidade civil do Estado. Nesse caso, a autoridade deveria responder, em casos assim, como a Administração deveria proceder em relação a qualquer pessoa que esteja nessa situação? Ainda que se chegue à mesma conclusão eventual: como a Administração Pública causou o dano a cidadão de

---

[380] GABARDO, Emerson. O princípio da supremacia do interesse público sobre o interesse privado como fundamento do Direito Administrativo Social. *Revista de Investigações Constitucionais*, Curitiba, v. 4, n. 2, p. 115, maio/ago. 2017.

[381] BINENBOJM, Gustavo. *Uma Teoria do Direito Administrativo*: direitos fundamentais, democracia e constitucionalização. 3. ed. Rio de Janeiro: Renovar, 2014. p. 183-205 e, em especial, p. 190-201.

[382] MARRARA, Thiago. A boa-fé do administrado e do administrador como fator limitador da discricionariedade administrativa. *Revista de Direito Administrativo*, Rio de Janeiro, v. 259, p. 231-235, 2012.

[383] Em sentido semelhante acerca da boa-fé como limitadora de ações contraditórias por parte da Administração Pública, ver GIACOMUZZI, José Guilherme. *A moralidade administrativa e a boa-fé da Administração Pública*: o conteúdo dogmático da moralidade administrativa. São Paulo: Malheiros Editores, 2002. p. 265-285.

boa-fé por erro próprio (não imputável a terceiro), deve compensar o particular, o que poderá ser feito mediante uma obrigação de fazer (ou de não fazer), que consiste na convalidação ou na manutenção do ato administrativo que concedeu a licença/autorização.

Essas possibilidades são alternativas à ponderação caso a caso, permitindo universalizar as razões de decisão dos casos singulares, mantendo o valor da coerência do ordenamento e da imparcialidade das autoridades públicas, que deverão se comportar da mesma maneira nos casos futuros. Não se está negando que seja possível defender um modelo de ponderação como método que possa ser universalizado a partir de razões aplicáveis a casos futuros, mas não parece ser a forma defendida atualmente pela doutrina. Além disso, pretendeu-se retratar outras formas de resolver as questões jurídicas mediante conceitos já utilizados no direito público, sem a exigência de utilizar o método da proporcionalidade, e mantendo-se de acordo com os pressupostos aqui defendidos.

Pela legalidade em especial, mas também pelo interesse público, busca-se estabelecer o diálogo entre direito público e política, mas sem tratar os campos como idênticos. Buscando manter o que é característico do direito e que serve para contribuir no debate público e no mundo institucional, para o direito, ao se analisar a tomada de decisão de uma autoridade – seja essa decisão um ato unilateral impositivo, seja um acordo celebrado com particular – o que se deverá analisar é a relação do caso particular e a universalidade de casos possíveis em que a autoridade seria demandada a tomar decisão similar. Pensando esse critério com a relação entre interesse público e interesses particulares. Como visto, a ideia de superioridade do interesse público consiste em um pressuposto normativo que restringe logicamente a atuação da Administração Pública e seus agentes. No entanto, existem casos em que seria possível afirmar que o "interesse privado não se contradiz ao público" ou que o "interesse privado foi superior ao público", e essa análise só é feita de fato no caso concreto. Nos casos em que o interesse particular se sobrepõe ao público, o que está em jogo na verdade não é um jogo de interesses, mas sim uma questão de proteção de direitos dos indivíduos, em especial direitos fundamentais. Nesse caso, o ordenamento jurídico teria feito uma ponderação prévia à tomada de decisão da autoridade, estabelecendo uma relação de proteção ou prevalência do direito do indivíduo em relação aos interesses da coletividade. Assim, o raciocínio jurídico voltado à justificação da decisão administrativa, ou controle dessa, consiste em universalizar casos em que houver tal conflito, defendendo que, naquelas situações, a Administração Pública deverá se abster de atuar de determinada maneira. Em outras palavras, justifica-se a ação da Administração Pública em termos universais, com base no ordenamento jurídico em vigor, que confere maior proteção a determinado direito em certas situações.

No contexto dos Estados de Direito, a Administração Pública não pode agir por conta própria, porque a existência institucional do Estado não ocorre para além do direito. A legalidade implica que as ações dos agentes e autoridades públicas sejam respaldadas no direito, ou seja, possam ser justificadas por ele, sob pena de não serem inteligíveis. E as decisões jurídicas são tomadas mediante regras, padrões normativos que dispõem sobre o que pode ou não ser feito. Essas regras só fazem sentido, só podem ser explicadas, no contexto da prática jurídica, que, para tal, depende do conceito de justiça. O direito, portanto, oferece uma forma de justificação para as ações e políticas e para as decisões públicas, a justificação segundo regras, estabelecendo relações de justiça, em que as decisões precisam ter uma pretensão de universalidade, ou seja, devem ser replicadas às situações semelhantes.

3.4 A legalidade para além do legalismo administrativo

O trabalho foi desenvolvido em torno da ação da Administração Pública, mais especificamente, da tomada de decisões públicas pelas autoridades do Estado. Defendeu-se que a legalidade serviria de critério distintivo do que seria político e jurídico, de forma que seria adequado avaliar juridicamente a tomada de decisões públicas, baseando-se apenas em ponderações sobre as consequências práticas das decisões, ainda que, nessa ponderação, se levasse em consideração as regras jurídicas e os direitos envolvidos. Nessa perspectiva, a legalidade consiste em *seguir o direito* ou, em outras palavras, *agir conforme o direito*,[384] que nada mais é que estabelecer as condições de inteligibilidade das ações da Administração. É a legalidade enquanto medida das ações políticas que permite explicar por que uma decisão é juridicamente aceitável e vinculante. E não apenas isso, porque eu poderia contestar determinada decisão – dá critérios para criticar a decisão.[385]

---

[384] Como se verá, pretende-se desenvolver o argumento sobre a legalidade de BANKOWSKI, Zenon. *Vivendo Plenamente a Lei*. Rio de Janeiro: Elsevier, 2007, em que se defende que agir conforme o direito é saber seguir as regras, mas não de forma puramente mecânica e irrefletida, e sim sabendo distinguir os casos excepcionais e justificar a ação nesses casos.

[385] A possibilidade de dar parâmetros para críticas é uma das funções centrais atribuídas por Herbert Hart às regras jurídicas enquanto regras sociais. HART, Herbert Lionel Adolphus. *The Concept of Law*. 2. ed. Oxford: Clarendon Press, 1994. p. 51-61, especialmente p. 54-57.

Considerando a posição aqui defendida de que a legalidade ainda consiste em um conceito central no direito público para se pensar na atividade de administrar o Estado, sendo o centro da vinculação das autoridades ao direito (o que será chamado de *moralidade de dever* inerente à ordem jurídica), é preciso esclarecer de que legalidade se está falando aqui, bem como responder às críticas em torno da utilização do conceito. A legalidade foi colocada como uma resposta ao particularismo na tomada de decisões, porém, o particularismo é também um desafio à noção de legalidade em ao menos dois sentidos. No primeiro, trata-se da aplicação do direito. Como a lei se pretende geral e abstrata, há muitos casos que não são abrangidos pela lei ou que configuram exceções, de forma que a aplicação da lei nos casos concretos pode implicar uma atividade criativa que poderia colocar em xeque a ideia de legalidade defendida até aqui. O segundo sentido de particularismo está ligado aos limites do direito e do Estado em regular os conflitos sociais, e dessa forma, haveria a necessidade de o direito dar conta das demandas aspiracionais por soluções locais, determinadas e, em muitos casos, participativas, em que os próprios afetados possam opinar ou mesmo decidir sobre as questões.

O pragmatismo e a supremacia dos direitos fundamentais não apenas propõem um modelo alternativo de teoria para o direito administrativo, mas também desafiam o papel do direito administrativo na administração do Estado. Daí a possibilidade de dizer que essa corrente se opõe, na verdade, ao formalismo jurídico-administrativo, em que os limites do direito administrativo seriam verificar as condições de validade e as atribuições de competência, deixando o mérito para a discricionariedade do administrador, e este agiria em nome da realização do interesse público. A burocracia estatal poderia ser descrita, nesse modelo, como uma máquina a serviço dos detentores do poder político. Máquina no sentido de despersonalização dos indivíduos, que seriam vistos como "administrados" ou "munícipes" etc., e não como cidadãos. Nesse sentido, assemelhar-se-iam com os caixas eletrônicos de instituições bancárias, os quais realizam operações dentro de determinadas condicionantes, entre elas, se você possuir dinheiro na sua conta, ou se ainda não tiver sacado seu limite do cartão, poderá realizar o saque da sua conta. Nesses termos, pode-se dizer que, para a máquina, a pessoa não passa do próprio cartão, de forma que não se questiona para que a pessoa precisa do dinheiro, se ela tem urgência ou necessidade, mas tão somente se cumpre com tais requisitos.[386]

---

[386] Exemplo tirado de Zenon Bankowski. BANKOWSKI, Zenon. *Vivendo Plenamente a Lei*. Rio de Janeiro: Elsevier, 2007.

O burocrata estatal pode ser visto como alguém semelhante ao caixa eletrônico, não olhando diretamente as necessidades e as individualidades de cada pessoa que chega à procura da Administração Pública, mas apenas se cumpre com os requisitos previstos no ordenamento para atendimento ou não daquela pessoa. Essa desumanidade da máquina administrativa poderia ser justificada por uma concepção legalista de direito administrativo, ou mesmo dizer que decorre da ideia de preponderância do público sobre o particular. A questão é que talvez esse modelo tenha seus motivos de existir. É só pensar se, no lugar de tomar as decisões olhando para as normas incidentes ao caso, o agente público olhasse apenas para a pessoa, e disso sempre concedesse os benefícios requeridos a quem solicitasse. Muito provavelmente chegaria algum momento em que não haveria mais possibilidades de concessão, pois o órgão da Administração Pública em questão não teria os recursos para arcar com esses gastos.

Por outro lado, a racionalidade formal weberiana e o excesso de universalização das ações políticas e da tomada de decisões públicas, decorrentes da pretensão de generalidade que vem sendo desenvolvida aqui, alinhada com a falta de particularismo, pode levar o direito e a Administração Pública a perderem de vista a dimensão dos problemas reais das pessoas, por estas serem tratadas como números e não como pessoas, o que pode dificultar o alcance dos próprios objetivos do Estado. Em outras palavras, as pessoas são tratadas como categorias abstratas e universais, o que pode levar a perder a essência do ser humano, que faz parte da sua distintividade em relação aos demais. Para lidar com esse problema, o direito precisa ter a capacidade de transbordar seus limites e adentrar em certas situações às particularidades dos casos.[387]

No segundo capítulo, criticou-se a posição doutrinária que pretendia individualizar todas as decisões públicas, tratando-as caso a caso e propondo que a melhor forma de agir da Administração Pública seria dando a decisão com as consequências mais positivas em cada situação. As críticas a essa posição envolviam a perda da universalidade do direito da coerência das decisões jurídicas e do próprio direito, o que limita a característica de certeza do direito e suas possibilidades de ser tratado como uma razão excludente para as pessoas agirem, ou seja, perde-se a legitimidade jurídica e política das autoridades.[388] No entanto, o particularismo agora se coloca como um problema da

---

[387] Ibid., p. 177-196.
[388] BANKOWSKI, Zenon. *Vivendo Plenamente a Lei*. Rio de Janeiro: Elsevier, 2007. p. 170-175.

própria noção de legalidade que vem sendo desenvolvida até aqui. A crise da lei em sentido formal e da legalidade enquanto fundamento do direito administrativo estaria vinculada à ideia de que as regras gerais e pretensão de universalidade das ações segundo regras não dão conta da realidade complexa e dos casos que aparecem de verdade para os juristas e para os profissionais do direito.[389]

As razões formais e o legalismo seriam muito insensíveis às mudanças necessárias da ação administrativa. Nesse sentido, haveria dois problemas centrais que se colocam à legalidade pelo particularismo. Primeiro, as decisões baseadas em regras universais e juízos de validade não conseguiriam acompanhar a dinamicidade das relações sociais, produzindo decisões ineficientes. Em segundo lugar, a pretensão de universalidade não permite que se atenha às particularidades dos casos concretos e fragiliza as possibilidades de atender aos interesses reais da sociedade civil.

As críticas ao uso da legalidade basicamente giram em torno de (i) enrijecer a ação da Administração, seja levando a uma atuação repetitiva e irrefletida dos problemas e da realidade, apenas buscando seguir as normas estabelecidas (ou seja, não se permite dar tratamento diferente a casos excepcionais às regras), seja impedindo que se apresente soluções mais inovadoras, eficientes e úteis à população pela necessidade de seguir as regras previamente estabelecidas, e (ii) de que teria um caráter pouco democrático na medida em que não permite que se procurem soluções dialogadas com os destinatários da ação administrativa.

É preciso deixar claro que não se trata apenas de constatações empíricas e de ordem sociológica de que o direito sendo tratado como uma prática racional universalizante pode não conseguir acompanhar as necessidades sociais, mas há também um argumento moral ou de legitimidade contra esse modelo de racionalidade jurídica. A universalidade de tratamento pode levar as burocracias estatais a não considerar a individualidade de cada pessoa e com isso perder a essência do que é tratar alguém enquanto ser humano.[390] Esse argumento pode ser extrapolado não apenas para pessoas individuais, mas para grupos

---

[389] Sobre as críticas contemporâneas à ideia de legalidade, ver MEDAUAR, Odete. *O direito administrativo em evolução*. 3. ed. São Paulo: Revista dos Tribunais, 2018. p. 166-174. Sobre como a doutrina vem relativizando o sentido clássico de legalidade à luz dessas críticas e da constitucionalização do direito administrativo, ver MENEZES DE ALMEIDA, Fernando Dias. *Formação da teoria do direito administrativo no Brasil*. São Paulo: Quartier Latin, 2019. p. 399 e ss.

[390] Enfrentar este problema é uma das principais propostas de BANKOWSKI, Zenon. *Vivendo Plenamente a Lei*. Rio de Janeiro: Elsevier, 2007. p. 13-18; p. 54-60.

e coletivos que pertencem à sociedade civil.[391] O ponto central é destacar que a busca por ações universais a toda a comunidade política pode fazer a Administração Pública perder de vista os interesses reais da sociedade, que, em última análise, é a destinatária das ações do Estado. E para essas críticas, pretende-se adotar duas possibilidades de resposta por parte do direito em sua relação com a Administração Pública e a tomada de decisões: a primeira está no próprio raciocínio jurídico e na possibilidade de dar tratamentos específicos a casos excepcionais, e a segunda consiste em criar mecanismos institucionais, mediados pelo direito, para buscar soluções não necessariamente baseadas em razões meramente jurídicas.

Ao se afirmar que as decisões públicas, do ponto de vista jurídico, precisam ter uma pretensão de universalidade e que os casos semelhantes devem ser tratados de forma semelhante não se está afirmando que não possam existir exceções às regras gerais. Muitas vezes as regras jurídicas comportam exceções explícitas, ou seja, situações de não incidência da regra geral, normalmente colocadas na forma de expressões como "salvo em" ou "ao menos que",[392] etc. No entanto, não raras vezes percebe-se que as regras, por serem gerais, não dão conta de uma série de situações que, caso o aplicador leve a cabo o entendimento literal do dispositivo, pode chegar a resultados absurdos que violariam os próprios fundamentos daquela regra, ou do próprio direito.[393] Para casos assim, foi desenvolvida a tese da derrotabilidade (*defeasibility*) que ajuda a enfrentar o problema do particularismo. Por ela defende-se que mesmo quando o direito estabelece condições gerais para uma decisão que são, a princípio, válidas, podem existir elementos não explicitados, condições de fundo, que em determinadas circunstâncias levam a uma solução jurídica diferente da que se poderia imaginar em um primeiro juízo.[394] O que se está dizendo aqui é que casos particulares podem

---

[391] Não se está falando "grupos coletivos" apenas como associações ou pessoas jurídicas que existem institucionalmente na sociedade civil, mas também coletividades de pessoas que pertencem a certa etnia ou categoria social, tais como negros, mulheres, pessoas LGBTQI+. A universalidade do direito poderia perder de vista as características distintivas desses grupos. Sobre esse debate, defendendo a importância da imparcialidade institucional, ver BARRY, Brian. *Justice as Impartiality*. Oxford: Oxford University Press, 1995. p. 246-257.

[392] BANKOWSKI, Zenon. *Op. cit.*, p. 185-186. Essa ideia já existia em HART, Herbert Lionel Adolphus. *The Concept of Law*. 2. ed. Oxford: Clarendon Press, 1994. p. 139-140.

[393] Essa característica já havia sido percebida por LOPES, José Reinaldo de Lima. Hermenêutica e completude do ordenamento. *Revista de informação legislativa*, Brasília, v. 26, n. 104, p. 237-246, out./dez. 1989. BANKOWSKI, Zenon, *Op. cit.*, p. 180-187.

[394] MACCORMICK, Neil. Defeasibility in Law and Logic. In: BANKOWSKI, Zenon; WHITE, I., HAHN, U. (Eds). *Informatics and the Foundations of Legal Reasoning*. Law and Philosophy

trazer determinados elementos que seriam reconhecidos pelo direito para "derrotar" a forma mais comum de resolver casos gerais sobre uma matéria. A grande questão seria saber quando ocorrem as exceções às regras. É possível argumentar que somente no caso particular, após o exercício de interpretação, que seria possível identificar se há ou não uma exceção, e dessa forma mesmo mediante métodos de aplicação de regras haveria um particularismo, ou seja, somente no caso concreto se veria se a regra deveria ser aplicada tal qual a disposição geral. Tentar atuar de forma distinta levaria a uma mecanização da prática jurídica, um formalismo exacerbado que não condiz com a concepção de legalidade que está sendo defendida aqui.[395]

Há um equívoco ao pensar que o fato de somente se saber se no caso concreto ser há uma exceção à regra implica, por consequência, um particularismo necessário. Não é preciso, e nem possível, saber de antemão todas as possibilidades de exceções às regras.[396] Seguir regras envolve saber o que são situações iguais, ou seja, saber tratar casos semelhantes de forma semelhante.[397] Mas é preciso ir além, no sentido de que saber o que é igual implica também saber o que é diferente, ou seja, implica saber quando tratar o caso de forma distinta da aplicação geral daquela regra.[398] Esse juízo não é feito particularmente. As exceções serão utilizadas como razões dentro da prática jurídica, devendo ser tratadas também como universalidades[399] e sujeitas aos mesmos testes das razões segundo regras.

Como visto, saber seguir regras e agir conforme a prática envolve dar razões que justificam as ações tomadas. Nesse sentido, deve-se prestar atenção à narrativa do caso, e verificar quando se oferecem razões de

---

Library. Dordrecht: Springer, 1996. v. 21. p. 99-117. Também de MACCORMICK, Neil. *Retórica e o Estado de Direito*. Rio de Janeiro: Elsevier, 2008. p. 325-326.

[395] Frederick Schauer faz descrição semelhante do problema no primeiro de seu *Playing by the Rules*. SCHAEUR, Frederick. *Playing by the rules*. Oxford: Clarendon Press, 1991. p. 647-679. Ver também SCHAEUR, Frederick. Formalism. *The Yale Law Journal*, v. 97, n. 4, mar. 1988.

[396] TAYLOR, Charles. *Argumentos Filosóficos*. São Paulo: Edições Loyola, 2014. p. 181-183. ANSCOMBE, Gertrude Elizabeth Margareth. On Brute facts. *Analysis*, v. 18, n. 3, p. 69-72, jan. 1958.

[397] Ver tópico 3.3.

[398] Como defende Wittgenstein, *Da certeza*, duvida-se com base em razões. Em outras palavras, é preciso ainda justificar dentro das práticas o porquê dessa resposta. WITTGENSTEIN, Ludwig. *Da Certeza*. Tradução de M. E. Costa. Lisboa: Edições 70, 2012. §458. No direito, ver sobre esse ponto, LOPES, José Reinaldo de Lima. *Curso de Filosofia do Direito*: o Direito como Prática. São Paulo: Atlas, 2021. p. 277-278.

[399] MACCORMICK, Neil. *Retórica e o Estado de Direito*. Rio de Janeiro: Elsevier, 2008. p. 328. No mesmo sentido, LOPES, José Reinaldo de Lima. *Op. cit.*, p. 327-328. Aqui, o autor explica a lógica da argumentação por equidade no direito.

derrotabilidade, ou seja, quando é possível justificar soluções diversas das tradicionalmente aplicáveis.[400] Todavia, nem toda particularidade pode ser considerada uma razão de derrotabilidade das decisões tradicionais. Por exemplo, o fato de uma pessoa pedir um benefício algumas horas depois de outra, apesar de ser uma situação nova, não cria nenhum elemento que justifique uma aplicação diferente da regra. Há diversas possibilidades de elementos completamente irrelevantes para distinguir um caso de outro. Imagine que um agente da Administração Pública tentasse insistir em um tratamento diverso para um caso particular sempre invocando elementos como esses para conceder o benefício a uma pessoa específica, com a qual se compadeceu.[401] O agente público aqui ou não teria entendido os termos da prática, ou estaria roubando no jogo.[402] O que se está querendo destacar é que nem toda particularidade pode ser considerada uma razão de derrotabilidade, ou seja, uma justificativa para tratar o caso de forma diversa. E, mesmo quando ela seja uma razão a ser considerada, pode-se chegar à conclusão de que não é uma razão suficiente para alterar a resposta tradicional. Nesses casos, ou serão dadas outras razões, ou a decisão simplesmente será dada conforme a regra geral. A sabedoria prática, o saber seguir regras, envolve saber quando continuar a investigar as razões para agir no caso ou quando simplesmente parar de dar razões e simplesmente seguir as regras.[403]

Defender a legalidade não significa abdicar de buscar soluções inovadoras e mais adequadas ou eficientes para resolver os problemas, além de não impedir a busca por soluções dialogadas e democráticas com a população e principalmente os afetados. Pode-se (e deve-se, ainda que em termos aspiracionais) discutir a formulação e a própria forma

---

[400] Zenon Bankowski defende a ideia de que os casos contados enquanto narrativas podem lançar luz sobre quando os limites das regras formais e dos raciocínios dedutivos (ainda que considerando as demais formas de justificação para além da lógica formal, como defende MacCormick). Nesse sentido, prestar a atenção nas narrativas dos casos permite ao aplicador do direito perceber quando a aplicação das soluções normalmente estabelecidas e generalizadas não dão conta, deixando o direito explorar outros argumentos, ser perpetrado pelo "amor", por razões externas ao direito, BANKOWSKI, Zenon. *Vivendo Plenamente a Lei*. Rio de Janeiro: Elsevier, 2007. p 177-210, especialmente p. 204 ss.

[401] Aqui seria um exemplo das "obras de misericórdia" de que fala José Reinaldo de Lima Lopes. LOPES, José Reinaldo de Lima. *Direitos sociais*: teoria e prática. São Paulo: Método, 2006. p. 261.

[402] O agente, aqui, agiria de forma semelhante ao exemplo de Wittgenstein do aluno que interrompe a aula a todo momento com perguntas, sem acreditar em qualquer palavra do que é dito pelo professor. *Da Certeza*, §310. O exemplo reforça a ideia de que é preciso ter razões para duvidar.

[403] BANKOWSKI, Zenon. *Vivendo Plenamente a Lei*. Rio de Janeiro: Elsevier, 2007. p. 194-204.

de aplicação das regras e das políticas públicas realizadas pelo Estado e pela Administração. Também é possível discutir com os interessados, e com a sociedade civil em geral, casos particulares para verificar qual a melhor forma de se resolver determinadas questões. No entanto, essa última hipótese discute-se dentro dos termos previamente estabelecidos (ou decide-se pela alteração geral desses termos).

É a legalidade, a linguagem do direito, que liga o caso particular à universalidade de casos a que está submetida uma comunidade política. As soluções não podem ser tomadas singularmente sem considerar o todo da comunidade política, e por essa razão a figura da *autoridade pública* não deve perder espaço na tomada de decisões coletivas, pois é esta quem, ainda que ouvindo todas as partes interessadas, possui a dimensão do todo, e não simplesmente "toma a melhor decisão para aquele caso especial" – mas tenta dar o melhor enquadramento àquela situação, pensando no todo da comunidade política, bem como em casos semelhantes que ocorrem no presente ou podem ocorrer no futuro. No mundo institucional do direito, onde se encontram a figura do Estado e da própria Administração Pública, as regras jurídicas criam e regulam as possibilidades de ação, e é aqui que está o papel do direito público, e dos juristas – não se trata de substituir a política ou o administrador, mas dar certos caminhos normativamente orientados pelos quais podem agir e justificar suas decisões, assim como serem criticados por essas decisões para além dos juízos de utilidade, de consequência. O agir conforme o direito, o seguir a legalidade, consiste em saber seguir as regras e justificar as exceções de modo compreensível e juridicamente aceitável, sendo aceitável aquilo que se pode defender que em casos semelhantes se poderão tomar decisões semelhantes.

Sem pretender perder a ideia de racionalidade do direito e da função da legalidade que vem sendo defendida, é preciso reconhecer os limites do direito e da argumentação generalizante para lidar com todos os problemas da vida política. Em algumas situações, as razões jurídicas, formais e universais podem não ser suficientes para ultrapassar a barreira imposta pela impessoalidade institucional. O administrador precisa, muitas vezes, tomar decisões, considerando as circunstâncias particulares e utilizando argumentos para além das razões jurídico-formais. Há algumas formas de fazer isso mediado pelo direito, ou seja, sem fugir ao esquema de legalidade que vem sendo defendido. A primeira está nas regras de competência e, como defendido, na manutenção da ideia de discricionariedade administrativa. O direito pode conferir a determinada pessoa (a autoridade) o poder de decidir sobre determinadas questões, de forma que a autoridade funciona como se ela própria fosse uma regra.[404] Aqui, é possível que, em não havendo definições rigorosas de como se deve agir, a autoridade utilize outros saberes e aceite outras formas de argumentação para justificar sua decisão. Por exemplo, para decidir sobre a concessão de um benefício social é possível que a regra geral condicione a hipótese de recebimento a uma condição social, por exemplo de vulnerabilidade, que será analisada por especialistas de assistência social ou de psicologia para auxiliar a decisão da autoridade. Além disso, em casos em que haja uma vagueza da norma sobre o enquadramento ou não de determinada pessoa, a autoridade pode dar maior valor a argumentos trazidos por essas especialidades. É dessa forma que o direito permite a intrusão de outros saberes na tomada de decisões. O que deverá ser garantido é a universalização dos critérios utilizados para a decisão, de forma a manter o dever de imparcialidade e confiança no Estado de Direito.

Ainda, é possível explorar um pouco mais as alternativas para a tomada de decisões baseadas em razões não jurídicas, mas sem perder de vista o modelo de legalidade. Aqui, é possível pensar em novas propostas de ampliar a ideia de consensualidade no direito público, criando "pontes institucionais" entre o direito formal e a sociedade civil, com o direito reconhece as próprias limitações do sistema para a tomada de decisões, e estabelecendo mecanismos que visam sair do sistema, por assim dizer, tirar as próprias amarras formais que limitam a tomada de decisões, permitindo expandir os horizontes deliberativos da resolução dos conflitos envolvendo interesses coletivos.[405] Fala-se aqui em formas de permitir que tomadas de decisões públicas, com reconhecimento pelo direito, sejam tomadas por razões não jurídicas. Tal experiência não é tão desconhecida do cenário nacional. O plebiscito é basicamente um desses instrumentos que permite à população decidir sobre determinada matéria, visando a um governo mais democrático e

---

[404] MACCORMICK, Neil. *Institutions of law*. Oxford/New York: Oxford University Press, 2007. p. 22-33. Nesse caso, a autoridade dará a decisão que produzirá os efeitos jurídicos futuros, produzindo razões para as pessoas seguirem sua diretiva, ou seja, a decisão funciona também como medida para a sociedade ou para seus destinatários. Daí dizer que ela atua como se fosse uma regra.

[405] Essa seria talvez a ideia de Roberto Mangabeira Unger, ao falar do potencial do direito para explorar o imaginário institucional, ainda que com outro referencial teórico. UNGER, Roberto Mangabeira. *O movimento de estudos críticos do direito*: outro tempo, tarefa maior. Belo Horizonte: Letramento: Casa do Direito, 2017. p. 104-108 e 174 e ss. Pensando em questões semelhantes fora do direito, ver AVRITZER, Leonardo. Instituições participativas e desenho institucional. *Opinião Pública*, Campinas, v. 14, n. 1, p. 43-64, jun. 2008.

participativo.[406] O orçamento participativo tem uma ideia semelhante, porém, um pouco mais elaborada,[407] pois se trata de um instrumento de alocação de recursos, o que envolve diversas regras específicas que subordinam à distribuição de recursos uma diversidade de fatores de interferência, porém, permite algum tipo de participação nas escolhas coletivas que afetarão diretamente a população. O ponto central é que são deixadas certas decisões para serem tomadas pela população, a qual pode decidir por motivos diversos, que não serão universalizados.

Dentro do direito há outras formas de permitir que pessoas tomem decisões jurídicas sem necessariamente lançar mão de razões jurídicas. É o que acontece, por exemplo, no Tribunal do Júri, em que os julgadores não precisam decidir estritamente com base no direito em vigor, mas podem se valer de outras justificativas, as quais sequer precisam expor. Aqui, se tem uma forma de o direito se abrir para argumentos externos, o que, é claro, não pode ser feito em qualquer situação e nem pode ser decidido de qualquer forma, sem qualquer critério ou procedimento. Por tal razão, o júri é utilizado apenas para determinados casos e eventualmente suas decisões podem ser revistas. O júri funciona, assim, como uma "instituição ponte", fazendo ligação entre o regime jurídico formal e a sociedade, permitindo que as decisões jurídicas transbordem os limites internos do direito.[408] Tal qual o Tribunal do Júri, na esfera administrativa também é possível pensar casos em que determinados setores da sociedade civil possam decidir diretamente ou participar de forma mais ativa das decisões, assim como as decisões tomadas não serem necessariamente realizadas mediante juízos jurídicos. Seria o caso de conselhos ou comissões formadas por representantes da sociedade civil.[409] Nesses casos, seria possível pensar

---

[406] BERCOVICI, Gilberto. Plebiscito e Referendo sobre Matéria Administrativa. In: MARQUES NETO, Floriano de Azevedo; MENEZES DE ALMEIDA, Fernando Dias; NOHARA, Irene Patrícia (Orgs.). *Direito e Administração Pública*: Estudos em homenagem a Maria Sylvia Zanella Di Pietro. São Paulo: Atlas, 2013. p. 19-32.

[407] JURUBEBA, Diego Franco de Araújo. Direito Administrativo e Participação Democrática: análise dos fundamentos e técnicas da Administração Pública consensual. *Revista da AGU*, Brasília-DF, v. 15, n. 01, p. 169-198, jan./mar. 2016. p. 186-190. AVRITZER, Leonardo. Modelos de deliberação democrática: uma análise do orçamento participativo no Brasil. In: SANTOS, Boaventura Sousa (Org.). *Democratizar a democracia*: os caminhos da democracia participativa. Rio de Janeiro: Civilização Brasileira, 2002.

[408] BANKOWSKI, Zenon. *Vivendo Plenamente a Lei*. Rio de Janeiro: Elsevier, 2007. p. 204-209.

[409] Como dito no tópico 3.2 Em matéria de direito urbanístico, existem diversos instrumentos participativos. Essas comissões ou conselhos podem ser formados por representantes do Poder Público e da sociedade civil, ou apenas por parcelas da sociedade civil. Não se pretende discutir especificamente quais seriam os melhores modelos. Sobre o tema, ver GOMES, Eduardo Granha Magalhães. *Conselhos Gestores de Políticas Públicas*: Democracia,

em permitir à população que será diretamente afetada por determinadas decisões decidir sobre certas questões, o que é mais comum para matérias de governança local, em que se ouvem as pessoas que serão diretamente impactadas.[410] Essas "instituições ponte", apesar de poderem justificar suas ações sem necessariamente recorrer a razões jurídicas, ou seja, ações segundo regras e pretensão de universalidade, não são instituições contrárias ao direito, pelo contrário, são reconhecidas pelo direito justamente por poder propiciar outras formas de justificação. Isso não significa que não haja limites para esse poder de atuação. O júri não pode decidir de qualquer forma, e em alguns casos as decisões podem ser anuladas. Da mesma forma, criar instâncias administrativas em que a sociedade civil possa decidir não significa abdicar do poder estatal, sob pena de recair nas mesmas críticas colocadas no capítulo anterior. Mas aqui está o papel do direito em estabelecer essa ligação, pois não deve ser feita caso a caso, devendo-se verificar as condições gerais que permitem essa delegação.

Além disso, é preciso criar mecanismos de interação entre as soluções locais, as decisões tomadas para resolver determinados interesses localizados, com o restante da sociedade. O aproveitamento dessas decisões ou o alargamento de sua abrangência. Além disso, devem-se deixar claros os limites dessas decisões, não se está falando em inovação normativa para o caso concreto, para fins de favorecer pessoas determinadas, mas sim de dar poder de decisão dentro de parâmetros previamente estabelecidos, que deverão ser respeitados pelo restante da sociedade, a qual também deverá ter direito a condições semelhantes de deliberação em casos futuros com as mesmas características.

Percebe-se que, mesmo ao discutir propostas para auxiliar a resolver os problemas relacionados aos limites formais do direito para dar respostas à população e à participação social, o argumento desenvolvido procura respeitar a natureza institucional do direito que foi defendida ao longo dessa dissertação. Ainda que se reconheça a possibilidade de abrir as portas do direito e das decisões estatais para a tomada de decisões fundadas em outras razões que não as jurídicas, é o próprio direito que disciplina como e quando tais aberturas serão

---

Controle Social e Instituições. Dissertação de Mestrado, Fundação Getúlio Vargas, São Paulo, 2003.

[410] Sobre o tema ver WEGENAAR, Hendrik. Governance, Complexity, and Democratic Participation: How Citizens and Public Officials Harness the Complexities of Neighborhood Decline. *The American Review Of Public Administration*, v. 37, n. 1, p. 17-50, March 2007. p. 17-50.

realizadas, ou seja, mantém-se a estrutura de uma ordem normativa institucional, pois o direito continua regulamentando as mudanças e limites do próprio direito. Em outras palavras, pode-se afirmar que existem regras secundárias que atribuem a tomada de decisões a pessoas fora do mundo institucional do Estado.

CAPÍTULO 4

CAMINHOS DO DIREITO PÚBLICO NA ADMINISTRAÇÃO DO ESTADO

Neste capítulo, pretende-se inserir o debate do direito público apresentado ao longo do trabalho em uma discussão de filosofia do direito que ajude a elucidar certos caminhos para se pensar as teorias do direito público, seus pressupostos, fundamentações e horizontes normativos. Mais especificamente, pretende-se argumentar que, por trás dessas abordagens teóricas aqui tratadas, existem formas de normatividade a que se pretende vincular a atividade de governar ou administrar um Estado, o que será chamado de uma moralidade interna à própria atividade administrativa, e ao próprio direito público.

Nesse sentido, será explorado como certos elementos (ou conceitos) que a doutrina pretende tratar como constitutivos do direito administrativo, possuem uma moralidade que pode ser, em maior ou menor grau, aspiracional ou de dever. A depender do grau dessa moralidade em cada elemento, pode-se defender seu caráter de maior ou menor vinculatividade para a Administração Pública, e deverá ser tratado como tal pelo direito público. Acredita-se que essa distinção ajudará a esclarecer o que cada escola do direito administrativo tem a oferecer e em que os juristas devem insistir ou observar ao dar determinado tratamento ao direito público.

Dentro desses conceitos, pretende-se defender a importância do conceito de legalidade para o direito público, por ser o conceito que possui o maior grau de moralidade de dever, ou seja, traz maior vinculatividade à atividade da Administração Pública, ainda que possa ser compatibilizado e aprimorado por outros elementos de maior valor aspiracional, que auxiliam o desenvolvimento da atividade administrativa. Como será visto, esses elementos aspiracionais podem vir a se tornar também vinculantes, desde que sejam juridicamente institucionalizados. O importante será esclarecer a diferença entre aquilo que é obrigatório e juridicamente controlável do que é desejável e cabível em uma discussão acerca da melhor forma de agir e organizar a atividade.

Por fim, pretende-se encerrar o trabalho retomando a discussão em torno da relação do direito público com outros ramos do saber voltados à administração do Estado, em especial a política. Tratando-se de um fechamento, volta-se ao debate sobre como os juristas podem contribuir para a qualidade das ações estatais, sem fechar os olhos para a realidade em que estão inseridos nem negar o valor das outras áreas, mas ao mesmo tempo sem abandonar seus próprios pressupostos teóricos.

4.1 As moralidades inerentes à Administração Pública

Apesar de terem sido tratadas como contrapostas, as duas correntes analisadas não negam por completo todos os pressupostos e objetivos defendidos pela adversária, mas tratam de forma distinta as mesmas questões. Não há uma negação de que existam objetivos e interesses coletivos para os quais o Estado deve agir, assim como não há quem defenda que os direitos fundamentais não devem ser protegidos e que não sejam essenciais para os Estados democráticos contemporâneos. O que existe é, muitas vezes, uma divergência quanto ao "grau" de relevância atribuído por cada corrente doutrinária a certos pressupostos.[411] E essa diferença acarreta, como explorado ao longo trabalho, diferentes visões sobre o papel do Estado, das autoridades públicas e do próprio direito administrativo.

O argumento central, aqui, consiste em retratar as espécies de normatividade envolvidas nos modelos de administrar o Estado aqui tratadas. Afirmar que há certa normatividade nas teorias do direito público implica dizer que elas permitem exercer juízos valorativos de correção dentro da atividade, ou seja, é possível fazer avaliações de certo e errado dentro do direito a partir dessas perspectivas.[412] Aqui, existe um pressuposto de que o direito é tratado como um "empreendimento teleológico" (*purposive enterprise*), uma forma de organização da vida

---

[411] Essa é a conclusão a que também chega o próprio Fernando Dias Menezes de Almeida, ao expor essa divisão em MENEZES DE ALMEIDA, Fernando Dias. *Formação da teoria do direito administrativo no Brasil*. São Paulo: Quartier Latin, 2019. p. 363.
[412] Sobre esse conceito de normatividade, ver MACCORMICK, Neil. *Institutions of law*. Oxford/New York: Oxford University Press, 2007. p. 11-20.

em sociedade em que as pessoas acordam submeter elas próprias ao "governo das regras".[413] Além disso, do que vem sendo defendido sobre o conceito de direito como prática, essa normatividade envolve dar razões para os praticantes agirem segundo o direito.[414] As diferentes perspectivas de enxergar o direito público também partem de diferentes justificativas para o direito público, ou seja, os autores dão razões distintas para que o Estado, a Administração Pública, os agentes públicos, as demais instituições públicas da República e os próprios cidadãos ajam dentro dessa prática.[415] O que se está fazendo é justificar moralmente o direito público, ou melhor, modelos de direito público.[416] Entende-se, portanto, que esses modelos dão justificativas morais dentro do direito, de forma que abordam moralmente o Estado no sentido de atribuir certos papéis e certas funções à atividade de governar.[417] Assim, o que se pretende, neste momento, é analisar que tipo de moralidade tais perspectivas impõem ao direito público. Dessa forma, pretende-se defender que é possível compreender melhor o que cada teoria tem a oferecer em termos normativos para o direito público atual, e o que ainda precisa ser desenvolvido.

---

[413] Essa é uma (senão a) ideia central da teoria do direito de Lon Fuller, *The morality of Law*, que faz com que a moralidade inerente ao direito esteja ligada à possibilidade das pessoas seguirem regras, para fins de atingir esse objetivo (estabelecer um governo de regras que subordina a vida em sociedade). FULLER, Lon. *The morality of law*. New Haven: Yale University Press, 1964. MACCORMICK, Neil. *Retórica e o Estado de Direito*. Rio de Janeiro: Elsevier, 2008. p. 299-301, apresenta ideia semelhante para explicar a exigência de coerência para o Estado de direito.

[414] RAZ, Joseph. *Practical reason and norms*. 2. ed. Princeton: Princeton University Press, 1990. p. 58 e ss. No mesmo sentido, LOPES, José Reinaldo de Lima. *Curso de Filosofia do Direito*: o Direito como Prática. São Paulo: Atlas, 2021. p. 84 e ss..

[415] Dentro da distinção de John Rawls, fala-se agora na justificação da própria instituição e não de ações dentro dessa instituição. RAWLS, John. Two concepts of rules. *The philosophical review*, v. 64, n. 1, p. 3-32, 1955.

[416] É importante deixar claro que tal afirmação não implica uma concepção jusnaturalista de direito. Sobre a diferença entre o direito como ele é e a crítica moral do direito, ver HART, Herbert Lionel Adolphus. Positivism and the separation of law and morals. *Harvard Law Review*, v. 71, n. 4, p. 593-662, Feb. 1958. Sobre a necessidade do direito ser moralmente justificado sem haver um requisito de validade moral às normas jurídicas, ver MACCORMICK, Neil. A moralistic case for a-moralistic law. *Valparaiso University of Law Review*, v. 20, n. 1, p. 1-41, 1985. p. 1-41. Para um argumento completo sobre a relação entre a moralidade e a razão prática no direito, ver MACCORMICK, Neil. *Practical Reason in Law and Morality*. Oxford: Oxford University Press, 2008.

[417] Cass R. Sunstein e Adrian Vermeule, em *Lei & Leviatã: Resgatando o Estado Administrativo*, elaboram um trabalho semelhante de dar justificativa a um modelo de Estado Administrativo, a partir de certos requisitos mínimos de moralidade que podem conferir legitimidade ao Estado, mesmo sem entrar em modelos substantivos de administração do Estado. SUNSTEIN Cass R.; VERMEULE, Adrian. *Lei & Leviatã*: Resgatando o Estado Administrativo. São Paulo: Editora Contra Corrente, 2021.

Para entender a normatividade que tais correntes apresentam em termos de justificação moral, este trabalho irá adotar a divisão feita por Lon Fuller, em que a moralidade pode ser dividida em "moralidade de aspiração" e "moralidade de dever",[418] sendo a primeira entendida como *"a moralidade da vida exemplar, da excelência, da realização mais completa possível das faculdades humanas"*,[419] enquanto a segunda é a moralidade referente ao "respeito aos requisitos mínimos necessários à vida em sociedade".[420-421] A moralidade de aspiração pode ser considerada a base para qualquer tipo de moralidade, na medida em que toda moralidade tem por função fazer com que as pessoas ajam da melhor maneira. No entanto, apenas tal constatação não implica dizer que há uma relação lógica e anterior entre estabelecer o padrão perfeito de comportamento (a moralidade de aspiração) e o dever moral de conduta de cada pessoa. Não é preciso saber qual é o melhor padrão de comportamento para entender quais são os deveres morais que vinculam determinadas pessoas.[422]

Defender que matar é errado não implica defender alguma concepção de vida perfeita ou padrão de agir excelente, mas tão somente prescreve que esse tipo de ação prejudica os indivíduos a viverem em sociedade. A comunidade pode estabelecer valores próprios sem lançar mão de determinar padrões de vida ideais: (i) integridade física dos indivíduos (criando o dever moral da não lesão corporal); (ii) propriedade privada (criando o dever moral de não se roubar outros indivíduos);

---

[418] FULLER, Lon. *The morality of law*. New Haven: Yale University Press, 1964. p. 5-9.

[419] *Ibid.*, p. 5.

[420] *Ibid.*, p. 6.

[421] O exemplo dado é a linguagem, em que a moralidade de dever consiste nas regras da gramática, enquanto a moralidade de aspiração refere-se às regras que os críticos prescrevem para que uma composição seja a mais perfeita forma de se escrever. As regras da gramática compõem o mínimo articulado que permite manter a coerência da língua e garante a comunicação das pessoas, assim como as normas da moral de dever indicam o que é necessário para a vida social. Já a moral de aspiração – bem como o ideal do bem escrever – são imprecisos e vagos, dando apenas uma ideia geral de qual é a melhor maneira de se agir para alcançar a perfeição. Nesse sentido, BANKOWSKI, Zenon. *Vivendo Plenamente a Lei*. Rio de Janeiro: Elsevier, 2007. p. 72, equipara a moralidade de aspiração à moralidade da Grécia Clássica em que as condutas eram medidas pela sua realização ser mais bem ou mais mal realizadas. Não se pretende discutir a ética das virtudes. Para uma exposição moderna sobre o tema, ver MACINTYRE, Alasdair. *After Virtue*. Notre Dame: Notre Dame University Press, 1984.

[422] FULLER, Lon. *The morality of law*. New Haven: Yale University Press, 1964. p. 10-12. Dessa forma, busca-se fugir de críticas de muitos autores adeptos a teses relativistas, que entendem que como não é possível se chegar a um acordo sobre o que é o padrão de vida perfeito, então não é possível saber o que é certo ou errado, pois cada um tem a sua moral, não cabendo julgamentos.

(iii) honra (criando um dever moral de vedação à injúria). Esses são apenas alguns exemplos que retratam como é possível identificar condutas moralmente erradas sem precisar apelar para a existência de padrão único e perfeito de vida ideal. Pensando no caso da atividade administrativa, há uma diferença grande entre estabelecer as melhores formas de alocação de recursos públicos ou de distribuição de bens comuns da vedação de práticas como corrupção, uso irresponsável de verbas públicas, confisco de bens particulares dos cidadãos ou ofensas a direitos humanos básicos por agentes do Estado. Os primeiros exemplos seriam de uma moralidade de aspiração, enquanto os últimos tratam de uma moralidade de dever.

Não se pode ignorar a utilidade da moralidade aspiracional na prática governamental. Por ela pretende-se estabelecer um certo tipo de normatividade no sentido de fins a serem buscados pelo Estado, pela Administração Pública, e pelo próprio direito administrativo. E esses fins deverão ser incorporados como forma de melhorar a atividade administrativa,[423] o que envolve um esforço por parte também dos juristas de propor alternativas que tragam novas perspectivas de se aproximar desses fins. Já a moralidade enquanto dever trata daquilo que é objetivamente exigível do Estado e da Administração Pública e deve servir de critérios tanto para ação coletiva como para o controle dos atos e medidas tomadas pelo Poder Público no exercício de suas funções.

É importante ressaltar a preocupação teórica deste trabalho e especificamente deste tópico, que pretende discutir como as propostas de teoria do direito administrativo podem ser expostas em termos de moralidades de aspiração ou dever. Ao longo do trabalho, a discussão teórica foi desenvolvida por meio da análise de certos conceitos estruturantes de cada corrente doutrinária, de forma que se pretende manter essa linha de análise, ou seja, que tipo de moralidade tais conceitos exprimem para a atividade administrativa. Neste ponto, defende-se que ambos os modelos de direito administrativo trabalham com certos conceitos-chave que possuem um caráter tanto aspiracional quanto de dever. O que existe, na verdade, é uma diferença de grau de aspiração ou dever que tais conceitos expressam.

O caso da administração consensual ou democrática é um exemplo significativo de uma moralidade preponderantemente de aspiração, na medida em que estabelece certos padrões ideais de como

---

[423] Sobre a possibilidade da moralidade de aspiração aprimorar a própria prática jurídica, ver BANKOWSKI, Zenon. *Vivendo Plenamente a Lei*. Rio de Janeiro: Elsevier, 2007. p. 71-78.

melhorar a relação entre o Estado e a sociedade civil, buscando soluções consensuais e participativas na tomada de decisões e no exercício do poder político.[424] Porém, ainda carece de normatividade impositiva para concretizar e exigir tais padrões dentro da atividade administrativa. Tal constatação não implica dizer que não há um caráter de dever estatal, como existe nos casos em que se impõe a participação popular, como a prévia necessidade de consultas públicas para a tomada de certas decisões, ou o estabelecimento de conselhos gestores etc., mas mesmo nesses casos carece de regramentos específicos de como alcançar uma participação substantiva para servir de condições de validade para a ação pública.[425] Mesmo nos casos em que há um regramento específico, ainda há uma parcela de aspiração no que diz respeito à qualidade da participação, o que leva aos questionamentos feitos no capítulo anterior acerca de quem deve participar e como essa participação deve ocorrer. Na mesma linha, os mecanismos consensuais e substitutivos de decisões unilaterais podem existir e serem encorajados, como defende parcela da doutrina, mas necessitam de um arcabouço conceitual e normativo para permitir que se saiba quando e como serão utilizados, com base em que critérios.[426] Dessa forma, para que possa ser considerado com maior grau de dever, é preciso saber se é possível celebrar acordos com particulares que não estejam plenamente em consonância com a legalidade formal, como criar condições para saber quando posso celebrar tais acordos, e quando eu devo celebrar novamente acordo semelhante – caso apareça nova situação com características próximas.

Não se pretende demonizar a iniciativa privada, ou propor retrocessos nos processos de participação, especialmente nas contratações públicas, mas tão somente esclarecer o que está por trás desses modelos participativos. A forma como é colocada a discussão por parte da doutrina leva a crer que toda repartição de poderes com a sociedade (qualquer parcela que seja) configura um ganho democrático e, por tal razão, deve ser perseguido pelo Estado,[427] parecendo dar um caráter muito maior de dever que de aspiração. Porém, como visto no capítulo terceiro, a participação da sociedade civil, por si só, não é garantia de

---

[424] Ver tópico 2.2.
[425] Ver tópico 3.2.
[426] DI DI PIETRO JÚNIOR, Miguel Thomaz Di Pietro. A indisponibilidade do Interesse Público e a Participação da Administração Pública na Conciliação. In: MARQUES NETO, Floriano de Azevedo; ALMEIDA, Fernando Dias Menezes de; NOHARA, Irene Patrícia (Orgs.). *Direito e Administração Pública*: Estudos em homenagem a Maria Sylvia Zanella Di Pietro, 2013. p. 188-204.
[427] O questionamento desse pressuposto é um dos argumentos centrais defendidos no tópico 3.2.

fortalecimento democrático, o que se pode falar inclusive em graus de aspiração, ou seja, a ordem democrática e os valores constitucionais atribuem mais valor à participação efetiva de certas parcelas que de outras, para desnivelar as desigualdades que já existem na sociedade brasileira. Não se pode dizer também que não exista um dever de agir contratualmente em diversos casos por parte da Administração Pública. Quando a Administração não tem condições de realizar determinados deveres a que se propõe ou esteja obrigada a realizar, ou ainda que possa realizar, materialmente se verifica que a iniciativa privada possui muito mais capacidade para prestar determinado serviço de forma mais eficaz e com menos custos, não havendo justificativas para excluir essa possibilidade, há um dever de contratar. Evidentemente, essa contratação deverá seguir as regras em vigor. Além disso, caso se reconheça que não há capacidade de realizar diretamente o serviço, devendo contratar com particulares, tal justificativa tem uma pretensão de universalidade, ou seja, não se trata de, a cada caso semelhante, as autoridades deliberarem se vão contratar ou exercer diretamente. O núcleo duro do que se pode entender por moralidade de dever na administração consensual está, portanto, no respeito aos processos administrativos, que possuem regras definidas para dar oportunidades de participação dos cidadãos e limites e condições de atuação por parte da Administração Pública, bem como as exigências de contratação da Administração, que não devem ser tratados como casos singulares, mas sim como imposições gerais de algum grau de uniformidade do tratamento do Estado com a sociedade civil.[428]

Ainda quanto à mesma corrente teórica, é possível avaliar o papel constitutivo dos direitos fundamentais no direito público em termos de aspiração e de dever. Há um sentido de dever mais forte dos direitos fundamentais quando se pensa em limitações ao poder estatal em interferir nesses direitos, em especial ao restringi-los.[429] Dentro dos termos deste trabalho, os direitos fundamentais servem de razões de ação pública, formas de justificar quando se pode ou não agir em determinadas circunstâncias, em especial para preservar um

---

[428] Esta última tem ainda a questão de quando celebrar contratos, o que pode entrar em uma discussão aspiracional de modelo de Estado, acerca do quanto é preferível a participação da sociedade civil diretamente no exercício das atividades públicas.

[429] Como visto no tópico 3.1, próprio conceito de "direito subjetivo", o que o distingue de interesse, é a existência de certas atribuições conferidas pela ordem jurídica ao titular desse direito, que são oponíveis inclusive contra o Estado.

conteúdo mínimo essencial desses direitos.[430] De outro lado, quando se está falando de direitos fundamentais como fundamentos para ações voltadas à realização desses direitos, ou melhor, a maximização desses direitos a toda população, há uma certa diferença. Primeiro, a ideia de que se deve maximizar os direitos fundamentais depende de outra gama de justificativas, como do porquê falar em maximizar os direitos e não simplesmente universalizar a realização de todos. Além disso, os direitos criam condições de inteligibilidade para as ações públicas de forma mais limitada, pois não há especificidade de como estes devem ser garantidos, dependendo de maiores complementações dentro do sistema normativo. Por fim, quanto aos direitos, é preciso reforçar que ainda que possam ser de titularidade individual, e que existem diversos casos concretos envolvendo a realização de direitos determinados a pessoas específicas, a ação estatal não pode ser diferenciada entre os cidadãos, ou seja, a realização dos direitos deve ser coletiva. Todas essas últimas características expõem o forte apelo aspiracional dos direitos fundamentais como razões de agir do Estado.

Quanto à corrente teórica voltada à ideia de interesse público como conceito fundamental do direito público e da ação da Administração Pública, também são apresentados aspectos normativos tanto de aspiração quanto de dever. Quando se fala em "persecução do interesse público" enquanto atividade constante e princípio que guia a Administração Pública, é claro que existe proposta aspiracional. O próprio conceito de interesse público em si carrega essa ideia, que fica ainda mais patente quando se defende que exista um "direito administrativo social" ou deveres de intervenção social ligados ao conceito de interesse público decorrentes da ordem constitucional brasileira.[431] Trata-se de uma aspiração na medida em que são metas do Estado a serem executadas de diferentes formas. No entanto, quando o conceito de interesse público é associado à ideia aqui defendida de necessidade de tomada de decisões coletivas, ganha uma perspectiva mais forte de dever da Administração Pública, pois está associado com o próprio requisito de imparcialidade do Estado que não atua para a satisfação

---

[430] Nesse sentido, SILVA, Virgílio Afonso da. *Direitos Fundamentais*: conteúdo essencial, restrições e eficácia. 2. ed. São Paulo: Malheiros, 2010. p. 185-196.

[431] GABARDO, Emerson. O princípio da supremacia do interesse público sobre o interesse privado como fundamento do Direito Administrativo Social. *Revista de Investigações Constitucionais*, Curitiba, v. 4, n. 2, p. 95-130, maio/ago. 2017. HACHEM, Daniel Wunder. A noção constitucional de desenvolvimento para além do viés econômico: reflexos sobre algumas tendências do Direito Público brasileiro. *A&C – Revista de Direito Administrativo & Constitucional*, Belo Horizonte, ano 13, n. 53, p. 133-168, jul./set. 2013.

de nenhuma pessoa em particular. Não se trata de relações pessoais, mas institucionais. Essa seria talvez a melhor formulação para pensar alguma ideia de "indisponibilidade do interesse público", ou seja, de haver um dever de justificar suas ações em termos gerais – necessários para a criação de condições coletivas da vida em sociedade. Fala-se aqui em uma moralidade de dever, pois esta cria condições de inteligibilidade da ação política, reafirmando a pretensão de universalidade do próprio direito público.

O que ambas as correntes concordam, ainda que partindo de diferentes pressupostos e aplicando de formas distintas, consiste na necessidade de a atividade administrativa ser pautada pela eficiência quanto à realização dos objetivos do Estado. Essa seria a essência do que se chama de "boa administração" em um sentido amplo. É preciso ter em mente que a tarefa de administrar o Estado não é diferente da tarefa de *administrar bem* o Estado,[432] ou seja, as ações da Administração Pública e de todos os seus agentes devem ser orientadas sempre pela realização de suas tarefas e a busca de seus objetivos da melhor maneira possível, da que trará melhores condições de vida para a população. Essa estrutura de vinculação está muito mais próxima de uma moralidade de aspiração da Administração Pública para ser guiada às melhores práticas e decisões, porém também existem vinculações de dever acerca dos resultados das atividades públicas, e não decorrem apenas dos dispositivos genéricos voltados à probidade, preservação do patrimônio público e duração razoável dos processos administrativos, mas de diversos casos em que há regras jurídicas específicas que exigem que as ações sejam realizadas em termos de eficiência, como no caso do dever de realizar a devida cotação de preços e de contratar aquele que apresentar o preço mais vantajoso, para serviços em que a qualidade.

Aqui, chega-se ao conceito central que vem sendo desenvolvido neste trabalho para tratar de uma moralidade de dever no direito administrativo: a legalidade.[433] O conceito de legalidade em si trata do que a Administração pode fazer, trata de sua constituição e de seus padrões

---

[432] Como aponta Christine Korsgaard, para praticar uma atividade, deve-se tentar praticar bem essa atividade, e essa boa prática advém apenas de certos padrões constitutivos. A normatividade, assim, guia a atividade para que seja realizada da melhor forma possível, mesmo que empiricamente esse fato não se concretize. Daí a importância da moralidade de aspiração. KORSGAARD, Christine Marion. *Self-constitution*: agency, identity and integrity. Oxford/New York: Oxford University Press, 2009. p. 27-34.

[433] Destaca-se que existe também um caráter aspiracional no sentido de estabelecer ao máximo os padrões de legalidade (os princípios da moralidade procedimental inerentes à legalidade).

de inteligibilidade. A legalidade serve de fundamento para a ação, bem como de critério para o controle da atividade administrativa, mesmo nos casos de ações de caráter coletivo. Permite também a comparação das ações no tempo, impondo a necessidade de tratar casos semelhantes de formas semelhantes. Essa possibilidade de as ações serem medidas (comparadas) e a exigência de que as ações sejam realizadas da mesma forma é o que permite atribuir à legalidade o caráter de dever. O fato de a legalidade possuir um caráter de dever não implica que não haja relação entre ela e outros institutos de caráter mais aspiracional.

Um exemplo interessante que ilustra a relação entre a legalidade, a atividade negocial da Administração Pública e a eficiência são os casos de compensação ambiental ou de compensação urbanística, em que havendo a necessidade de reparar determinado dano decorrente de uma atividade de um particular, a Administração Pública pode negociar as formas de reparação do dano.[434] Mesmo que a compensação seja negociada, com o particular apresentando uma proposta de compensação do dano causado por sua atividade, ainda caberá à Administração Pública avaliar e decidir se aceita ou não tal proposta. O papel da lei e demais atos normativos gerais será de estabelecer as condições em que essa negociação poderá ser realizada. Em outras palavras, a lei preverá os casos (os tipos ideais de situação) em que serão permitidas as compensações e as diretrizes, os critérios, que deverão ser utilizados para avaliar as propostas, verificando se a alternativa trazida pelo particular é suficiente para compensar o dano causado, dando os padrões de eficiência mínimos que permitem justificar tal medida.

A legalidade é o cerne do que se está chamando de moralidade de dever do direito público, que tem como principal característica a condição de seguir regras, pois a organização da sociedade segundo regras é o objetivo do direito como empreendimento teleológico, e é essa característica que efetivamente vincula a atividade da Administração Pública e seus agentes. Por essa razão, ao desenvolver os requisitos da legalidade, Lon Fuller estabelece princípios voltados a um legislador ideal, para dar condições mínimas para que as pessoas possam seguir regras e, assim, viver sob o direito.[435] No entanto, a legalidade

---

[434] Sobre o tema, ver FERREIRA, Gabriel Luis Bonora Vidrih; SILVA, Solange Teles. Análise dos fundamentos da compensação ambiental. A responsabilidade civil ex ante no direito brasileiro. *Revista de Informação Legislativa*, Senado Federal, Brasília, n. 175, p. 125-137, jul./set. 2007.

[435] FULLER, Lon. *The morality of law*. New Haven: Yale University Press, 1964. p. 33-93. Os oito princípios de legalidade são: (i) a generalidade das regras – aqui, se tem uma exigência de um mínimo de conteúdo moral nas regras de direito para que possam ser seguidas;

desenvolvida neste trabalho voltou-se menos para a criação das regras jurídicas, focando no seguimento dessas pelos governantes do Estado. Pode-se falar que um dos objetivos enfrentados foi elaborar uma resposta dada pelo direito ao que os governantes podem ou não podem fazer – como eles devem agir. Dessa forma, as características centrais ressaltadas de um bom seguimento de regra pelos governantes, uma moralidade interna à atividade de governar, são a coerência e a confiança. Aqui, exige-se que as decisões sejam claras (compreensíveis), fundamentadas (que se saiba as razões para decisão), justificáveis em termos jurídicos (que possam ser feitas referências a normas que deem inteligibilidade às ações), e que essas decisões não sejam contraditórias entre si, ou seja, volta-se à universalização das decisões e à ideia de justiça formal.[436] Dentro dessas características, é claro que também existe um certo caráter aspiracional, pois decisões podem ser mais ou menos claras, a fundamentação pode ser melhor ou pior e é possível questionar o grau de coerência da atividade administrativa, por exemplo, se duas decisões foram realmente decididas de forma semelhante.

    A legalidade não dá todas as respostas aos problemas do Estado, mas tão somente estabelece as condições mínimas para a ação política, o que não significa que não se deva buscar o aprimoramento na gestão da coisa pública e na prestação dos serviços públicos. Esse aprimoramento depende dos objetivos que estão por trás das regras jurídicas e que vinculam a Administração Pública e a comunidade política como um todo, sendo essenciais ao bom desenvolvimento do direito e ao próprio seguimento de regras. Com a distinção entre moralidade de aspiração e de dever, buscou-se aprofundar a discussão que vem sendo trabalhada ao longo desta dissertação sobre o papel do direito na atividade de administração do Estado, tentando esclarecer

---

(ii) a promulgação – as leis devem ser promulgadas – divulgadas para que os cidadãos a elas submetidas saibam que normas devem seguir; (iii) a prospectividade ou não retroatividade – as leis devem sempre ser prescrições pensadas para eventos posteriores às leis; (iv) possibilidade – o que for prescrito pela lei deve ser possível; (v) clareza – deve ser evidente para os cidadãos o que a lei exige que eles façam; (vi) consistência ou não contradição – é uma relação lógica da lei, de tal modo que ela não possa afirmar que uma conduta é lícita e ilícita ao mesmo tempo; (vii) estabilidade – as regras de direito não podem trocar a todo tempo; (viii) congruência – exigência de que os atos do governo ou da autoridade estejam em conformidade com o disposto nas leis. Sobre o tema, ver BARZOTTO, Luis Fernando. Legalidad y derecho natural institucional. *Prudentia Iuris*, n. 78, p. 55-71, 2014.

[436] Essa é a ideia geral desenvolvida por Cass R. Sunstein e Adrian Vermeule no capítulo 4 de seu *Lei & Leviatã: Resgatando o Estado Administrativo*. SUNSTEIN Cass R.; VERMEULE, Adrian. *Lei & Leviatã*: Resgatando o Estado Administrativo. São Paulo: Editora Contra Corrente, 2021.

uma diferença que parece não ser bem percebida pela doutrina entre questões voltadas à melhora da atividade, e elementos que vinculam a Administração Pública e são objeto de controle pelo direito e pelas instituições jurídicas. Essa confusão prejudica a prática jurídica, pois incorpora ao direito elementos que não são próprios da atividade dos juristas enquanto ofusca as qualidades próprias do direito que podem, de fato, contribuir para a administração do Estado, tais como a pretensão de universalidade, isonomia e coerência.

4.2 Os horizontes teóricos do direito público

A legalidade busca dar sentido para as ações públicas realizadas em nome do Estado e da Administração Pública.[437] Saber se tal ato foi praticado legitimamente pela Administração Pública é, em primeiro lugar, saber se o ato existiu como uma ação estatal, e isso quem pode responder é o direito, pois as ações estatais não crescem em árvores, elas fazem parte do mundo institucional criado pelo direito. Nessa perspectiva, pode-se saber se uma ação praticada foi realmente decorrente da atividade estatal, e avaliar se essa ação foi juridicamente legítima. Volta-se a ideia da lei enquanto medida das ações, o que permite o controle dos atos da Administração Pública pelos demais órgãos do Estado, em especial o Judiciário, e também da própria sociedade. Trata-se de uma tentativa de esclarecer o papel que o direito assume na atividade de administrar o Estado, o que pode contribuir para o próprio desenvolvimento da teoria do direito público.

A título de exemplificação sobre como entender a legalidade enquanto sentido da ação política pode auxiliar a pensar o direito público a chamada "burocracia em nível de rua" – que são atividades estatais que não são realizadas "dentro da máquina pública", de escritórios e repartições, mas literalmente fora dos espaços físicos da burocracia estatal. Exemplos mais claros são a atividade policial (claro, sem considerar as atividades internas e de corregedoria) e de assistência social.[438] Nesses casos, pode-se falar em um extremo de discricionariedade decorrente da própria atividade exercida, em que as ações diárias são bastante imprevisíveis e englobam uma gama muito grande de possibilidades de ação, o que impede uma descrição exaustiva dessas atividades,

---

[437] Tópico 3.3.
[438] Sobre o tema, ver LIPSKY, Michael. *Burocracia de nível de rua*: dilemas do indivíduo nos serviços públicos. Brasília: ENAP, 2019.

abrindo ampla margem para julgamentos sobre como e quando abordar e conversar com as pessoas, de que forma realizar essas tarefas, como responder às reações das pessoas etc. Nesse contexto, o direito administrativo pode ajudar não só a reduzir a discricionariedade dessas atividades, que, como dito, é difícil de ser reduzida a normas jurídicas, mas pode, por outro lado, auxiliar a explicar e justificar as ações realizadas. Como saber se tal ação foi correta, legítima ou exagerada por parte do agente público? Enquadram-se as ações em uma linguagem que permita avaliar, ou seja, as ações são traduzidas em termos jurídicos, dentro de categorias e regras gerais de conduta que possuam algum critério compartilhado, um pano de fundo, que permita dizer se a ação foi correta ou não. Essa é a ideia de protocolos de conduta. Busca-se, dentro do possível, dar soluções gerais para diferentes situações. Outra forma são os próprios princípios constitutivos que regem a atividade, que geralmente estão previstos em leis gerais ou códigos de ética da profissão. Com essas ferramentas, o direito torna uma ação não prevista em nenhum lugar em algo inteligível e avaliável por atores externos. É isso que significa dar sentidos para a ação. A ideia central é criar uma ponte entre a linguagem universal do direito com as outras linguagens decorrentes da própria atividade, o que permitiria entrar nesse debate e trazer alguma contribuição.[439]

Essa forma de pensar o direito administrativo abre portas para incluir o ramo do direito nas discussões envolvendo temas pouco explorados, principalmente o da segurança pública. Uma das formas de pensar esse diálogo é a da criação de instrumentos de ação,[440] a ideia de normas constitutivas que criam novas possibilidades de ação pública, o

---

[439] Em perspectiva semelhante, ainda que não do direito, ver WEGENAAR, Hendrik. Discretion and Street-Level Practice. In: EVANS, Tony; HUPE, Peter (Eds.) *Discretion and the Quest for Controlled Freedom*. Gewerbestrasse: Springer, 2020. p. 259-278. Dentro de uma perspectiva dialógica de ação, muito semelhante ao desenvolvido neste trabalho, o autor propõe analisar as políticas públicas em matéria de burocracia em nível de rua. Nesse sentido, defende o diálogo entre diferentes linguagens, a jurídico-formal da típica da burocracia e do seguimento de regras e a linguagem habitual dos agentes daquela prática, mostrando como se dá a construção do sentido dessas atividades, o que pode auxiliar a avaliar e controlar esse tipo de ação estatal.

[440] Essa ideia de criação do direito para fins de administração do Estado, dentro da legalidade que dê sentidos a essas ações, subordinando essas ações, parece compatível com o argumento de Carlos Ari Sundfeld em "Administrar é criar?". SUNDFELD, Carlos Ari. *Direito Administrativo para céticos*. São Paulo: Malheiros, 2012.
O que se pretende destacar é que a proposta de legalidade e tomada de decisões da Administração Pública defendida neste trabalho tem condições de dialogar até com autores de linha mais pragmática, como Carlos Ari, uma vez que o autor é também contrário ao subjetivismo defendido por parte da doutrina, ainda que por pressupostos teóricos diferentes.

que geralmente está ligado com as políticas públicas da área de segurança. Aqui, o direito entraria principalmente na normatização de tais políticas. Outra forma seria a própria normatização de condutas, como dito, de criação de códigos e protocolos aplicáveis aos agentes. Uma terceira possibilidade é voltada ao desenho institucional das agências de segurança pública, como as secretarias e ministérios e suas relações com a burocracia de segurança, tais como as delegacias de polícia, postos de atendimento ao público, e centrais de monitoramento. Por fim, e talvez principalmente, permite a avaliação das ações e condutas dos agentes, o que não serve apenas para responsabilizá-los por condutas inadequadas, mas também para proteger aqueles que agiram corretamente de perseguições e punições injustas.

Voltando a um dos problemas iniciais que se colocaram neste trabalho, qual seja, o desafio da interdisciplinaridade no direito público para dar conta da complexidade da realidade administrativa e governamental contemporânea, defende-se que a proposta aqui apresentada de tomada de decisões públicas responde melhor a esse desafio, pelo menos por duas principais razões. Em primeiro lugar porque não esvazia o direito como prática social, campo do conhecimento, ordem normativa vinculante, ou mesmo instrumento de controle do poder. Em outras palavras, mantém a centralidade do papel do direito no seu debate com os demais campos do saber e da ação política. A perspectiva excessivamente pragmática coloca o direito como subordinado aos demais saberes das ciências sociais, em especial à economia, onde se preocupa primeiramente com as consequências das decisões para então verificar, de forma subordinada a essas consequências, o regime jurídico aplicável, e o raciocínio jurídico a ser utilizado. Quando a prática administrativa, o *administrar* ou o *governar* o Estado, passa a ser entendido pelo direito como condições da ação política, subordinadas ao conceito de legalidade, o seguir o direito, pode-se realizar o controle das decisões tomadas pelas autoridades, a partir dos princípios e regras que estabelecem as condições de inteligibilidade, os limites do que pode ser realizado dentro do direito para garantir uma ação voltada a toda comunidade política. E, nesse sentido, há uma segunda vantagem nesse modelo em termos de interdisciplinaridade: o direito não pretende substituir ou englobar toda a política, incluindo aqui os raciocínios econômicos e estratégicos de tomada de decisão. Em outras palavras, não se está pretendendo que o jurista se torne o administrador por excelência do Estado brasileiro. Dentro das condições de inteligibilidade dadas pelo direito, as autoridades públicas continuam podendo decidir sobre qual a melhor forma de dirigir o Estado, o que será melhor para a população. A proposta, aqui, é um contraponto tanto ao ceticismo jurídico quanto a uma visão totalizante da sociedade pela prática jurídica, e permite tanto o respeito e defesa dos direitos e garantias individuais, quanto à manutenção das regras de maioria que compõem nosso Estado Democrático de Direito.

4.3 Considerações finais

O debate acerca do interesse público como fundamento ou vetor do direito administrativo, bem como a relativização ou abandono do conceito em função da escalada dos direitos fundamentais tem sido uma das mais importantes e acirradas discussões teóricas envolvendo o direito público brasileiro nas últimas décadas. Muito se escreveu e ainda se escreve sobre o assunto, o que dificulta novas contribuições, apesar deste trabalho ter defendido que o debate está longe de ser superado. Pensando nisso, buscou-se abordar a discussão por uma lente ainda pouco explorada pela doutrina administrativista brasileira, mas que é relevante no campo da filosofia e da teoria geral do direito, qual seja, a teoria da decisão. Por essa perspectiva, o trabalho propôs-se a explorar qual é o papel do direito na tomada de decisões públicas por parte das autoridades do Estado, defendendo que existe uma resposta diferente para essa pergunta a depender da perspectiva teórica do direito administrativo que se adote.

Entre as grandes razões de divergência doutrinária que compõem o pano de fundo deste trabalho estão a relação entre o direito e a política, e a capacidade do direito em contribuir para a solução dos problemas contemporâneos da gestão pública. Em outras palavras, trata-se de uma discussão sobre a relação entre o direito e a administração do Estado brasileiro. O direito pode ser tratado tanto como um dos grandes problemas da Administração Pública quanto como uma das principais soluções para esses problemas. A primeira visão entende que o excesso de formalismo e preocupações com abstrações e generalidades amarra a burocracia e as ações estatais, dificultando a criação de respostas mais eficientes, inovadoras e democráticas. Essa seria uma posição cética em relação ao direito, defendendo que a resposta para os problemas do Estado estaria em outras áreas do saber, tais como a economia e as ciências da administração. Por outro lado, há quem defenda que o papel do direito é justamente garantir a qualidade da gestão pública, impondo às autoridades o emprego dos melhores meios para atingir os fins da Administração Pública. Por essa perspectiva, o direito público teria uma relação bastante estreita com a política, podendo lançar mão dos métodos de outros campos do saber para garantir o direito de todos os cidadãos a uma boa Administração Pública.

Essas duas formas de conceber a relação entre o direito e a administração do Estado apareceram na corrente doutrinária exposta no segundo capítulo, denominada Escola dos Direitos Fundamentais. Essa corrente tem por principais preocupações estabelecer um modelo de Administração Pública democrática e eficiente. O caráter democrático para essa corrente decorria da priorização aos direitos fundamentais e da busca pela conciliação de interesses na sociedade em detrimento da imposição unilateral de um interesse público por parte do Estado e de suas autoridades, e a participação da sociedade civil no exercício do poder político e nas atividades de interesse coletivo.

Essa corrente entende, portanto, que administrar o Estado para o direito seria tomar as melhores decisões no caso concreto. E a decisão mais adequada a cada caso deve ser aquela que produz as melhores consequências considerando as regras, os interesses e os direitos em jogo em dada situação. O principal questionamento feito a esse posicionamento acerca das decisões públicas do Estado está no particularismo dessa forma de decidir. Como cada decisão deve preocupar-se apenas com a melhor resposta para os casos concretos, há uma perda de características fundamentais ao direito e à legitimidade das autoridades públicas em regimes democráticos: a coerência e a igualdade das decisões.

Ao explorar a segunda corrente teórica do direito público brasileiro, chamada de Escola do Interesse Público, foi proposto apresentar respostas às críticas elaboradas pela doutrina anterior e dar uma solução mais adequada à tomada de decisões públicas para o direito. Assim, defendeu-se como pressupostos teóricos centrais a importância do Estado e das autoridades públicas na realização do interesse público, aqui entendido como uma necessidade de justificação das ações estatais em termos gerais, que possam ser remetidos a toda comunidade política. Ainda pensando nas possibilidades de resposta acerca de como o direito pode contribuir para os problemas da Administração Pública, é possível defender que o direito tenha um papel importante na resposta aos problemas do Estado, mas sem lhe atribuir toda a responsabilidade por resolver essa situação. Para tal, reforça-se a existência da discricionariedade administrativa, para distinguir aquilo que é próprio da política daquilo que é questão de direito. Nessa perspectiva, o que define o campo de atuação do direito é a legalidade, que dá sentido às decisões das autoridades, permitindo que essas sejam justificadas em termos de regras e de justiça. Essa forma de conceber o papel do direito na tomada de decisões das autoridades oferece certos critérios para avaliação das decisões administrativas, quais sejam, a universalização, a coerência e a igualdade dessas ações.

As sociedades contemporâneas passam por diversas alterações que impõem a necessidade de novos tratamentos por parte do direito. O direito foi tratado como uma prática abrangente, que envolve diversas questões da vida em sociedade. Há diversos problemas da vida em sociedade que podem e devem ser objeto de estudo por parte dos juristas. Considerando as muitas questões que envolvem o direito, é natural pensar que o debate acadêmico também deve se aprimorar e que deve buscar respostas dentro do direito para enfrentar essas novas questões que vão sendo colocadas aos juristas. Nesse sentido, vão sendo criadas novas propostas de enfrentar novas situações ou mesmo problemas antigos para os quais não foram encontradas respostas satisfatórias. No entanto, uma proposta nova não é boa ou melhor por definição. Muitas vezes essas tentativas de buscar novos paradigmas para um campo não são o caminho mais adequado para a prática jurídica. Analisar e avaliar criticamente essas propostas é um dos papéis da filosofia do direito.

Nesse sentido, foram abordados de forma marginal diversos pontos e conceitos que, embora fossem importantes para a compreensão do problema, só puderam ser abordados em termos gerais, ou seja, para um enquadramento deles dentro de um pano de fundo teórico em que cada corrente estaria inserida. Apesar de não ter sido possível explorar exaustivamente esses temas, espera-se que a presente discussão colabore com pesquisas específicas, permitindo que os demais juristas consigam enxergar seus próprios temas em uma discussão mais ampla sobre o papel do direito na administração do Estado e os limites da atuação jurídica. Além disso, ao discutir e propor formas gerais de tomada de decisão, pesquisas em temas específicos podem voltar aos pressupostos para tentar verificar se suas respostas ainda fazem sentido.

Por fim, volta-se a um dos propósitos centrais deste trabalho, que percorreu as discussões realizadas ao longo da pesquisa. Trata-se da interdisciplinaridade entre o direito e outras áreas do saber, em especial a política, a economia e as ciências da administração. Com essa reflexão, buscou-se fugir de uma resposta cética em relação ao direito, de que as respostas estariam todas nas outras áreas e que o direito, se quiser contribuir para o desenvolvimento da sociedade, deve apropriar-se desses saberes na maior medida possível. No entanto, também não se propõe a colonização dos demais campos pelo direito, como se pelos métodos de aplicação e interpretação o direito pudesse resolver qualquer questão política e de gestão pública. O foco na legalidade e na racionalidade jurídica em termos de justiça e de seguimento de regras não é mero apego às tradições. Defende-se, na verdade, uma forma de estruturação do direito e das possibilidades de ação dentro da prática jurídica. De certo modo, o direito controla e colabora com a construção de uma sociedade mais justa e organizada, bem como de uma melhor administração da coisa pública. Antes de tentar aprender completamente todos os campos da ação humana para tomar decisões, os juristas devem dominar seus próprios conceitos e sua própria prática. O direito dialoga com os demais saberes, mas não os substitui. Talvez a principal contribuição deste trabalho seja justamente oferecer uma reflexão sobre qual é e como deve ser o papel do direito neste debate.

REFERÊNCIAS

ACIDENTES com mortes nas marginais diminuem 52% em 12 meses, diz CET. *Portal G1*, 2016. Disponível em: http://g1.globo.com/sao-paulo/noticia/2016/10/acidentes-com-mortes-nas-marginais-diminuem-52-em-12-meses.html. Acesso em: 21 ago. 2024.

ALESSI, Renato. *Diritto Amministrativo*. Milano: Giufrè, 1949.

ALEXY, Robert. Constitutional Rights and Proportionality. *Journal for Constitutional Theory and Philosophy of Law*, n. 22, p. 51-65, 2014.

ALEXY, Robert. Law, morality, and the existence of human rights. *Ratio juris*, v. 25, n. 1, p. 2-14, 2012.

ALEXY, Robert. *Teoria dos direitos fundamentais*. São Paulo: Malheiros, 2015.

ALVES, Francisco Sérgio Maia. O novo paradigma da decisão a partir do art. 20 da LINDB: análise do dispositivo segundo as teorias de Richard Posner e Neil MacCormick. *Revista De Direito Administrativo*, v. 278, n. 3, p. 113-144, set./dez. 2019.

ANSCOMBE, Gertrude Elizabeth Margareth. *Intention*. 2. ed. Cambridge/London: Harvard University Press, 1963.

ANSCOMBE, Gertrude Elizabeth Margareth. On Brute facts. *Analysis*, v. 18, n. 3, p. 69-72, jan. 1958.

APPARECIDO JÚNIOR, José Antonio. *Direito urbanístico aplicado*: os caminhos da eficiência jurídica nos projetos urbanísticos. Curitiba: Juruá, 2017.

ARAGÃO, Alexandre Santos de. A supremacia do interesse público no advento do Estado de Direito e na hermenêutica do Direito Público contemporâneo. In: SARMENTO, Daniel (Org.). *Interesses Públicos "Versus" Interesses Privados*: desconstruindo o princípio da supremacia do interesse público. Rio de Janeiro: Lumen Juris, 2005.

ARAGÃO, Alexandre Santos de. Subjetividade judicial na ponderação de valores: alguns exageros na adoção indiscriminada da teoria dos princípios. *Revista De Direito Administrativo*, Rio de Janeiro, n. 267, p. 41-65, 2014.

ATRIA, Fernando. Existem direitos sociais? In: MELLO, Cláudio Ari (Coord.). *Os desafios dos direitos sociais*. Porto Alegre: Livraria do Advogado, 2005.

ATRIA, Fernando. *Razón Bruta*. Santiago, 2018. Disponível em: https://media.elmostrador.cl/2018/05/Atria_Razon_bruta.pdf. Acesso em: 13 jan. 2023.

ATRIA, Fernando *et. al. El otro modelo*. Santiago: Random House Mondadori, 2013.

ÁVILA, Humberto Bergmann. "Neoconstitucionalismo": entre a "ciência do direito" e o "direito da ciência." *Revista Brasileira de Direito Público*, Belo Horizonte, v. 6, n. 23, p. 9-30, out. 2008.

ÁVILA, Humberto Bergmann. Repensando a supremacia do interesse público sobre o particular. *Revista Eletrônica Sobre a Reforma do Estado (REDE)*, Salvador, Instituto Brasileiro de Direito Público, n. 11, set./out./nov. 2007.

ÁVILA, Humberto Bergmann. *Teoria dos Princípios*: da definição à aplicação dos princípios jurídicos. 16. ed. São Paulo: Malheiros, 2016.

AVRITZER, Leonardo. Instituições participativas e desenho institucional. *Opinião Pública*, Campinas, v. 14, n. 1, p. 43-64, jun. 2008.

AVRITZER, Leonardo. Modelos de deliberação democrática: uma análise do orçamento participativo no Brasil. In: SANTOS, Boaventura Sousa (Org.). *Democratizar a democracia*: os caminhos da democracia participativa. Rio de Janeiro: Civilização Brasileira, 2002.

BANDEIRA DE MELLO, Celso Antônio. *Discricionariedade e Controle judicial*. 2. ed. São Paulo: Malheiros Editores, 2010.

BANKOWSKI, Zenon. *Vivendo Plenamente a Lei*. Rio de Janeiro: Elsevier, 2007.

BAPTISTA, Patrícia Ferreira. *Transformações do Direito Administrativo*. Rio de Janeiro: Renovar, 2003.

BARCELLOS, Ana Paula de. *Ponderação, Racionalidade e Atividade Jurisdicional*. Rio de Janeiro: Renovar, 2005.

BARROS, Layra Mendes Amado de. O que fazer quando o Fiscalizador-controlador assume a gestão pública no lugar do Gestor? O acordo administrativo "situado" e o problema da ineficiência da Responsabilização na Administração pelo Ministério Público. In: OLIVEIRA, Gustavo Justino de (Coord.). *Acordos administrativos no Brasil*: teoria e prática. São Paulo: Almedina, 2020.

BARROSO, Luís Roberto. A constitucionalização do direito e suas repercussões no âmbito administrativo. In: ARAGÃO, Alexandre Santos de; MARQUES NETO, Floriano de Azevedo (Coords.). *Direito administrativo e seus novos paradigmas*. Belo Horizonte: Fórum, 2012.

BARROSO, Luís Roberto. Neoconstitucionalismo e constitucionalização do direito (o triunfo tardio do direito constitucional no Brasil). *Revista de Direito da Procuradoria Geral do Rio de Janeiro*, Rio de Janeiro, n. 60, p. 137-179, 2006.

BARROSO, Luís Roberto. O Estado Contemporâneo, os direitos fundamentais e a Redefinição da Supremacia do Interesse Público sobre o Particular. In: SARMENTO, Daniel (Org.). *Interesses Públicos vs Interesses Privados*: desconstruindo o princípio da Supremacia do interesse público. Rio de Janeiro: Lumen Juris, 2005.

BARROSO, Luís Roberto. Vinte anos da Constituição de 1988: o Estado a que chegamos. *Cadernos da Escola de Direito e Relações Internacionais da UniBrasil*, v. 1, n. 8, p. 183-225, 2008.

BARRY, Brian. *Justice as Impartiality*. Oxford: Oxford University Press, 1995.

BARZOTTO, Luis Fernando. Legalidad y derecho natural institucional. *Prudentia Iuris*, n. 78, p. 55-71, 2014.

BARZOTTO, Luis Fernando. Razão de lei contribuição a uma Teoria do Princípio da Legalidade. *Revista Direito GV*, [S.l.], v. 3, n. 2, p. 219-260, jul. 2007.

BERCOVICI, Gilberto. A crise e a atualidade do Estado social para a periferia do capitalismo. *Revista Estudos do Século XX*, Coimbra, n. 13, p. 129-144, 2013.

BERCOVICI, Gilberto. *Constituição Econômica e Desenvolvimento*. 2. ed. São Paulo: Almedina, 2021.

BERCOVICI, Gilberto. O Estado desenvolvimentista e seus impasses: uma análise do caso brasileiro. *Boletim de Ciências Econômicas*, Faculdade de Direito da Universidade de Coimbra, v. XLVII, p. 149-180, 2004.

BERCOVICI, Gilberto. Plebiscito e Referendo sobre Matéria Administrativa. In: MARQUES NETO, Floriano de Azevedo; MENEZES DE ALMEIDA, Fernando Dias; NOHARA, Irene Patrícia (Orgs.). *Direito e Administração Pública*: Estudos em homenagem a Maria Sylvia Zanella Di Pietro. São Paulo: Atlas, 2013.

BINENBOJM, Gustavo. *Poder de Polícia, Ordenação e Regulação*: transformações político-institucionais do direito administrativo ordenador. 3. ed. Belo Horizonte: Fórum, 2021.

BINENBOJM, Gustavo. *Uma Teoria do Direito Administrativo*: direitos fundamentais, democracia e constitucionalização. 3. ed. Rio de Janeiro: Renovar, 2014.

BITENCOURT NETO, Eurico. *Concertação Administrativa Interorgânica*: Direito Administrativo e Organização no Século XXI. São Paulo: Almedina, 2017.

BITENCOURT NETO, Eurico. Transformações do Estado e da Administração Pública no século XXI. *Revista de Investigações Constitucionais*, Curitiba, v. 4, n. 1, p. 207-225, jan./abr. 2017.

BLOOR, David. *Wittgenstein, rules and institutions*. London: Routledge, 2002.

BONACORSI DE PALMA, Juliana. *Atuação administrativa consensual*: estudo dos acordos substitutivos no processo sancionador. Dissertação (Mestrado) – Faculdade de Direito, Universidade de São Paulo, São Paulo, 2010.

BORGES, Alice Maria Gonzalez. Supremacia do interesse público: desconstrução ou reconstrução. *Revista Brasileira de Direito Público – RBDP*, Belo Horizonte, n. 01, p. 1-23, abr./jun. 2003.

BRESSER-PEREIRA, Luiz Carlos. Da administração pública burocrática à gerencial. *Revista do Serviço Público*, Brasília, v. 47, n. 1, p. 7-40, 1996.

BUCCI, Maria Paula Dallari. *Direito Administrativo e Políticas Públicas*. São Paulo: Saraiva, 2002.

BUCCI, Maria Paula Dallari. *Fundamentos para uma teoria jurídica das políticas públicas*. 2. ed. São Paulo: Saraiva Educação, 2021.

BUCCI, Maria Paula Dallari. Método e aplicações da abordagem DP. *Revista Estudos Institucionais*, Rio de Janeiro, v. 5, n. 3, p. 791-832, dez. 2019.

CANE, Peter. *Responsibility in Law and Morality*. Oxford: Hart Publishing, 2002.

CANOTILHO, José Joaquim Gomes. *"Brancosos" e interconstitucionalidade*. Itinerário dos discursos sobre a historicidade constitucional. 2. ed. Coimbra: Almedina, 2008.

CANOTILHO, José Joaquim Gomes. O direito constitucional passa; o direito administrativo passa também. *Boletim da Faculdade de Direito da Universidade de Coimbra*, Estudos em homenagem ao Prof. Doutor Rogério Soares, Coimbra, v. 7, n. 11, p. 705-721, 2001.

CASSESE, Sabino. *A Crise do Estado*. Campinas: Saberes Ed, 2010.

CASSESE, Sabino. Reestruturando o Estado: do Estado-nação à comunidade política global. In: BUCCI, Maria Paula Dallari; GASPARDO, Murilo (Orgs.). *Teoria do Estado*: sentidos contemporâneos. São Paulo: Saraiva, 2018.

CAVALCANTI, Themístocles Brandão. *Tratado de direito administrativo*. 5. ed. Rio de Janeiro: Freitas Bastos, 1964. v. I e II.

CHEVALLIER, Jacques. A Governança e o Direito. *Revista de Direito Público da Economia – RDPE*, Belo Horizonte, n. 12, p. 129-131, out./dez. 2005.

CHEVALLIER, Jacques. *O Estado pós-moderno*. Trad. Marçal Justen Filho. Belo Horizonte: Fórum, 2009.

CLUNE, William H. Um modelo político de implementação para as políticas públicas: os papéis do direito e dos juristas. *Revista Brasileira de Políticas Públicas*, Brasília, v. 11, n. 1, 2021.

COMPARATO, Fábio Konder. Planejar o Desenvolvimento: a Perspectiva Institucional. In: COMPARATO, Fábio Konder. *Para Viver a Democracia*. São Paulo: Editora Brasiliense, 1989.

COUTINHO, Diogo Rosenthal. *Direito e Economia na Regulação de Serviços Públicos*. São Paulo: Saraiva Jur, 2014.

DI PIETRO, Maria Sylvia Zanella. *Direito administrativo*. São Paulo: Atlas, 2018.

DI PIETRO, Maria Sylvia Zanella. *Discricionariedade administrativa na Constituição de 1988*. 3. ed. São Paulo: Atlas, 2012.

DI PIETRO, Maria Sylvia Zanella. O Princípio da Supremacia do interesse Público: Sobrevivência diante dos ideais do Neoliberalismo. In: DI PIETRO, Maria Sylvia Zanella; RIBEIRO, Carlos Vinícius Alves (Orgs.). *Supremacia do Interesse Público e outros temas relevantes do direito administrativo*. São Paulo: Atlas, 2010.

DI PIETRO, Maria Sylvia Zanella. *Parcerias na Administração Pública*. São Paulo: Atlas, 2002.

DI PIETRO, Maria Sylvia Zanella; RIBEIRO, Carlos Vinícius Alves (Orgs.). *Supremacia do Interesse Público e outros temas relevantes do direito administrativo*. São Paulo: Atlas, 2010.

DI PIETRO JÚNIOR, Miguel Thomaz Di Pietro. A indisponibilidade do Interesse Público e a Participação da Administração Pública na Conciliação. In: MARQUES NETO, Floriano de Azevedo; ALMEIDA, Fernando Dias Menezes de; NOHARA, Irene Patrícia (Orgs.). *Direito e Administração Pública*: Estudos em homenagem a Maria Sylvia Zanella Di Pietro, 2013.

DOWBOR, Ladislau. Políticas urbanas e participação: o resgate da democracia pela base. In: BALBIM, R. (Org.). *Geopolítica das cidades*: velhos desafios, novos problemas. Brasília: Ipea, 2016.

DRAIBE, Sônia; RIESGO, Manuel. Estados de Bem-Estar Social e estratégias de desenvolvimento na América Latina. Um novo desenvolvimentismo em gestação? *Sociologias (Dossiê)*, Porto Alegre, ano 13, n. 27, p. 220-254, maio/ago. 2011.

DUTRA, Pedro; REIS, Thiago. *O soberano da regulação*: O TCU e a infraestrutura. São Paulo: Singular, 2019.

DWORKIN, Ronald. *Law's Empire*. Cambridge, MA: Harvard University Press, 1986.

ESTORNINHO, Maria João. *A fuga para o direito privado*: contributo para o estudo da actividade de direito privado da Administração Pública. Coimbra: Almedina, 1999.

FARIA, José Eduardo. A globalização econômica e sua arquitetura jurídica (dez tendências do direito contemporâneo). In: FARIA, José Eduardo (Org.). *Baú de ossos de um sociólogo do direito*. Curitiba: Juruá, 2018.

FERRAZ, Sérgio. Contrato administrativo de inovação tecnológica: uma aproximação. *Revista de Direito Administrativo e Infraestrutura – RDAI*, São Paulo, v. 4, n. 13, p. 23-43, 2020.

FERREIRA, Gabriel Luis Bonora Vidrih; SILVA, Solange Teles. Análise dos fundamentos da compensação ambiental. A responsabilidade civil ex ante no direito brasileiro. *Revista de Informação Legislativa*, Senado Federal, Brasília, n. 175, p. 125-137, jul./set. 2007.

FERREIRA, Mariana Carnaes. *Compromisso de Ajustamento de Conduta e eficiência administrativa*. Rio de Janeiro: Lumen Juris, 2016.

FINNIS, John. *Natural law and natural rights*. Oxford: Oxford University Press, 1992.

FIORAVANTI, Maurizio. *Los derechos fundamentales*: apuntes de historia de las constituciones. 5. ed. Madrid: Trotta, 2007.

FREITAS, Juarez. Direito administrativo não adversarial. *Revista de Direito Administrativo*, Rio de Janeiro, v. 276, p. 25-46, set./dez. 2017.

FREITAS, Juarez. *Discricionariedade administrativa e o direito fundamental à boa administração pública*. 2. ed. São Paulo: Malheiros, 2009.

FULLER, Lon. *The morality of law*. New Haven: Yale University Press, 1964.

FULLER, Lon. The Forms and Limits of Adjudication. *Harvard Law Review*, v. 92, n. 2, p. 353-409, dez. 1978.

GABARDO, Emerson. *Interesse público e subsidiariedade*: o Estado e a Sociedade Civil para além do bem e do mal. Belo Horizonte: Fórum, 2009.

GABARDO, Emerson. O princípio da supremacia do interesse público sobre o interesse privado como fundamento do Direito Administrativo Social. *Revista de Investigações Constitucionais*, Curitiba, v. 4, n. 2, p. 95-130, maio/ago. 2017.

GABARDO, Emerson; HACHEM, Daniel Wunder. O suposto caráter autoritário da supremacia do interesse público e das origens do Direito Administrativo – uma crítica da crítica. In: DI PIETRO, Maria Sylvia Zanella; RIBEIRO, Carlos Vinícius Alves (Orgs.). *Supremacia do Interesse Público e outros temas relevantes do direito administrativo*. São Paulo: Atlas, 2010.

GIACOMUZZI, José Guilherme. *A moralidade administrativa e a boa-fé da Administração Pública*: o conteúdo dogmático da moralidade administrativa. São Paulo: Malheiros Editores, 2002.

GIACOMUZZI, José Guilherme. Uma genealogia do interesse público. In: WALD, Arnold; JUSTEN FILHO, Marçal; PEREIRA, César Guimarães (Org.). *O Direito Administrativo na Atualidade*: Estudos em Homenagem ao Centenário de Hely Lopes Meirelles. São Paulo: Malheiros, 2017.

GOMES, Carla Amado. Princípio da boa administração: tendência ou clássico? *A&C – Revista de Direito Administrativo & Constitucional*, Belo Horizonte, ano 18, n. 73, p. 35-55, jul./set. 2018.

GOMES, Eduardo Granha Magalhães. *Conselhos Gestores de Políticas Públicas*: Democracia, Controle Social e Instituições. Dissertação de Mestrado, Fundação Getúlio Vargas, São Paulo, 2003.

GOUDIN, Jean-Pierre. *Gouverner par contrat*: l'action publique en question. Paris: Presses de Sciences Politiques, 1999.

GRAU, Eros. *O direito posto e o direito pressuposto*. 8. ed. São Paulo: Malheiros, 2011.

GRAU, Eros. *Ordem Econômica na Constituição de 1988*. 7. Ed. São Paulo: Malheiros, 2002.

GUANDALINI JUNIOR, Walter. *Gênese do direito administrativo brasileiro*: formação, conteúdo e função da ciência do direito administrativo durante a construção do Estado no Brasil Imperial. Tese (Tese de Doutorado) – Faculdade de Direito, Universidade Federal do Paraná, Curitiba, 2011.

GUERRA, Sérgio; BONACORSI DE PALMA, Juliana. Art. 26 da LINDB – Novo regime jurídico de negociação com a Administração Pública. *Revista De Direito Administrativo*, Rio de Janeiro, p. 135-169, 2018.

HACHEM, Daniel Wunder. A dupla noção jurídica de interesse público em direito administrativo. *A&C – Revista de Direito Administrativo & Constitucional*, Belo Horizonte, ano 11, n. 44, p. 59-110, abr./jun. 2011.

HACHEM, Daniel Wunder. A noção constitucional de desenvolvimento para além do viés econômico: reflexos sobre algumas tendências do Direito Público brasileiro. *A&C – Revista de Direito Administrativo & Constitucional*, Belo Horizonte, ano 13, n. 53, p. 133-168, jul./set. 2013.

HACHEM, Daniel Wunder. *O Princípio Constitucional da Supremacia do Interesse Público*. Belo Horizonte: Fórum, 2011.

HAEBERLIN, Mártin. *Uma Teoria do Interesse Público*: Fundamentos do Estado Meritocrático de Direito. Porto Alegre: Livraria do Advogado, 2017.

HART, Herbert Lionel Adolphus. Positivism and the separation of law and morals. *Harvard Law Review*, v. 71, n. 4, p. 593-662, Feb. 1958.

HART, Herbert Lionel Adolphus. *Punishment and Responsibility*: essays in philosophy of law. 2. ed. Oxford: Oxford University Press, 2008.

HART, Herbert Lionel Adolphus. *The Concept of Law*. 2. ed. Oxford: Clarendon Press, 1994.

HAURIOU, Maurice. *A Teoria da Instituição e da Fundação*. Ensaio de Vitalismo Social. Porto Alegre: Sergio Antonio Fabris Editor, 2009.

HELLER, Agnes. *Beyond justice*. Oxford: Basil Blackwell, 1991.

HESPANHA, António Manuel. *Pluralismo Jurídico*. São Paulo: Annablume, 2013.

HUDGSON, Geoffrey. M. What are institutions. *Journal of Economic Issues*, v. XL, n. 1, p. 1-25, 2006.

ISMAIL FILHO, Salomão. Boa administração: um direito fundamental a ser efetivado em prol de uma gestão pública eficiente. *Revista de Direito Administrativo*, Rio de Janeiro, v. 277, n. 3, p. 105-137, set./dez. 2018.

JURUBEBA, Diego Franco de Araújo. Direito Administrativo e Participação Democrática: análise dos fundamentos e técnicas da Administração Pública consensual. *Revista da AGU*, Brasília-DF, v. 15, n. 01, p. 169-198, jan./mar. 2016.

JUSTEN FILHO, Marçal. Art. 20 da LINDB – Dever de transparência, concretude e proporcionalidade nas decisões públicas. *Revista de Direito Administrativo*, Rio de Janeiro edição especial LINDB, p. 13-41, 2018.

JUSTEN FILHO, Marçal. Conceito de interesse público e a personalização do Direito administrativo. *Revista Trimestral de Direito Público*, São Paulo, Malheiros, n. 26, 1999.

JUSTEN FILHO, Marçal. O direito administrativo de espetáculo. *Fórum Administrativo Direito Público – FA*, Belo Horizonte, ano 9, n. 100, jun. 2009.

KERSTENETZKY, Célia Lessa. *O Estado do Bem-estar social na Era da Razão*. Rio de Janeiro: Elsevier, 2012.

KORSGAARD, Christine Marion. *Self-constitution*: agency, identity and integrity. Oxford/ New York: Oxford University Press, 2009.

KOSELLECK, Reinhart. *Futuro Passado*. Contribuição à semântica dos tempos históricos. Rio de Janeiro: Contraponto, Editora Puc-Rio, 2006.

KUHN, Thomas. *A Estrutura das Revoluções Científicas*. São Paulo: Perspectiva, 2005.

KYMLICKA, Will. *Contemporary Political Philosophy*: an Introduction. Oxford: Oxford University Press, 2002.

LACERDA, Norma. O campo do Planejamento Urbano e Regional: da multidisciplinaridade à transdisciplinaridade. *Revista Brasileira de Estudos Urbanos e Regionais*, Rio de Janeiro, v. 15. n. 1, p. 77-93, 2013.

LINARES, Juan Francisco. *Razonabilidad de las leyes*: el debido denominado como denominad innominada en la Constitución Argentina. 2. ed. Buenos Aires: Editorial Astrea, 1989.

LIPSKY, Michael. *Burocracia de nível de rua*: dilemas do indivíduo nos serviços públicos. Brasília: ENAP, 2019.

LOPES, José Reinaldo de Lima. A definição do interesse público. In: SALLES, Carlos Alberto de (Org.). *Processo civil e interesse público*. São Paulo: Revista dos Tribunais, 2003.

LOPES, José Reinaldo de Lima. *As palavras e a lei*: Direito, ordem e justiça na história do pensamento jurídico moderno. São Paulo: Editora 34, 2004.

LOPES, José Reinaldo de Lima. Aula inaugural. *Revista da Faculdade de Direito*, São Paulo, Universidade de São Paulo, v. 110, p. 907-917, 2015.

LOPES, José Reinaldo de Lima. *Curso de Filosofia do Direito*: o Direito como Prática. São Paulo: Atlas, 2021.

LOPES, José Reinaldo de Lima. *Direitos sociais*: teoria e prática. São Paulo: Método, 2006.

LOPES, José Reinaldo de Lima. Em torno da reserva do possível. In: SARLET, Ingo Wolfgang; TIMM, Luciano Benetti (Orgs.). *Direitos fundamentais, orçamento e reserva do possível*. Porto Alegre: Livraria do Advogado Editora, 2008.

LOPES, José Reinaldo de Lima. Entre a teoria da norma e a teoria da ação. In: STORCK, Alfredo Carlos; LISBOA, Wladimir Barreto (Orgs.). *Norma, moralidade e interpretação*: temas de filosofia política e direito. Porto Alegre: Linus Editores, 2009.

LOPES, José Reinaldo de Lima. Hermenêutica e completude do ordenamento. *Revista de informação legislativa*, Brasília, v. 26, n. 104, p. 237-246, out./dez. 1989.

LOPES, José Reinaldo de Lima. *Naturalismo Jurídico no pensamento brasileiro*. Tese (Titularidade em Direito) – Faculdade de Direito, Universidade de São Paulo, São Paulo, 2012.

LOPES, José Reinaldo de Lima. *O Oráculo de Delfos*: Conselho de Estado e Direito no Brasil monárquico. São Paulo: Saraiva, 2010.

LOUGHLIN, Martin. *The Idea of Public Law*. Oxford: Oxford University Press, 2003.

LYNCH, Christian Edward Cyril; MENDONÇA, José Vicente Santos de Mendonça. Por uma história constitucional brasileira: uma crítica pontual à doutrina da efetividade. *Revista Direito e Práxis*, [S.l.], v. 8, n. 2, p. 942-973, jun. 2017.

MACCORMICK, Neil. A moralistic case for a-moralistic law. *Valparaiso University of Law Review*, v. 20, n. 1, p. 1-41, 1985.

MACCORMICK, Neil. Defeasibility in Law and Logic. In: BANKOWSKI, Zenon; WHITE, I., HAHN, U. (Eds). *Informatics and the Foundations of Legal Reasoning*. Law and Philosophy Library. Dordrecht: Springer, 1996. v. 21.

MACCORMICK, Neil. Direito, interpretação e razoabilidade. In: MACEDO JÚNIOR, Ronaldo Porto; BARBIERI, Catarina Helena Cortada. (Orgs.). *Direito e interpretação*: racionalidade e instituições. São Paulo: Saraiva, 2011.

MACCORMICK, Neil. *Institutions of law*. Oxford/New York: Oxford University Press, 2007.

MACCORMICK, Neil. Law as Institutional Fact. In: MACCORMICK, Neil; WEINBERGER, Ota (Orgs.). *An Institutional Theory of Law*. Dordrecht: Springer, 1986.

MACCORMICK, Neil. *Legal reasoning and legal theory*. 2. ed. Oxford/New York: Oxford University Press, 2003.

MACCORMICK, Neil. Natural Law and the Separation of Law from Morals. In: GEORGE, Robert (Ed). *Natural Law Theory*. Oxford: Clarendon Press, 1992.

MACCORMICK, Neil. *Practical Reason in Law and Morality*. Oxford: Oxford University Press, 2008.

MACCORMICK, Neil. *Retórica e o Estado de Direito*. Rio de Janeiro: Elsevier, 2008.

MACEDO JÚNIOR, Ronaldo Porto. *Do Xadrez à Cortesia*: Dworkin e a teoria do direito contemporânea. São Paulo: Saraiva, 2013.

MACINTYRE, Alasdair. *After Virtue*. Notre Dame: Notre Dame University Press, 1984.

MARQUES, Marcelo Henrique Pereira. Administração Pública Democrática. *Revista de Direito Administrativo*, Rio de Janeiro, n. 273, 199-235, 2016.

MARQUES NETO, Floriano Peixoto de Azevedo. Do Contrato Administrativo à Administração Contratual. *Revista do Advogado*, São Paulo, v. 107, p. 74-82, 2009.

MARQUES NETO, Floriano Peixoto de Azevedo. Regulação estatal e autorregulação na economia contemporânea. *Revista de Direito Público da Economia – RDPE*, Belo Horizonte, Fórum, ano 9, n. 33, p. 73-88, jan./mar. 2011.

MARQUES NETO, Floriano Peixoto de Azevedo. *Regulação Estatal e Interesses Públicos*. São Paulo: Malheiros, 2002.

MARRARA, Thiago. A boa-fé do administrado e do administrador como fator limitador da discricionariedade administrativa. *Revista de Direito Administrativo*, Rio de Janeiro, v. 259, p. 207-247, 2012.

MARTINS, Ricardo Marcondes. Políticas públicas e Judiciário: uma abordagem neoconstitucional. *A&C – Revista de Direito Administrativo & Constitucional*, Belo Horizonte, ano 18, n. 71, p. 145-165, jan./mar. 2018.

MARTINS, Ricardo Marcondes. Teoria do ato administrativo nos trinta anos da Constituição de 1988: o que mudou? *Revista de Investigações Constitucionais*, Curitiba, v. 6, n. 2, p. 449-477, maio/ago. 2019.

MASSONETTO, Luís Fernando. Pontos cegos da regulação urbanística: notas sobre uma articulação programática entre o Direito Econômico e o Direito Urbanístico. *Revista Fórum de Direito Financeiro e Econômico – RFDFE*, Belo Horizonte, ano 4, n. 6, p. 141-154, set./fev. 2015.

MEDAUAR, Odete. *A processualidade no direito administrativo*. 3. ed. São Paulo: Revista dos Tribunais, 2021.

MEDAUAR, Odete. Administração pública: do ato ao processo. *Fórum administrativo*, Belo Horizonte, ano 9, n. 100, jun. 2009.

MEDAUAR, Odete. *O direito administrativo em evolução*. 3. ed. São Paulo: Revista dos Tribunais, 2018.

MENDONÇA, José Vicente Santos de. A verdadeira mudança de paradigmas do direito administrativo brasileiro: do estilo tradicional ao novo estilo. *Revista de Direito Administrativo*, Rio de Janeiro, v. 265, p. 178-198, jan. 2014.

MENEZES DE ALMEIDA, Fernando Dias. Considerações sobre a "regulação" no Direito positivo brasileiro. *Revista de Direito Público da Economia RDPE*, Belo Horizonte, ano 3, n. 12, p. 69-94, out./dez. 2005.

MENEZES DE ALMEIDA, Fernando Dias. *Formação da teoria do direito administrativo no Brasil*. São Paulo: Quartier Latin, 2019.

MENEZES DE ALMEIDA, Fernando Dias. O princípio da impessoalidade. In: MARRARA, Thiago (Org.). *Princípios de Direito Administrativo*: legalidade, segurança jurídica, impessoalidade, publicidade, motivação, eficiência, moralidade, razoabilidade, interesse público. São Paulo: Atlas, 2012.

MENEZES DE ALMEIDA, Fernando Dias. *Teoria do Contrato Administrativo*: Uma abordagem histórico-evolutiva com foco no direito brasileiro. Tese (Titularidade em Direito) – Faculdade de Direito, Universidade de São Paulo, São Paulo, 2010.

MICHELON JR., Cláudio. *Being apart from reasons*. The role of reasons in public and private moral decision-making. Dordrecht: Springer, 2006.

MICHELON JR., Cláudio. Princípios e coerência na argumentação jurídica. In: MACEDO JÚNIOR, Ronaldo Porto; BARBIERI, Catarina Helena Cortada (Orgs.). *Direito e interpretação*: racionalidades e instituições. São Paulo: Saraiva, 2011.

MOREIRA NETO, Diogo Figueiredo. *Curso de direito administrativo*. 16. ed. rev. e atual. Rio de Janeiro: Forense, 2014.

MOREIRA NETO, Diogo Figueiredo. *O Direito Administrativo no século XXI*. Belo Horizonte: Fórum, 2018.

MOREIRA NETO, Diogo Figueiredo. *Poder, direito e estado*: o direito administrativo em tempos de globalização. Belo Horizonte: Fórum, 2011.

MOREIRA NETO, Diogo Figueiredo. *Quatro Paradigmas do Direito Administrativo Pós-Moderno*: Legitimidade – Finalidade – Eficiência – Resultados. Belo Horizonte: Fórum, 2008.

MOURA, Emerson Affonso da Costa. *Um fundamento do Regime Administrativo*: o princípio da persecução do interesse público. Rio de Janeiro: Lumen Juris, 2014.

NAGEL, Thomas. The foundations of impartiality. In: SEANOR, Douglas; FOTION, Nicholas (Eds.). *Hare and Critics*: Essays on "Moral Thinking". Oxford: Oxford Univeristy Press, 1988.

NEVES, Marcelo. *Entre Hidra e Hércules*: princípios e regras constitucionais como paradoxo do sistema jurídico. São Paulo: WMF Martins Fontes, 2013.

NOHARA, Irene Patrícia. Reflexões críticas acerca da Tentativa de Desconstrução do Sentido da Supremacia do Interesse Público no Direito Administrativo. In: DI PIETRO, Maria Sylvia Zanella; RIBEIRO, Carlos Vinícius Alves (Orgs.). *Supremacia do Interesse Público e outros temas relevantes do direito administrativo*. São Paulo: Atlas, 2010.

NOZICK, Robert. *Anarchy, State, and Utopia*. New York: Basic Books, 1974.

NUSSBAUM, Martha. Skepticism about practical reason in literature and the law. *Harvard Law Review*, v. 107, n. 3, 1994.

OFFE, Claus. Governance an "empty signifier"? *Constellations*, v. 16, n. 4, 2009.

OLIVEIRA, Celso Maran de; LOPES, Dulce; SOUSA, Isabel Cristina Nunes de. Direito à participação nas políticas urbanísticas: avanços após 15 anos de estatuto da cidade. *Revista Brasileira de Gestão Urbana*, Curitiba, v. 10, n. 2, p. 322-334, maio/ago. 2018.

OLIVEIRA, Gustavo Justino de. A arbitragem e as parcerias público-privadas. *Revista de Direito Administrativo*, Rio de Janeiro, v. 241, p. 241-271, jul./set. 2005.

OLIVEIRA, Gustavo Justino de. *Contrato de gestão*. São Paulo: RT, 2008.

OLIVEIRA, Gustavo Justino de. *Direito Administrativo Pragmático*. Rio de Janeiro: Lumen Juris, 2020.

OLIVEIRA, Gustavo Justino de. Governança Pública e Parcerias do Estado: Novas Fronteiras do Direito Administrativo. *Revista de Direito da Procuradoria Geral do Estado do Rio de Janeiro*, Rio de Janeiro, v. 1, p. 113-121, 2012.

OLIVEIRA, Gustavo Justino de; SCHWANKA, Cristiane. A administração consensual como a nova face da administração pública no século XXI: fundamentos dogmáticos, formas de expressão e instrumentos de ação. *A&C Revista de Direito Administrativo & Constitucional*, Belo Horizonte, ano 8, n. 32, p. 31-50, abr./jun. 2008.

OLIVEIRA, Rafael Carvalho Rezende. A releitura do direito administrativo à luz do pragmatismo jurídico. *Revista de Direito Administrativo*, Rio de Janeiro, v. 256, p. 129-63, jan./abr. 2011.

OLSON, Mancur. *The logic of collective action*. Cambridge: Harvard University Press, 1971.

OSTROM. Elinor. *Governing the Commons*. Cambridge: Cambridge University Press, 1990.

OTERO, Paulo. *Legalidade e administração pública*: o sentido da vinculação administrativa à juridicidade. Coimbra: Almedina, 2003.

PIRES, Luis Manuel Fonseca. A pós-modernidade e o interesse público líquido. *A&C – Revista de Direito Administrativo & Constitucional*, Belo Horizonte, ano 13, n. 52, p. 133-144, abr./jun. 2013.

RAWLS, John. *A Theory of Justice*. Oxford: Oxford University Press, 1971.

RAWLS, John. Justice as fairness: political, not metaphysical. *Philosophy and Public Affairs*, v. 14, n. 3, p. 223-251, 1955.

RAWLS, John. *Political Liberalism*. Oxford: Oxford University Press, 2005.

RAWLS, John. Two concepts of rules. *The philosophical review*, v. 64, n. 1, p. 3-32, 1955.

RAZ, Joseph. *Between Authority and Interpretation*: On the theory of law and practical reason. New York: Oxford University Press, 2011.

RAZ, Joseph. *Ethics in the Public Domain*: Essays on Law and Politics. Oxford: Clarendon Press, 1996.

RAZ, Joseph. *Practical reason and norms*. 2. ed. Princeton: Princeton University Press, 1990.

RAZ, Joseph. *The Morality of Freedom*. Oxford: Oxford University Press, 1988.

ROSILHO, André Janjácomo. *Controle da Administração Pública pelo Tribunal de Contas da União*. Tese (Doutorado em Direito) – Faculdade de Direito, Universidade de São Paulo, São Paulo, 2016.

ROSS, Alf. *Direito e justiça*. Tradução de Edson Bini. Bauru: Edipro, 2003.

SANDEL, Michael. *O que o dinheiro não compra*. Tradução de Clovis Marques. Rio de Janeiro: Civilização Brasileira, 2012.

SANTIAGO NINO, Carlos. *Ética y derechos humanos*: Un ensayo de fundamentacion. 2. ed. Buenos Aires: Editorial Astrea, 1989.

SANTOS, Rodrigo Valgas dos. *Direito Administrativo do Medo*: Risco e fuga da responsabilização dos agentes públicos. São Paulo: Revista dos Tribunais, 2020.

SARMENTO, Daniel (Org.). *Interesses Públicos "Versus" Interesses Privados*: desconstruindo o princípio da supremacia do interesse público. Rio de Janeiro: Lumen Juris, 2005.

SARMENTO, Daniel (Org.). Interesses públicos vs. interesses privados na perspectiva da teoria e da filosofia constitucional. In: SARMENTO, Daniel (Org.). *Interesses públicos versus interesses privados*: desconstruindo o princípio de supremacia do interesse público. Rio de Janeiro: Lumen Juris, 2005.

SARMENTO, Daniel (Org.). O neoconstitucionalismo no Brasil: riscos e possibilidades. *Revista Brasileira de Estudos Constitucionais*, Belo Horizonte, v. 3, n. 9, p. 95-133, jan. 2009.

SCHAEUR, Frederick. Formalism. *The Yale Law Journal*, v. 97, n. 4, mar. 1988.

SCHAEUR, Frederick. *Playing by the rules*. Oxford: Clarendon Press, 1991.

SCHIRATO, Vitor Rhein. *A Noção de serviço público em regime de competição*. Tese (Tese de Doutorado) – Faculdade de Direito, Universidade de São Paulo, São Paulo, 2011.

SEARLE, John. *The construction of social reality*. New York: The Free Press, 1995.

SEARLE, John. *Mente, Linguagem e Sociedade*: filosofia do mundo real. Rio de Janeiro: Rocco, 2000.

SEELAENDER, Airton Cerqueira-Leite. A 'polícia' e as funções do Estado. *Revista da Faculdade de Direito UFPR*, Curitiba, n. 49, p. 73-87, 2009.

SEN, Amartya. *Desenvolvimento como liberdade*. Tradução de Laura Teixeira Motta. São Paulo: Companhia das Letras, 2000.

SEVERI, Fabiana Cristina. Participação popular em órgãos da Administração Pública: perspectivas à luz dos debates sobre as características gerais e a efetividade das instituições participativas brasileiras. In: MARQUES NETO, Floriano de Azevedo; MENEZES DE ALMEIDA, Fernando Dias; NOHARA, Irene Patrícia (Orgs.). *Direito e Administração Pública*: Estudos em homenagem a Maria Sylvia Zanella Di Pietro. São Paulo: Atlas, 2013.

SILVA, Virgílio Afonso da. Princípios e regras: mitos e equívocos acerca de uma distinção. *Revista Latino-americana de estudos constitucionais*, Belo Horizonte: Del Rey, n. 01, 2003.

SILVA, Virgílio Afonso da. *Direitos Fundamentais*: conteúdo essencial, restrições e eficácia. 2. ed. São Paulo: Malheiros, 2010.

SILVA, Virgílio Afonso da. O proporcional e o razoável. *Revista dos Tribunais*, São Paulo, v. 798, p. 23-50, 2002.

SILVA, Virgílio Afonso da. Na encruzilhada liberdade-autoridade: a tensão entre direitos fundamentais e interesses coletivos. In: MENEZES DE ALMEIDA, Fernando Dias *et. al.* (Orgs.). *Direito público em evolução*: estudos em homenagem à Professora Odete Medauar. Belo Horizonte: Fórum, 2013.

SILVA, Virgílio Afonso da. Ponderação e objetividade na interpretação constitucional, In: MACEDO JÚNIOR, Ronaldo Porto; BARBIERI, Catarina Helena Cortada (Orgs.). *Direito e interpretação*: racionalidades e instituições. São Paulo: Saraiva, 2011.

SOUZA, Celina. *Coordenação de políticas públicas*. Brasília: ENAP, 2018.

STOCHIERO, Tahiane. Limite de velocidade nas marginais de SP subirá a partir de janeiro. *Portal G1*, 20 dez. 2016. Disponível em: http://g1.globo.com/sao-paulo/noticia/2016/12/limite-de-velocidade-nas-marginais-subira-partir-de-janeiro.html. Acesso em: 13 jan. 2023.

SUNDFELD, Carlos Ari. A administração pública na era do direito global. *Revista Diálogo Jurídico*, Salvador, v. 1, n. 2, maio 2001.

SUNDFELD, Carlos Ari. *Direito administrativo ordenador*. São Paulo: Malheiros Editores, 1993.

SUNDFELD, Carlos Ari. *Direito Administrativo para céticos*. São Paulo: Malheiros, 2012.

SUNDFELD, Carlos Ari; CÂMARA, Jacintho Arruda. Uma crítica à tendência de uniformizar com princípios o regime dos contratos públicos. *Revista de Direito Público da Economia*, Belo Horizonte, v. 41, p. 57-72, 2013.

SUNSTEIN Cass R.; VERMEULE, Adrian. Interpretation and institutions. *Michigan Law Review*, v. 101, n. 4, 2003.

SUNSTEIN Cass R.; VERMEULE, Adrian. *Lei & Leviatã*: Resgatando o Estado Administrativo. São Paulo: Editora Contra Corrente, 2021.

STOLLEIS, Michael. *O Direito Público na Alemanha*: Uma Introdução a sua História do Século XVI ao XXI. Trad. Gercélia Batista de Oliveira Mendes. São Paulo: Saraiva, 2018.

TADROS, Vitor. Institutions and Aims. In: DEL MAR, Maksymilian; BANKOWSKI, Zenon (Eds.). *Law as Institutional Normative Order*. London: Ashgate Publishing Ltd., 2009.

TAYLOR, Charles. *Argumentos Filosóficos*. São Paulo: Edições Loyola, 2014.

TORRES, Marcelo Douglas de Figueiredo. *Estado, democracia e administração pública no Brasil*. Rio de Janeiro: Fundação Getúlio Vargas, 2004.

UNGER, Roberto Mangabeira. *O movimento de estudos críticos do direito*: outro tempo, tarefa maior. Belo Horizonte: Letramento: Casa do Direito, 2017.

VALLE, Vanice Regina Lírio do. A Reforma Administrativa que ainda não veio: dever estatal de fomento à cidadania ativa e à governança. *Revista de Direito Administrativo*, Rio de Janeiro, v. 252, p. 119-140, 2009.

VALLE, Vanice Regina Lírio do; SANTOS, Marcelo Pereira dos. Governança e compliance na administração direta: ampliando as fronteiras do controle democrático. *A&C – Revista de Direito Administrativo & Constitucional*, Belo Horizonte, ano 19, n. 75, p. 161-177, jan./mar. 2019.

VALLE, Vivian Cristina Lima López. O Acordo Administrativo entre o Direito Público e o Direito Provado: Emergência de uma Racionalidade Jurídico-Normativa Público-Privada? In: OLIVEIRA, Gustavo Justino de (Coord.). *Acordos administrativos no Brasil*: teoria e prática. São Paulo: Almedina, 2020.

VITA, Álvaro de. *A justiça igualitária e seus críticos*. São Paulo: Editora Unesp, 2000.

VITORELLI, Edilson. A Lei de Introdução às Normas do Direito Brasileiro e a ampliação dos parâmetros de controle dos atos administrativos discricionários: o direito na era do consequencialismo. *Revista De Direito Administrativo*, Rio de Janeiro, v. 279, n. 2, p. 79-112, 2020.

WALZER, Michael. A sociedade civil e o Estado. In: WALZER, Michael (Org.). *Política e Paixão*: rumo a um liberalismo mais igualitário. São Paulo: WMF Martins Fontes, 2008.

WALZER, Michael. *Spheres of Justice*. New York: Basic Books, 1983.

WARREN, Mark E. Governance-Driven Democratization. In: GIGGS, Steven; NORVAL, Aletta; WAGENAAR, Henk (Coords.). *Practices of Freedom*: decentred governance, conflict and democratic participation. New York: Cambridge University Press, 2014.

WEGENAAR, Hendrik. Discretion and Street-Level Practice. In: EVANS, Tony; HUPE, Peter (Eds.) *Discretion and the Quest for Controlled Freedom*. Gewerbestrasse: Springer, 2020.

WEGENAAR, Hendrik. Governance, Complexity, and Democratic Participation: How Citizens and Public Officials Harness the Complexities of Neighborhood Decline. *The American Review Of Public Administration*, v. 37, n. 1, p. 17-50, March 2007.

WEGENAAR, Hendrik. *Meaning in action*: Interpretation and dialogue in policy analysis. New York: Routledge, 2011.

WEINRIB, Ernest. Corrective justice. *Iowa Law Review*, v. 77, 1992.

WINCH, Peter. *The Idea of Social Science and its Relation to Philosophy*. 2. ed. London: Routledge, 1990.

WITTGENSTEIN, Ludwig. *Investigações Filosóficas*. Tradução de Marcos G. Montagnoli. 9. ed. Petrópolis: Editora Vozes, 2014.

WITTGENSTEIN, Ludwig. *Da Certeza*. Tradução de M. E. Costa. Lisboa: Edições 70, 2012.

Esta obra foi composta em fonte Palatino Linotype, corpo 10
e impressa em papel Chambril 70g (miolo) e Supremo 250g (capa)
pela Gráfica Star7.